应用型本科规划教材

U0692368

商务沟通

Business Communication

◆ 主　编　王皓白

◆ 副主编　范晓清　何亚岚　叶伟巍

ZHEJIANG UNIVERSITY PRESS
浙江大学出版社

图书在版编目（CIP）数据

商务沟通 / 王皓白主编. —杭州：浙江大学出版
社，2011.6（2022.4 重印）
ISBN 978-7-308-08750-6

Ⅰ.①商… Ⅱ.①王… Ⅲ.①商业管理－公共关系学
Ⅳ.①F715

中国版本图书馆 CIP 数据核字（2011）第 108047 号

商务沟通

王皓白　主编

策　　划	朱　玲	
责任编辑	朱　玲	
文字编辑	徐　霞	
封面设计	联合视务	
出版发行	浙江大学出版社	
	（杭州市天目山路 148 号　邮政编码 310007）	
	（网址：http://www.zjupress.com）	
排　　版	杭州青翊图文设计有限公司	
印　　刷	杭州良诸印刷有限公司	
开　　本	710mm×960mm　1/16	
印　　张	19.25	
字　　数	356 千	
版 印 次	2011 年 6 月第 1 版　2022 年 4 月第 11 次印刷	
书　　号	ISBN 978-7-308-08750-6	
定　　价	49.00 元	

前　言

近年来,实务界对商务沟通的关注越来越多,这是现代商务发展的必然结果。现代科学技术的迅猛发展,向人们充分展示了专业化分工的魔力。与此同时,随着企业从事商务活动所必需的各种技能、专业知识和能力越来越复杂,不同背景人员之间的沟通正日益成为困扰企业管理者和员工的棘手问题。不同专业和背景在人们之间形成了深深的沟通鸿沟,因此需要提高各种人才之间的沟通能力。

本科应用型人才的培养就是要从实践出发,培养学生的沟通能力。因此,为了满足本科应用型商科人才培养的需要,学习、掌握和运用沟通的基本原理,提高沟通、交流、协调和谈判能力,掌握在不同的商务活动场景中运用沟通技巧解决实际问题的需要,作者结合实际的商务活动经验以及多年的商务沟通教学经验,在参考国内外先进理论的基础上,编著了这本《商务沟通》教材。

本教材内容具有以下特色:

1."基本理论＋场景应用"的架构特色

本书将内容分为上篇"商务沟通基本原理"和下篇"商务沟通实务"。上篇以基本原理作为切入点来讲解沟通的一般理论,并从这些理论向商务活动延伸。由于商务沟通的最基本能力实质上与一般沟通的能力相一致,因此在基本理论部分侧重对沟通基本理论的分析。下篇从沟通的特殊场景出发,突出对上篇基本理论中所述的沟通能力的应用,侧重沟通的实践以及商务场景实际问题的解决。

2."中国式沟通"的内容特色

本教材的撰写紧紧围绕沟通的基本原理和应用,侧重突出中国式沟通的特色。中国文化和西方文化存在巨大的差异,因此沟通也就存在许多的差异。商务沟通的理论发展对于这个问题的解决直到近年来才有所突破。因此,本书针对中国文化的背景以及中国独特的商务环境特色编写的相关内容,将很好地引导学生理解中国式的沟通,并使学生掌握真正在中国国情环境下行之有效的沟通技巧。

3."强实用性"的应用特色

本教材坚持从实用性出发,立足商务活动实践,不仅注重理论知识,更注重方法与技巧的培养,书中应用了大量的案例来完善理论,通过以案例引导出理论并以理论阐述案例的方法来帮助读者提升理念、培养技能,为读者提供更为有效的方法和工具。

由于时间仓促,还有部分新内容未能写入本书,如商务礼仪等。这些内容有待今后的完善和丰富。

本书由王皓白担任主编,全书共分为十四个章节。第一、第二和第三章由范晓清老师编写,第四章由吴婕老师编写,第五章由杭州师范大学钱江学院孔庆馥老师和叶伟巍老师编写,第六、第七和第八章由何亚岚老师编写,第九章由叶伟巍老师编写,第十、第十一、第十二和第十三章由王皓白老师编写,第十四章由黄宇驰老师编写,王皓白负责全书的修改及最后定稿。同时,本书的编写还要感谢张臻、程琳、赵之娜、周晓婷、倪箫丹、朱闻治、肖凯彪、付炎敏、陈思炜、林磊、孙凯敏等在基础材料整理和案例收集方面给予的帮助和支持。

在本书的编写过程中,我们参考了很多的国内外著作,在此向各位作者表示由衷的感谢。由于编者水平所限,在编写过程中难免存在错误和不足之处,恳请专家、学者及广大读者提出宝贵的批评建议。编者邮箱为 wanghb@zucc.edu.cn。

编 者

2011 年 3 月

目　录

下篇　商务沟通实务

上 篇
商务沟通基本原理

第一章

沟通的原理与人际关系 ≫≫≫ ≫

⤷ **本章学习重点**

　　本章重点阐述沟通的基本原理,沟通与人际关系之间的联系,商务沟通的概念和基本原理以及基于人际关系的沟通技巧,最后分析了中国式的人际关系。

　　通过本章的学习,应该对沟通的基本原理有一个较为清楚的认识,并且理解沟通对人际关系的重要性;通过对中国式人际关系的学习,理解中国式人际关系中沟通的重要性。

一、商务沟通的原理

(一)沟通的定义

　　让我们一起来回顾,在一个平常的日子里,发生在你生活里的平常事情——

　　早晨,闹钟叫醒了你。你打着呵欠,睡眼惺忪地向你下铺的同学咕哝道:"我入睡前想了很久,觉得你的观点很新奇,也很有道理,不过我也有一点自己的想法……"你一边表达看法,一边穿着衣服。

　　课堂上,你们几个精神不振,老师因此露出了疑惑和不悦的神色。于是课后你赶紧向老师解释:"很抱歉,我们昨晚在宿舍为老师提出的问题讨论到很晚,导致睡眠不足,影响了今天的听课。非常不好意思。"

　　一天的功课结束了。你突然想起几个久未联系的中学同学,于是分别给他们打了电话或写了信或发了 E-mail,顺便委托他们帮你办些小事,并询问你可以帮他们做些什么。

今天是周末,没晚自习,于是你约上了几个要好的朋友,喝喝茶,聊聊天。

……

上面列举的你这一天所做的事情,都可称作沟通活动。

从理论上给沟通下个完美的定义是一件很难做到的事情,也没有必要,所以我们可以将沟通简单描述为:人与人之间的信息传递与交流。

例如,一个主管告知下属:"这个月每人发奖金 500 元。"下属问道:"是港币还是人民币?"答:"港币。"问:"什么时候发?"答:"后天。"

这是一个简单的信息传递与交流的例子。

然而,人是很复杂的。首先,人是一个有感情的动物,而不是机器。在交换信息的过程中必然掺杂着各自的情绪。比如在上例中,双方对答的声音是高还是低,语速是快还是慢,其含义就各不相同。

其次,人是有思想、有自己价值观的。对同一个信息可能有不同的理解和看法。如在上例中,我们就很难断定,所有听到这个"好"消息的人,是不是都会欢呼雀跃。所以说,人与人之间的信息交流实际上包含了多个方面的内容。一般而言,它包括信息、思想、情感和观点,比如在本章的开篇,你一天的活动里:和朋友谈话时,谈论的往往是对方感兴趣的话题,对方因此畅所欲言;你可能说得并不多,但可能发问多、倾听多,从而引导对方发言,以获得尽可能多的信息,并维持着良好的气氛;你可能非常尊重对方的意见,很少直接否定或反驳对方;交谈中你把最愉悦的神情,留给了对方;你经常主动请教对方,并适度赞美对方……

因此,概括起来说,沟通,是指为达到一定的目的,将信息、思想和情感在个人或群体间进行传递、理解与交流的过程。它具有目的性、信息传递性和双向交流性等特点。

沟通是信息的传递与理解。首先沟通是一个信息传递的过程,如果信息没有被传送到,则意味着沟通没有发生,说话者要有听众,正如作者要有读者一样。其次,要使沟通成功,信息不仅要被传递,还要被理解,没有理解称不上是沟通。良好的沟通并不是达成协议,而是沟通双方能准确地理解信息的意义,如果有人与我们的意见不同,不能认为未能完全领会我们的看法,而只是双方的观点不同罢了,只要对方了解了我们的意图,就算做好沟通了。

现代社会中,不善于沟通将失去很多机会,同时也将导致你无法与别人协作。人不是生活在孤岛上,只有与他人保持良好的协作,才能获取自己所需要的资源,才能获得成功。

(二)沟通的类型

按照不同的标准,沟通可以分为以下几种。

(1)按信息流向划分,沟通可以分为上行沟通、下行沟通,即在不同系统的不同管理层次之间进行的沟通。

(2)按信息传递的途径划分,沟通可以分为正式沟通与非正式沟通。前者指信息通过正式组织,按规定的正式程序与渠道传递;后者则是指通过非正式组织,进行私下传递。

(3)按信息传递的媒介划分,沟通可以分为口头沟通、书面沟通和非语言沟通。后者是借助体态语言等非文字语言进行的沟通。

(4)按信息传递的范围划分,沟通可以分为组织内部沟通和组织外部沟通。

(三)沟通的基本要素

沟通过程由各种基本要素组成,包括发送者、接收者、信息、渠道、噪音、反馈和环境。

1.信息发送者

信息的发送者是沟通过程的主要因素之一。发送者是利用生理或机械手段向预定对象发送信息的一方。发送者可以是个人,也可以是组织。发送者的主要任务是信息的收集、加工、传递和对反馈的反应。

2.信息接收者

信息接收者是信息发送者的信息传递对象。因为人们有要分享的信息、思想和感情,所以必须进行沟通。然而,这种分享并非一种单向的过程,即一个人表达思想,其他人接受。在人际沟通中,发送者与接收者可以面对面地进行交流,接收者在交流中,可以及时地把自己的意见和情感反馈给发送者。因此,接收者的主要任务是接收发送者的思想和情感,并及时把自己的思想和情感反馈给对方。

3.信息

信息就是发送者所发送的内容,是由发送者与接收者分享的思想和情感组成的。所有的沟通信息都是由语言和非语言两种符号组成的,思想和情感只有在表现为符号时才得以沟通。

语言符号。语言中每一个词都是表示某一种特定事物或思想的语言符号。比如,我们说"衣服",我们认同是用的某种东西,这样衣服就是一个具体的符号,一个代表物品的符号。然而当我们听到"衣服"这个词时,我们可能有不同的印象,可能是外套、毛衣以及内衣等各种不同的衣服。表达思想的抽象符号更为复杂,例如,我们理解挫折、饥饿、伤害这些词时就会有巨大差别,这是因为怎样解释这些词是由我们的经验决定的。由于人们的经验在一定程度上是有区别的,所以给这些词赋予的含义也不同。

非语言符号。非语言符号是我们不用词语进行沟通的方式。如面部表情、手势、姿势、语调及外表等。像语言符号一样,我们都给非语言符号赋予特定的含义。打哈欠意味着厌烦或疲倦,皱眉表明疑虑,不看着别人的眼睛可能是隐瞒着什么东西等。像语言符号一样,非语言也会误导别人。我们不能控制绝大多数的非语言行为,而且经常发出甚至连自己也不知道的信息。

许多非语言信息在不同的文化间有区别。在某种文化中,跷起二郎腿,露出鞋底是一种极端的侮辱;在另一种文化中,尊敬人的举动是由鞠躬来体现的;而在有些文化中,深层次的尊敬是通过触摸他人的脚来体现的。

4. 渠道

渠道是信息经过的路线,是发送者把信息发出和接收者接收和反馈的手段。面对面沟通的主要渠道是声音和视觉,我们互相听和看。除了我们熟悉的大众媒介中的收音机、电视机、报纸、杂志等渠道,还有其他渠道,如非语言符号,握手(接触)、着装(视觉)、尊敬的语气(声音)。渠道的主要任务是保证沟通双方的信息传递所经过的线路畅通。

5. 噪音

噪音是沟通过程中的干扰因素,它是阻止理解和准确解释信息的障碍。噪音发生在发送者和接收者之间,它分成三种形式:外部噪音、内部噪音和语义噪音。

外部噪音来自于环境,它阻碍听到或理解信息。你与你同宿舍的人推心置腹地交谈,可能被一群人的叫喊声、飞机声以及其他声音所干扰。另外,外部噪音不一定全部来自声音,如你在阳光下站着与人讲话,可能由于阳光照射使你感到不舒服而分散了你的注意力;在交谈中看到一些虫子乱爬,也可能使注意力不能很好地集中起来。

内部噪音发生在发送者与接收者的头脑中,会影响正确的沟通。沟通过程中,沟通双方任何一方的思想和感情在沟通以外的事情上,就会产生内部噪音。例如,还没有到下课的时间,一个学生没有好好地听讲,而在考虑吃午饭的事情:"今天午饭不知有没有饺子"。

内部噪音有时也来源于信念与偏见。例如,有些人不相信女性能获得比较高的职位,因此,如果自己的上司是女领导的话,对于女领导安排的事,就不愿意痛快地去做。

语义噪音是由人们对词语感情上的反应而引起的,在沟通中,一些人不愿听自认是冒犯尊严的一些语言。例如在《围城》中方鸿渐在给某大学演讲时,谈西方的梅毒与吸毒问题,一些老学究就认为这是对他们尊严的冒犯而拒绝听演讲。一些受过日本人危害的老年人一听到有关日本人的一些言论,就感到厌烦。语义噪音和外部噪音一样,能干扰全部或部分信息。

6. 反馈

反馈是指接收者接收发送者所发出的信息,通过消化吸收后,将产生的反应传达给发送者。例如,我给你说一个笑话,你笑了,这就是反馈。在沟通中反馈是非常重要的一环,因为反馈可以让沟通参与者掌握思想和感情是否按他们的计划方式来分享。在没有干扰的环境中面对面地发送与接收信息,我们有机会知道他人是否理解并领会信息传达的意思。教师上课时往往根据学生的面部表情和眼神来判断学生是否理解了讲课内容。如学生坐立不安或注意力分散就可以断定其听得有些厌烦了等。

在沟通中参与的人越少,反馈的机会越多;参与的人越多,反馈的机会就越少。

7. 环境

环境是沟通发生的地方。环境能对沟通产生重大影响,正式的环境适合于正式的沟通。例如礼堂就是演讲和表演的好地方,但对于交谈,就不是适合的地方,如果更亲密的交谈,就要在小一点、光线好、比较舒服的屋子里,面对面地进行。

环境影响权利关系,例如院长叫一个老师去他办公室,这说明院长比老师有更大的权利。环境中的家具的布置也能影响沟通,例如,大学里图书馆的桌子摆设就更适合读书,不适合交谈。

二、沟通的媒介

沟通媒介指的是一些可以用来发出和接收信息的传导物(信息发送者使用)和感受器(信息接收者使用)。在我们的日常工作生活中,沟通媒介多种多样,有我们传统的面对面谈话、文件、便条,也有现代的电话、E-mail、实时聊天工具(如MSN、QQ)、视频、音频等。每种沟通媒介都可以用来传递和接收信息,根据可携带的信息量和提供反馈的速度,可以决定某媒介的丰富度。

(一)面对面沟通

面对面沟通是最有效的沟通方式,因为双方不仅能了解言语的意思,而且能够了解肢体语言的含义,比如手势和面部表情。哈佛大学和哥伦比亚大学最近的一项研究表明,面对面的会议能多吸引 38％的注意力。而且"亲自参加会议"本身也传递了一个有力的信息,表达了对组织成员以及他们需要与之打交道的利益相关者的承诺。

面对面沟通是建立业务合作关系的最佳方法。在很多文化环境里,面对面沟通是做业务的唯一途径。此外,在处理微妙的人际关系或传递复杂信息时,面对面沟通仍然是最合适的方式。比如,对于涉及支出和收入之类比较敏感的薪资或合同谈判情况,双方在同一房间协商将更容易取得进展。面对面沟通或者模拟的面对面互动有助于人们讨论复杂问题,在日益逼近最后期限的情况下迅速做出决策。

(二)书面沟通

正式文件、备忘录或者邮件这些方式都属于书面沟通,它的特点是持久性。书面沟通应该仅仅在必要的时候并且不会增加双方工作量的情况下使用,我们往往不愿在琐碎的文档中寻找那些能够在下次会议上口头沟通获得的信息,所以书面表达必须清楚、简洁,不能附带与主题无关的其他内容,用短句替代长句,用主动语态替代被动语态,避免使用双重否定或者古汉语词汇,措辞要自然。书面沟通也是帮助记忆的一种有效方式。

书面沟通有如下特点。

(1)写作人可以从容地表达自己的意思。

(2)书面材料传达信息的准确性高。

(3)书面材料是准确而可信的证据。

(4)书面材料可以不受时空的限制,实现不同时空的沟通。

书面沟通的能力主要表现在对词句的灵活运用、语法结构的惯例、格式的准确把握等方面。在特定群体内部约定俗成的规则对书面沟通的影响、限制很大。

(三)电子网络媒介沟通

如今,人们要进行远距离沟通,面对面的方式和传统的书面方式已不常见了。人们常借助电子媒介来传递信息。有些沟通媒介,比如电子邮件和音频会议是一维的。其他媒介,比如插图书籍和报纸,在文字的基础上增加了照片、表格和插图,又增加了一维。还有一些媒介,比如视频会议、网络会议和信息流是真正的多媒体方式,结合了声音、图像和文本,增强了用户的感受,增加了多层次的意义。今天,最常用的电子网络沟通方式包括以下几种。

1.电子邮件

电子邮件打破了时间和空间的限制,让工作时间或工作地点不同的人们能够有效地沟通。电子邮件让人们能够同时给几个人发送信息,并能发送电子文件、图片或文档等附件。但电子邮件的普及导致其被滥用,而且往往被用于不正当的目的。因为电子邮件几乎不包含人们的外貌特征和气质形象方面的信息,也不能传达微妙的手势或者非言语的暗示,它可能被误解或者曲解,导致矛盾产生。而面对面的沟通则没有这些问题。因此,研究人员和经理们建议,对有争议或者敏感的问题进行沟通时,应避免使用电子邮件。

2.即时通信

即时通信(Instant Messaging,IM)是一种接近于实时进行的文字信息沟通,它可以在两个或更多用户之间进行。它和普通的电子邮件不同之处在于,它的信息沟通立即就完成,而且进行“对话沟通”相当简便。QQ和MSN的广泛普及和使用使IM成为目前仅次于Web浏览的互联网应用。因为它的参与人员是“好友名单”上的,所以有一种浓厚的社区气氛。在很多情况下,这种气氛有助于建立有效的沟通区域。用来发送没有争议的信息给一大群人,IM是行之有效的沟通方式。但它不适合所有的场合或者工作关系。两个工作联系不是很紧密的人对于这种亲密的实时聊天可能会感到不自在,而两个试图解决难题的人可能会认为即时通信的固有缺陷妨碍了解决问题的进程。

3.音频会议

音频会议多使用电话进行,电话方便快捷、使用简单,加上今天的语音邮件功能,使它在沟通方面具有很大的灵活性,即使另一方不能接听电话也没关系。和电子邮件或者即时信息相比,音频会议最突出的优点是,与会者之间有了更加“实质性”的接触。在音频会议上,与会者可以通过改变语气、音调或者音量,使用停顿和语气词(嗯、呃)来衔接话题,增加音频本身没有的弦外之音。不幸的是,音频会议最大的缺点是看不见与会人员。最近一个调查显示,在音频会议上只有23%的人在全神贯注地开会。总的说来,音频会议在一些商业应用上非常有效,但它也让与会者更容易做其他与会议不相干的事情。

4.带音频的网络会议

网络会议又称远程协同办公,它是利用互联网实现不同地点多个用户的数据共享。用户可以使用网络会议实现远程销售、远程客户服务、远程技术支持、远程培训、在线市场活动等。网络会议增加了一定的视频信息,能让与会者观看幻灯片演示,在主持人引导下浏览网页,或者和其他人沟通、讨论文件。网络会议和网络音频或者视频不同,与会者在参加远程会议的同时,可以通过浏览器共享文件。它是一种相对便宜和有效的团队协作技术,有不少独到之处,可以增强团队的会议体验。然而,网络会议和音频会议类似,与会人员是隐蔽的。所以,与会人员往往在会议过程中"忙私活"。如果要建立合作关系或者促进团队工作,网络会议和音频会议都不是理想的选择。

5. 信息流

信息流也叫网络传播,它能将极具震撼力且内容丰富的信息传输给任何一个拥有电脑和网络浏览器的人。凭借它,人们可以在互联网或者公司内部网上快速传输音频和视频文件,用户不必苦苦等候文件下载就可以看到视频画面或者听到声音。

在一个直播或者实时的信息流中,参与人员被告知在预定的时间访问特定的网址,大家同时观看节目。而在一个存档的或者按需提供的信息流中,事件被转化成数字文件,储存起来供以后查看。这种情形不像现场直播一样直接,用户需要下载后才能观看。最重要的是,信息流本质上是一种从主持人到观众的单向沟通。假如一个议题需要与会人员讨论,或者要求发言人和与会者在预先准备好的提问和回答范围以外对话,信息流就不是最好的沟通方式。

现在很多网站,比如博客中国、搜狐、新浪、网易等,都有为网民开辟的专栏。邀请、吸引、招聘一批有写作实力和有写作愿望的有影响力的作者,在线写作,发表专栏文章,从而提高网站影响力。同时作品也在网络传播中获得认可,作者也获得了较高知名度。从而每个人都可以既是作者,又是编辑,又是作品的阅读者,集三位于一体。而这些在传统文学看来是不可想象的。

6. 视频会议

视频会议是一种召开现场会议的方法,它为处在两个或者两个以上不同地点的人提供面对面的会议。一方面,视频会议系统实时传输视频、音频信息以及文件资料,使会议成员可以远距离进行直观、真实的视(音)频交流。另一方面,利用多媒体技术的支持,视频会议系统可以帮助使用者对工作中各种信息进行处理,如共享数据、共享应用程序等,从而构造出一个多人共享的工作空间。

通俗地说,需要开会的每个会场安装一套视频会议终端,接上电视机、摄像头、麦克风等附件,再接入相应的宽带网络如 ADSL、ISDN 等,即可实现视频、音频、数据的实时传送,从而让我们真正实现天涯共一室的梦想。随着现代视频压缩技术,尤其是宽带网络的日益完善和发展,实时视频通信已成为宽带网络中除电视、数据之外的第三大服务内容。

如果使用视频会议系统，那么欧洲的老板只需坐在他欧洲的办公室即可同各大洲的下属们面对面地商讨公司业务；党中央国务院的会议精神可以通过网络直接传到各县、乡、镇的会场，各县、乡、镇的会场图像亦可实时传给中央；大学各分校的学生可即时向本部授课的教授提问。

视频会议提供了面对面沟通的所有独特好处，而不用支付召集异地人员集中到一个会议室的直接和间接成本。在会议中，与会人员可以展示与工作相关的物品，比如器械或者产品，这样就可以发现其他人是否在认真听取会议观点和信息并做出适当的反应。与会人员还可以被分成两个或多个小组，同时对问题展开讨论，推进决策进程。

多数组织都使用多种沟通方式帮助员工保持联系和正常工作。过去，很多沟通方式都被当做孤立的方案来解决特殊需要。现在，必须把它们放在更大的环境下考虑，尽量将不同的沟通方式整合到一个统一的、多层次的沟通平台。

三、沟通障碍与有效沟通

(一)沟通障碍

阻碍沟通的因素是十分复杂的，但可大致归纳为以下几万面。

1.物理性沟通障碍

这是指环境方面的某些要素可能会减弱或隔断信息的传递或接收。物理方面的障碍会使沟通受到干扰而突然中断，而且这种情况在沟通过程中可能会发生许多次。例如，在会谈中，突然窗外传来消防车的警铃声。就算你们俩人礼貌性地不去注意外面的骚动，尽力集中精神，但实际上仍然受到了干扰。

2.管理性沟通障碍

即在沟通观念、领导方式、沟通体制与制度、与沟通相关的权限、职责设置等方面影响沟通的因素。

例如，主管对你说话的时候，你总会觉得他是上司；当你和下属沟通时，就算你是位非常擅长处理人际关系的人，你也无法让对方忘记职位的差距。这种感觉会使工作上的人际沟通变得比较复杂。

3.心理性沟通障碍

沟通主体与沟通对象在个性、心理等方面的因素也会影响管理沟通的顺利进行。每个人都会把以往的经验、本身的想法和感觉介入人际沟通,因而难免会在某些议题上坚持自己的立场。对于已经做出的决定,则往往觉得不需要或不希望接纳新的信息。所以,接收到的新信息常会被个人的原则、道德标准和个人信仰所扭曲。

4.语言性沟通障碍

语言沟通是最直接有效的。人在出生后的头几年,学习说话是主要工作之一,大部分的幼儿可以自己学会并熟练使用自己生活环境中所使用的语言。各种因素学得不好或学好了又被破坏,则会造成沟通方面的困难,称为语言性沟通障碍。语言是沟通中最基本的手段。沟通中常由于语言表达不准确或接收者理解上的不同而导致信息失真,因而对学习、人际关系、情绪行为以及社会适应都产生莫大的影响。据推估,至少有 5% 的人有暂时性或永久性的"语言性沟通障碍"。

(二)有效沟通的原则

1.明确沟通的目标

沟通是作为一种有意识的自觉行为,必须在沟通之前,规定明确的目标。沟通的目标,决定沟通的具体内容与沟通渠道、方式方法。整个沟通过程都要按目标要求来设定。

2.具备科学的思维

思维是沟通的基础,只有具备科学的思维,才会进行有效的沟通,才容易沟通成功。要具备科学的思维,一是要正确处理信息,检验信息的真实性,并能认识事物的本质,抓住问题的关键;二是要形成清晰的沟通思路,构思出周密的沟通方案。

3.管制信息流

沟通过程中,信息不足不行,而信息过多也不行。首先,要对所沟通的信息进行科学处理,提高信息的质量,特别是真实性、准确性;同时,要对信息进行必要的过滤,去掉无关紧要的信息,以保证所传递的信息质量高,数量适当。其次,要选择恰当的沟通渠道与方式方法。因为有效沟通,就是要根据沟通目标、沟通内容和沟通对象等方面的需要,正确地选择沟通渠道、媒介及相应的沟通方式与方法,从而保证在传递过程中的效率和质量。

4.讲究语言艺术

语言是管理沟通最基本的手段,能否正确、有效地使用语言,对沟通效果影响极大。管理者要讲究语言艺术,提高沟通语言的简练性、准确性、针对性和趣味性,以提高沟通的有效性。

5.了解沟通对象,增强沟通针对性

沟通对象的需要、心理、知识、个性等因素对沟通效果影响也是很大的。如果不了解沟通对象的情况,沟通时就如"盲人骑瞎马,夜半临深潭",必然导致沟通失败。管理者在沟通前,应利用多条渠道,尽可能多地了解沟通对象多方面的情况,真正做到"知己知彼",然后,有针对性地进行沟通,方会取得成功。

6.及时地运用反馈

反馈,也称回馈。它可以排除噪音和信息失真,增强沟通的有效性。特别是在面对面的直接沟通中,更应及时注意反馈,随时把握沟通对象的反应、心态及沟通效果,及时地调整沟通策略与方法,以实现更为有效的沟通。

四、商务沟通

在商务领域,沟通是否有效,许多时候直接决定了商务活动的成败。如何清晰而有说服力地陈述你的观点,这和如何有效地分析数据或明智地规划行动同样重要。成功的商务沟通取决于对下列关键问题的回答。

面对客户或下属,你是否出言不逊,一语"伤"人?是否居高临下,盛气凌人?

你是否就事论事,见物不见人?

你是否只强调原则性,不讲究灵活性,大问题不严,小问题不放?

你是否对别人的话不感兴趣,要么心不在焉,要么说别的?或一边听,一边干别的事,对别人的话不屑一顾?

你不同意对方的意见时,是否就立刻激动起来,马上表示反对?或随意打断、制止对方讲话?或表示不愿意听?

以上这些现象,均属于商务活动中的沟通技巧甚至艺术。要掌握商务沟通的概念,首先要了解商务活动的含义。

(一)商务活动的概念

任何组织和个人,为了生存和发展,就必然参加社会活动,并从中获取各种

物质、能量和信息,直接或间接地通过交换为社会提供产品或服务。这些与市场相关的活动,通常称之为商务活动或商业活动。那么,商务就是指参与市场活动的主体(厂商、政府、个人与家庭)围绕卖方以盈利为目的的出售和买方以生存和发展为目的商品购买的各种相关经济活动的集合。

(1)商务是涉及买卖商品的事务。一切买卖商品和为买卖商品服务的相关活动都是商务活动;一切旨在达成商品交易的相关行为都是商务行为。

(2)商务涉及各种经济资源,包括物质产品、劳务、土地、资本、信息等有偿转让的相关活动。这种资源通过交换方式实现所有权的转移过程就是商务活动过程。

(3)商务主要针对营利性组织而言,人们从事经济活动是以盈利为目的的,那么这种活动就是商务活动,它包括了商品买卖和生产活动,其他营利性服务活动,包括法律服务中的经济法范畴的服务。需要强调的是,政府作为不以盈利为目的的买方在市场中的"政府购买"行为也属于商务行为,必须遵循市场规律和相关行为准则行事,但也有其特殊性,政府机构对其"政府购买"活动有其管理要求,同时作为卖方的厂商也有相应的商务活动特点。

(4)商务涉及商务组织、政府部门(包括事业单位)、家庭和个人的市场交换活动。这些商务主体在市场中的所有往来活动及各种交换活动有信息的(贸易信函、合同文书等)、物质的(商品、资金、房地产等)、服务的(法律、生活服务、运输、金融与保险等)。但各个买卖主体的市场行为具有不同的商务特性,如消费者在市场上购买自己所需的商品与商务组织在市场上购买用于进一步转售的商品是两种不同特性的经济行为,前者的商务行为是以自身的生存为直接目的,后者则是通过经营进行资本积累为直接目的的商务行为。我们明确商务活动的主体,是为了更好地分析研究其商务活动特点,以便开展有效的商务沟通。另外,作为卖方的主体需要把自己的商品或服务摊销给买方,其商务活动特点与作为买方主体的商务活动特点截然不同。其中,营销活动主要指卖方行为,而商务包括了卖方行为和买方(包括为进一步转售或加工后出售的购买者)行为,是买和卖的统一体。因此,营销活动仅仅是商务活动的主要内容之一,但不能取代所有商务活动。

由此可见,商务主要泛指商务组织、政府、家庭和个人的各种"外部的"市场行为。本书所涉及的买卖主体,主要是指现代商务组织、企业或公司。因此,商务的概念包含以下三个层次。

(1)为保证生产活动正常运行所进行的采购、销售、储存、运输等活动,是商务组织最基本的商务活动。

（2）为稳定商务组织主体与外部的经济联系及有效开展购销活动所进行的商情研究、商业机会选择、商务洽谈、合同签订与履行、债务纠纷（冲突）处理等活动，是为生产和购销服务的商务活动。

（3）为保持自身的竞争优势和长期稳定发展所进行的塑造组织形象、制定和实施竞争战略、扩张经营资本、开拓新市场、防范经营风险等活动，是战略性的商务活动。

上述三个层次相互联系、相互影响，构成了一个完整的商务体系。

商务沟通就是指商务组织为了顺利地经营并取得经营的成功，为求得长期的生存发展，营造良好的经营环境，通过组织大量的商务活动，凭借一定的渠道（亦称媒体或通道）将有关商务经营的各种信息发送给商务组织内外既定对象（接收者）并寻求反馈以求得商务组织内外的相互理解、支持与合作的过程。

(二)商务组织内部沟通的作用

乔治·强斯顿是一家营建公司的安全检查员。检查工地上的工人有没有戴上安全帽，是强斯顿的职责之一。据他报告，每当发现有工人在工作时不戴安全帽，他便会用职位上的权威要求工人改正。其结果是，受指正的工人常显得不悦，而且等他一离开，就又把帽子拿掉。后来，强斯顿决定改变方式。第二回他看见有工人不戴安全帽时，便问是否帽子戴起来不舒服，或是帽子尺寸不合适。而且他还用愉快的声调提醒工人戴安全帽的重要性，然后要求他们在工作时最好戴上。这样的效果果然比以前好得多，也没有工人显得不高兴了。

很显然，假如强斯顿只是一味地批评那些工人，则只会得到更多的怨恨。我们知道，商务组织是由许多不同的部分和成员所构成的一个整体，这个整体有其特定的目的和任务。而这个整体的每个成员，并不是绝对理性的动物，而是一个个充满了情绪变化、成见、自负甚至虚荣的人。如果没有良好的沟通环境，可以想象一下将会是一种什么情景。总经理任命小李当总经理助理，可是小李迟迟不来报到；财务部小吴刚向甲公司汇去 10 万元钱购买原料，而小王第二天又向甲公司汇去 10 万元；工人老黄根据工程师设计的图纸生产的零件，下一道工序根本不能使用；中国员工埋怨外国员工不了解中国国情，外国员工抱怨中国员工素质太低……这样下去，不要多久，这个商务组织非垮台不可。

有效沟通是企业经营管理和我们个人在社会生活中经常需要遇到的基本问题。人与人之间要达成真正的沟通并不是一件易事。班哲明·富兰克林年轻的时候并不圆滑，但后来却变得富有外交手腕、善与人应对，因而成了美国驻法大使。他的成功秘诀是："我不说别人的坏话，只说大家的好处。"

概括地讲,商务组织内部沟通的作用主要体现在以下几方面。

(1)有利于商务组织内部实现信息资源共享,提高工作效率。

内部沟通是企业提高效率和信息资源共享的重要途径之一。商务组织的信息沟通可以获得有关外部环境的各种信息与情报,如政治及经济政策、行业状况与发展趋势、消费市场的动态等。商务组织内的信息沟通可以了解职工的意见倾向和工作结果,把握他们的劳动积极性与需求,洞察各部门之间的关系与管理效率。

在组织中只要有两个人以上共同工作,就一定要分享信息,否则工作将无法进行。管理人员要把组织的目标、决策、操作指示传达给操作人员,操作人员要把对指示的理解、工作的结果反馈给管理人员。员工之间要分享的信息相当广泛,如科技的新发展、个人经验、对操作的评价、上级的指示等。因此,通过沟通,企业内部人员能够在合作与协调上达成一致,从而能够尽快地调整资源分配,提高工作效率。

(2)通过沟通可以促进组织内部人际关系的和谐,增强商务组织的凝聚力和竞争力。

组织内部良好的沟通文化可以使所有员工真实地感受到沟通的快乐和绩效。加强内部的沟通管理,既可以使管理层工作更加轻松,也可以使普通员工大幅度提高工作绩效,同时还可以增强组织的凝聚力和竞争力。

良好的沟通,可以增强员工的认同感和忠诚度,使员工感受到自己是公司的一员,从而发挥员工的积极性和自主意识。所以,沟通不仅仅是为了保证组织内部信息流动的畅通,也是为了体现对员工意见的重视和对员工的尊重。我们常在一些商务组织中看到科研人员(或部门)与生产人员或者经销人员(或部门)之间关系紧张、矛盾激烈以及内部人际关系失调的局面。究其原因,是缺乏沟通或者沟通方式不当所致。众所周知,无论在日常生活还是在实际工作中,人们相互沟通思想与交流感情是一种重要的心理需要,沟通可以解除人们内心的紧张与怨恨,使人们心情舒畅。而且在沟通中会产生共鸣和同情,促进彼此的了解,改善相互之间的关系。如果一个商务组织的信息沟通渠道堵塞,职工间的意见难以沟通,将使人们产生压抑、郁闷的心理。这不仅影响职工心理健康,还将严重影响商务组织的正常生产。组织内部的良好沟通,可以改进管理,改善组织内部人际关系,使内部职能有效地衔接,从而形成组织合力,较好地发挥企业整体力量。

(3)通过沟通激励职工积极参与组织内部的管理,共同达成组织目标。

这是一个由多个部门协同为生产现场提供服务的案例。制造业不断地面临着产品的更新换代，每次新产品的开发都是企业战略的体现，因此事关重大。围绕新产品的生产，大家需要形成一个团队，在明确共同的目标和各自分工的前提下，彼此提供优质服务，这就是团队成功的标志。

↪ **【案例】**

> 罗主管在接手新产品项目开发的工作时，意识到这是一个需要高度协作的工作，他请来技能培训老师、技术部人员、品质管理人员和物流部人员开会，将自己遇到的困难和目标都诚恳地与这些部门做了沟通。相关部门的人员都针对他所面临的问题提供了有效的解决方法。会议开得很成功，大家决定以后定期碰头，解决在协作上需要协调的事。
>
> 不久后，在新产品批量生产的庆功会上，罗主管发表了热情洋溢的讲话："这次新产品的成功，我由衷地感受到，是我们所有部门协作的成绩。感谢技术部的技术人员，在试做阶段没日没夜地工作，解决了大大小小试做阶段出现的问题，批量生产时才会这么顺利。他们还为提高工程能力，做了十多项改进，使我们的生产效率得以提高。感谢技能培训老师，培训出的这批作业人员技能素质都不错，为这个产品输送了合格的作业员。
>
> 感谢物流和品质管理人员，给予我们紧密的配合，常常为配合生产加班，物料配给都很及时，最大限度地保证了我们的生产和进度。
>
> 因为大家的协作才使得我们获得了成功。我们团队的配合使得大家的力量被发挥出来，这个新产品项目才能又快又好地启动。这是我们大家的成绩！"

通过沟通，组织内部人员能够在合作和协调上达成一致，从而能够尽快地调整资源分配，提高工作效率。我们以企业的重要工作——销售工作为例，从某种意义上来说，销售产品并不仅仅是销售人员的工作，公司内部的所有人员都应该参与到销售工作中来。因此，企业的销售工作也离不开各部门之间的相互协调，没有其他部门的协调，再好的销售人员也不可能与顾客建立起长久的关系，再好的销售经理也无法达成业绩目标。所以这个工作特性对销售经理的沟通能力提出了很高的要求。事实上，只有具备了卓越的对内沟通能力，销售经理才能胜任本岗位的管理工作，才有可能整合组织的资源来顺利达成既定的目标。

因此，沟通既可以促进领导改进管理方式，又可以调动广大职工参与管理的积极性，使职工增强信心，积极主动地为商务组织献计献策，增强主人翁责任感，从而增强商务组织内部的凝聚力，使商务组织蓬勃发展。

(4)通过沟通激发员工的创新意识,提高决策的科学性。

管理者与员工通过不断的沟通讨论有关工作进展情况、潜在的障碍和问题、解决问题的办法措施以及管理者如何帮助员工等问题。这种沟通贯穿于整个的管理过程,不是仅仅在开始,也不是仅仅在结束,而是贯穿于管理的始终。其重要作用不仅在于能够前瞻性地发现问题并在问题出现之前予以解决,还在于它能把管理者与员工紧密联系在一起,经常性地就存在和可能存在的问题进行讨论,共同解决问题,搬掉障碍,达到科学决策的目的。

随着我国管理民主化的不断加强,目前许多商务组织采取了各种各样的形式在本商务组织中展开全方位的沟通活动,如高层接待日、意见箱制度、恳谈餐会、网上建议等。通过这些渠道可以让员工进行跨部门的讨论、思考、探索,而这些过程往往潜藏着无限的创意。所以,一个成功的商务组织,其沟通渠道往往是畅通的。另外,任何一个商务组织(部门或个人)的决策过程,都是把情报信息转变为行为的过程。准确、可靠、迅速地收集、处理、传递和使用情报信息是科学决策的基础。因此,科学决策的确定与商务组织沟通范围、方式、时间、渠道是密不可分的。

(5)组织内部有沟通渠道可以使组织文化在员工心目中潜移默化。

组织文化必须靠物化才能生根。所谓物化,就是组织(主要是企业)制造出优秀的产品,给客户提供优良的服务。组织(企业)文化作为意识形态,需要以物质作为支撑,反过来物质又推进意识形态的深化和升华。因此要塑造企业文化,不仅要从理念上形成认识与理解,更重要的是建立传播和执行组织(企业)文化的沟通渠道。没有这个渠道,组织(企业)文化就如同一纸空文,虚而不实,从而步入形而上学的误区。

企业应力求通过搭建良好而畅通的沟通渠道,使企业文化有效地进行传播,从而保证企业文化执行力的正确性、方向性、把握度,使企业文化犹如宗教信仰般潜移默化在员工心目中,成为企业员工的精神纲领,指导员工的言行举止,以此体现企业的形象与风范。

(三)商务组织外部沟通的作用

外部沟通一是通过公共关系手段,利用大众传媒、内部刊物等途径,与客户、政府职能部门、周边社区、金融机构等,建立良好关系,争取社会各界支持,为组织创造好的发展氛围;二是商务组织导入企业形象识别系统,把理念系统、行为系统、视觉系统进行有效整合,进行科学合理的传播,树立良好企业形象,提高企业的知名度、美誉度、资信度,为企业腾飞和持续发展提供良好的环境。

公众自我保护、要求知情权和话语权的意识日益增强，舆论监督越来越严厉，媒体在得不到正面答复的时候，追根寻源还公众真相的欲望就越强烈，互联网的传播方式也更容易煽动公众感情，结果使得危机越放越大。因此，商务组织必须重视并切实做好外部沟通。在社会经济活动中，只有良好形象的商务组织，才能获得社会公众最广泛的理解、信任和赞誉，它的商品和服务才会受到顾客的欢迎并为其所接受。当它出现困难和处于危机的时刻，才会得到多数公众的谅解、关爱甚至帮助。因此，一个有着良好的外部沟通机制的商务组织，应该具备通过信息沟通了解客户的需要、供应商的供应能力、股东的要求及其他外部环境信息的能力，使组织成为一个与外部环境发生相互作用的开放性系统。尤其是在社会及市场环境日趋复杂、信息瞬息万变的情况下，与外界保持良好的沟通，及时捕捉商机，避免危机以及发生危机后及时与公众沟通等，是商务组织的一项重要任务，也是关系到商务组织兴衰的重要工作。总的来说，外部沟通的作用主要表现在以下几个方面。

（1）通过沟通，维护和强化商务组织的良好形象。商务组织的形象在公众心目中的形成除了商务组织有意识地传播外，大多数时候是在与公众的日常交往和大量的商务沟通中建立和形成的。例如，商务组织与消费者之间的关系，是在商务组织为消费者提供产品或服务时建立的，在与消费者之间形成使用与服务关系中发展的。如果你的产品好、服务好，自然就会形成口碑，消费者就会成为产品的义务宣传员。当你的产品和服务与消费者的需求之间存在距离时，如果你能急消费者所急，想消费者所想，与消费者及时沟通，理解并掌握消费者的需求，并尽力予以满足，即使这之间还存在差距，但依然会在消费者心中留下良好形象。

（2）通过外部沟通，可以充分利用外部资源，为组织营造良好的竞争和发展环境。市场经济条件下，在法律允许的范围内，经济（商务）组织可以对外部资源进行资源优化配置。商务组织的竞争力与商务组织资源配置的优化程度成正比，而资源配置的优化程度又与商务组织对外沟通和协调能力成正比。在对外经营领域、资源配置领域和信息来源领域，任何商业组织都必须与公众充分进行沟通与协调。例如，与消费者的有效沟通，提高其对本企业及产品的满意度和忠诚度，促成大量的潜在购买者转变为现实购买者，有利于本企业产品销售额的直接增长；与政府、媒体保持良好的沟通渠道，有利于获得大量有用信息、政策支持和正面宣传；与投资者（或金融机构）进行有效沟通，有利于加强彼此间的了解和信任，创造良好的投资氛围，增强其对本企业的信心，从而吸引新的投资者，增强本企业的融资能力；与供应商保持良好的沟通关系，可获得稳定、充足的货源和能源,保证本企业的生产经营活动和产品质量处于长期的稳定状态,并维持在一一个较高的水平上,从而使企业拥有持久的竞争力;与竞争伙伴之间的沟通与协调,可以力争形成双赢的局面,表现出自己规范的竞争行为,可以赢得竞争伙伴的尊重,在行业中保持自己的信誉和形象,由此才能形成竞争中的合作关系。

（3）通过沟通与外部双向互动,从而把握外部公众动态,化解危机,保证企业生产经营的正常进行。商务沟通的过程是理解、同意、协助的过程,是商业活动中实现价值、创造价值的途径。在商业业态不断变革的今天,商务沟通必须通过外部说服、现代媒体、品牌信用以及零售终端等各方面沟通渠道的建立,来与外部进行顺畅的沟通。

有效的商务沟通是双向的和互动的信息流动,商务组织在与政府、社区、媒体和消费者的沟通过程中,不仅及时了解外界对本组织的看法、期望、意见和建议,同时也将自身的经营理念、产品信息、改进措施和对社会公众的关爱传达出去。这种互通既可以极大地促进商务组织更新市场策略,及时把握市场动态,抓住商机,又可以及时帮助本组织面对负面影响采取补救措施,重获公众信任,化解公关危机。

⤷【案例】

　　1999年6月初,比利时和法国的一些中小学生饮用美国饮料可口可乐,发生了中毒事件。一周后,比利时政府颁布禁令,禁止本国销售可口可乐公司生产的各种品牌的饮料。已经拥有107年历史的可口可乐公司,遭受了历史上鲜见的重大危机。

　　1999年6月17日,可口可乐公司首席执行官依维斯特专程从美国赶到比利时首都布鲁塞尔举行记者招待会。第二天,比利时的各家报纸上出现了由依维斯特签名的致消费者的公开信,仔细解释了事故的原因,信中还做出种种保证,并提出要向比利时每户家庭赠送一瓶可口可乐,以表示可口可乐公司的歉意。与此同时,可口可乐公司宣布,将比利时国内同期上市的可口可乐全部收回,尽快宣布调查化验结果,说明事故的影响范围,并向消费者退赔。可口可乐公司还表示要为所有中毒的顾客报销医疗费用。可口可乐其他地区的主管,如中国公司也宣布其产品与比利时事件无关,市场销售正常,从而稳定了事故地区外的人心,控制了危机的蔓延。此外,可口可乐公司还设立了专线电话,并在因特网上为比利时的消费者开设了专门网页,回答消费者提出的各种问题。整个事件的过程中,可口可乐公司都牢牢地把握住信息的发布源,防止危机信息的错误扩散,将企业品牌的损失降低到最小的限度。

随着这一公关宣传的深入和扩展，可口可乐的形象开始逐步地恢复。不久，比利时的一些居民陆续收到了可口可乐公司的赠券，上面写着："我们非常高兴地通知您，可口可乐又回到了市场。"孩子们拿着可口可乐公司发给每个家庭的赠券，高兴地从商场里领回免费的可口可乐。商场里，也可以见到人们在一箱箱地购买可口可乐。中毒事件平息下来，可口可乐重新出现在比利时和法国商店的货架上。

总之，良好的、有效的、系统化的沟通机制，可以使企业在各个领域都获得宽松和谐的社会空间，使企业能够充分发挥自身的最大经营能力。沟通作为一个重要的管理技巧在商务活动中的运用非常广泛，它所带来的影响也非常大，管理者应该结合自己的管理实践不断探索和提高沟通技巧，以更高的效率获得更大收益。

沟通，是为达到一定的目的，将信息、思想和情感在个人或群体间进行传递、理解与交流的过程。它包括发送者、接收者、信息、渠道、噪音、反馈和环境 6 个要素，它通过克服物理、管理、心理、语言等方面的障碍，从而实现有效沟通。

商务沟通就是指商务组织通过大量的商务活动，凭借一定的渠道，将有关商务经营的各种信息发送给商务组织内外既定对象，并寻求反馈以求得商务组织内外的相互理解、支持与合作的过程。无论是在商务组织内部，还是商务组织与外部组织之间，商务沟通都起着十分重要的作用。任何商务组织要实现其商业目的，都离不开商务沟通。

五、人际关系与沟通

在日常生活中，有些人有这样的感受：总难得到他人的理解；总难与周围的人愉快的相处；自己的观点总是遭到排斥；带着热忱去交朋友，却遭到冷淡……这样的情况经常发生的话，那么一定是人际关系出了问题。

人际关系，是指人与人之间一切直接或间接的通过动态的相互作用形成的情感联系，它是通过交往形成的一种心理关系。

（一）影响人际关系的核心因素——情商

⤶【案例】

　　某甲大学毕业之后，凭借优异的成绩成了一家知名企业的员工。刚刚上班，领导就找某甲谈话，言下之意很明白，就是让某甲好好干，前途不可限量，同事对某甲也很友好。某甲于是就踌躇满志起来，似乎看到了机遇在天花板上向他招手。

　　可是工作了不过一个月，情况就变了。领导看到某甲，会习惯性地皱眉叹气，同事对他客客气气却疏远得很。没有什么项目会派给某甲负责了，谁也不愿意与某甲合作。

　　于是某甲找一个大学时的朋友聊天。这个朋友比他早工作3年，现在已经是部门经理。听了某甲的诉苦和百思不得其解，朋友却笑开了，问某甲：是不是曾经在公共场合让领导难堪过？是不是应该和别人合作的项目却大包大揽？是不是觉得自己的意见最好，听不进别人的？

　　"真是神了！"某甲承认情况确实如此。看着某甲吃惊的表情，朋友说："你的问题是情商比较低。"

　　情商（EQ）是对应于智商（IQ）而言的一个概念。如果说，智商指的是智力商数，那么情商则是指情感商数。具体地说，情商主要指人在情绪、情感、意志、耐受挫折等方面的品质。它不是天生的，而是在后天的社会活动和人际交往中逐渐培养起来的。以往认为，一个人能否在一生中取得成就，智力水平是第一重要的，即智商越高，取得的成就的可能性就越大。但现在心理学家普遍认为，情商水平的高低对一个人能否取得成功也有着重大的影响作用，有时其作用甚至要超过智力水平。美国耶鲁大学心理学家彼得·萨洛韦甚至认为情商对个人成功的作用达到80%，而智商只占20%。因此，现代商务人员必须注重自己的情商培养。

　　一般，一个人的情商由四个方面构成：自我认知、社会认知、自我调节和影响力。

　　1. 自我认知

　　中国有句俗话"人贵有自知之明"。这就是说，每个人都应当对自己的素质、潜能、特长、缺陷、经验等各种基本能力有一个清醒的自我认识，对自己在社会工作生活中能够扮演的角色有一个比较准确的定位。这种自我认知的能力在心理学上称之为"自觉"，它通常包括察觉自己的情绪对言行的影响，了解并正确评估自己的资质、能力与局限,相信自己的价值和能力等几个方面。

前微软全球副总裁、微软亚洲研究院创始人李开复先生接受记者采访时讲了这样一件事。

⤷【案例】

> 我有一个员工,他在自我评估中写下这么一句话,"虽然谦虚如我,但是我也要说自己这一年的表现实在是异常得了不起"。当我看了这一句话,我心里的第一个想法就是这个员工要走,并不是说他做得不好,而是他这么没有自知之明。一个人如果没有自知之明,他就不可能自我批评,就不能修补存在的问题。果然他要求升职,但最后他失去了工作。他并不是不能做那份工作,但是因为他姿态太高。所以说自觉非常的重要。(微软亚洲研究院创始人答问:全球化需要什么人才)

这个事例告诉我们,能否"自觉",对个人事业的影响有时是致命的。一个有自我认知能力的人,应该既能够展示自己的特长,又不会刻意掩盖自己的缺点。很多时候,向他人坦诚说明自己的某些不足之处,不仅不会损害自己的形象,反而可以表示出自己对个人能力的自信,赢得他人的好感。例如,一个部门主管对某个职员说"业务方面你是行家,我不如你,我要多向你学习"的时候,职员一定会认为这个领导非常谦虚,也一定会对这个领导更加信任。

2.社会认知

社会认知在心理学上被称之为"同理心",就是说,在社会活动中,要能够感知他人的想法和感受,包括个体、群体和组织三个层面。通俗地讲,就是人们常说的设身处地、将心比心的做法。在产生矛盾、发生误解的时候,各方当事人如果能把自己放在对方的处境中想一想,也许就更容易了解对方的初衷,消除误解。现在流行的说法"换位思考",以及人们常说的"人同此心,心同此理",都是这个道理。

个体、群体和组织之间的关系,以及它们各自的内部关系,均没有固定的公式可循。因此,人际沟通时只能尽量关心对方、体谅对方,做事时为对方留下空间和余地,发生误会时要替对方着想,主动反省本方的过失,勇于承担责任。通过培养自己的社会认知能力,个人和组织在工作和生活就能避免许多抱怨、责难、嘲讽、猜疑和分裂,大家就可以在一个充满鼓励、谅解、支持和尊重的环境中愉快地交往和合作。缺乏社会认知能力,就可能出现类似齐景公在暖房内困惑下雪天为何不寒冷、晋惠帝不能理解老百姓没饭吃为何不吃肉糜式的笑话。

⤷【案例】

台北一家大型公司女总裁的看法很明智：不要指望别人的见识都如你一样。她经常向人讲述自己亲身经历的一个故事。

她女儿上幼儿园时，有一天，她作为家长去参观幼儿园的书画比赛。在一幅名为《陪妈妈上街》的画前，她驻足了很久，画面里没有高楼大厦，没有车水马龙，也没有琳琅满目的商品，有的只是数不清的大人们的腿。她为此感到奇怪，末了还是幼儿园老师帮她解开了疑惑，老师说，幼儿园的孩子身高几乎还不到大人们的腰部，你说他们上街看到的不是大人的腿还能是什么？

于是她想，孩子们上街时看到的只是大人们的腿，这是他们的身高决定的；同样的道理，公司员工能看到的是他们自己的工作、利益和前途，并不是每个人都像总裁一样思考本公司的未来，这是由他们所处的环境决定的。因此，不要指望别人都和你的见识一样。与其埋怨员工，倒不如帮助他们提高认识；与其责骂员工，倒不如主动接近他们联络彼此的感情。于是她以和颜悦色的崭新形象出现在员工面前，公司的业绩也随之突飞猛进。（选自《瑞博管理在线》）

3. 自我调节

自我调节指的是自我调整和自我节制能力。它包括：根据环境和情况的变化，调整自己的情绪、调整自己的定位；控制自己不安定的情绪或冲动，在压力面前保持清晰的头脑；以诚实赢得信任，并且随时都清晰地理解自己的行为以及将带来的影响和结果。

对于商务人士来说，没有较好的自我调节能力，面对市场变化，就会手足无措；面对竞争对手的攻击，就会进退失据；面对客户的商务纠葛，就会"剪不断，理还乱"。

对于管理者来说，缺乏自我调节能力，要管理别人，要得到下属信任，就会困难重重。因为领导的做法通常是大家效法的榜样，领导的言谈举止都会给下属留下深刻的印象，如果处理不好的话，可能会造成负面的影响。特别是当公司或团队处于危机时刻，需要领导带领大家克服困难、冲出重围的时候，如果领导表现得比职员还要急躁，左右摇摆拿不定主意，大家就会对领导丧失信心，公司或团队也会因此而走向失败。

4. 影响力

这里所说的影响力，是指能促使他人产生有效及所需的反应能力。个人的影响力，在某些方面是与生俱来的，这主要表现在先天性格方面，如豁达、豪爽、大方、具备领袖气质,很容易感染周边的人,获得有效反应。但更多的影响力则是通过后天努力形成的,如诱导、说服等沟通能力,也能影响周边的人,获得有效反应。

无论是先天的性格,还是后天训练的沟通技巧,最高境界应是通过不断提升影响力并形成良好的个人人格魅力。这种具备人格魅力的影响力,包括它所涵盖的亲和力、号召力、凝聚力等,虽然没有建立在影响者的合法权利和综合能力的基础上,但由于它是对方在心理认同的基础上产生的对影响者的崇敬、钦佩和信赖,因而这种影响力是其他因素无法比拟的。

【案例】

李嘉诚　赢得财富的历程

数年前,李嘉诚便成为香港历史上首位"千亿富翁"。如今,他的财产仍以几何级数增长,他在商业领域的每一个动作,都为世人极度关注。对于千千万万正在为事业前程苦苦奋斗的年轻人来说,李嘉诚的故事将成为他们在人生道路上的一盏明灯。由于中西文化的差异,在成功道路上,中国人与西方人有着不同的理论和方式。李嘉诚是把儒家的情义精神与西方的进取精神完美结合的卓越代表。他勤奋、平和、坚忍;他守信诺、重诚意。

他既能把中国文化的立身之道发挥得淋漓尽致;又具有单打独斗的能力、对机会的把握、冒险精神、领袖气质等。他的外圆内方、刚柔相济,这些往往是西方人崇尚的榜样,也是现代中国人容易理解与效仿的楷模。

李嘉诚成功了。李嘉诚的生意经也被媒体不遗余力地炒作,连有"股神"之称的巴菲特都对李嘉诚赞不绝口:"李是商业界的领袖,所有赚钱的人都应效仿他。按照李所说的话做人、做生意,即使不能成为富豪,也绝不会是个穷人。"李嘉诚的成功不仅对人们追求事业,也对人们一生的方方面面都有着深刻的启迪,让人们得以窥见其与众不同的成功秘诀。商场如战场,人缘和朋友便显得尤其重要。李嘉诚的人缘之佳在险恶的商场同样创造了奇迹。几乎每一个有过一面之交的人,都会成为他的朋友。按照李嘉诚自己的理解:人要去求生意,就比较难,让生意跑来找你,就容易做。

美国 FORTUNE 杂志介绍李嘉诚是"靠与友人合作投资和贸易生意发迹"。李嘉诚自己也曾说过:"我做生意一直抱定一个信念,就是不投机取巧而是以诚待人。"(选自姜佰君:《你也可以做李嘉诚——评〈李嘉诚经商自白书〉》)

(二)人际关系的三种基本需要及六种取向

美国心理学家舒茨 1958 年对大量有关社会行为的资料进行分析后发现,提出了以人际需要为主线的人际关系的三维理论,他认为有三种基本的人际需要,即包容需要、控制需要和情感需要。

1. 包容需要

包容需要是指个体想要与人接触、交往、隶属于某个群体,与他人建立并维持一种满意的相互关系的需要。在个体的成长过程中,若是社会交往的经历过少,包容需要没有得到满足,他们就会与他人形成否定的相互关系,在行为表现上倾向于内部言语,倾向于摆脱相互作用而与人保持距离,拒绝参加群体活动。如果个体在早期的成长经历中社会交往过多,包容需要得到了过分的满足,则在人际交往中,会过分地寻求与人接触、寻求他人的注意,过分地热衷于参加群体活动。如果个体在早期能够与家庭成员和他人进行有效的、适当的交往,就不会产生焦虑,就会形成理想的社会行为,会依照具体的情境来决定自己的行为,决定自己是否应该参加或参与群体活动,形成适当的社会行为。

2. 控制需要

控制需要是指个体在影响力方面与别人建立并维持良好关系的需要,即控制与被控制的需要。个体在早期生活经历中,若是成长于既有要求又有自由度的民主气氛环境里,个体就会形成既乐于顺从又可以支配的民主型行为倾向,他们能够顺利解决人际关系中与控制有关的问题,能够根据实际情况适当地确定自己的地位和权力范围。而如果个体早期生活在高度控制或控制不充分的情境里,他们就倾向于形成专制型的或是服从型的行为方式。专制型行为方式的个体,表现为倾向于控制别人,但却绝对反对别人控制自己,他们喜欢拥有最高统治地位,喜欢为别人做出决定。服从型行为方式的个体,表现为过分顺从、依赖别人,完全拒绝支配别人,不愿意对任何事情或他人负责,在与他人交往时,这种人甘愿当配角。

3. 情感需要

情感需要是指个体在感情上与别人建立和维持亲密联系的需要。当个体在早期经验中没有获得情感满足时,则他们表面上对人友好,但在个人的情感世界深处与他人保持着距离,总是避免亲密的人际关系。若个体在早期经历中,过于被溺爱,则他在行为表现上,强烈地寻求爱,并总是在任何方面都试图与他人建立和保持情感联系,过分希望自己与别人有亲密的关系。在早期生活中经历了适当的关心和爱的个体,则能形成理想的个人行为。他们总能适当地对待自己和他人,能适量地表现自己的情感和接受别人的情感,又不会产生爱的缺失感,他们自信自己会讨人喜爱,而且能够依据具体的情况与别人保持一定的距离,也可以与他人建立亲密的关系。

舒茨在他的三维人际需要理论的基础上,进一步提出满足人际需要的方式有两种基本取向,一是主动表现,二是被动接受。这两种取向和三种基本需要结合起来,就形成了六种基本人际关系取向(见表1.1)。具体描述如下。

主动包容式:主动与他人交往,积极参与社会生活。

被动包容式:期待他人接纳自己,往往退缩、孤独。

主动支配式:喜欢支配他人,喜欢运用权力。

被动支配式:期待他人引导,愿意追随他人。

主动感情式:表现对他人喜爱、友善、同情、亲密。

被动情感式:对他人显得冷淡,但期待他人表示亲密。

表 1.1 基本人际关系取向

基本人际需要	满足方式	
	主 动	接 纳
包容需要	主动与他人交往	期待他人接纳自己
控制需要	支配别人	期待他人引导自己
情感需要	对别人表示亲密	对人冷淡,期待他人表示亲密

(三)人际关系的特点

通过前述内容的学习,可以看出人际关系具有以下特点。

1.个体性

在人际关系中,人的角色并不显得十分重要,因而退居到次要地位,而对方是不是自己所喜欢或愿意亲近的人才是最主要问题。

2.直接性

人际关系是人们在直接的交往过程中形成的,个体可以亲身感受到它的存在。没有直接的接触交往,人际关系就不可能产生。一旦建立了人际关系,人们就会直接体会到其喜悦或烦恼,也就是说,建立了亲密的人际关系,个体之间在心理上的距离拉近了,彼此会感到心情舒畅。反之,若发生了矛盾冲突,个体则会感到孤独和抑郁。

3.情感性

人际关系是人与人之间的信息与情感的传递过程,其基础是人们彼此间的情感活动。没有感情的人际关系是根本不存在的,事实上没有感情本身就是一种情感反应。因此情感因素是人际关系的主要成分。人际间的情感倾向有两类:一类是使彼此接近和相互吸引的情感;另一类是使人们互相排斥分离的情感。

(四)相互关系的建立与破裂

1.相互关系的建立

人际关系的建立,在形式上是多种多样的,有的是邻居,有的有着共同的经历,但绝大多数都是从表面沟通开始,然后相互了解。一般说来,相互关系的建立经历着以下五个阶段。

创始阶段。茫茫人海,有的人对面相迎,有的人擦肩而过。人与人之间有了一定的交往动机,互相之间开始谈话并初步有了了解,此时就进入了人际关系的创始阶段。这个阶段,通过服装、外表、信念和态度等方面给对方留下第一印象,并根据第一印象得到初步结论:这个人是否有趣,是否愿意与其发展互相关系。

实验阶段。在这个阶段,人们有意识地努力找出彼此的共同点。各自通过表达自己的观点、态度和价值观,来试探对方的反应。如果发现有共同的兴趣和价值观等,则会进行更多的交谈和了解。这个阶段仍然属于表面沟通阶段(比如同学、同乡聚会),来则聚之,去则散之,没有进一步的感情上的融合。

加强阶段。经过一段时间的交往,各方从熟悉到了解,从了解到主动热情地关心和帮助对方,彼此的关系进入了加强阶段,这个阶段的交往会表现出一些特点,例如彼此开始使用昵称,开别人不能理解的玩笑,彼此间的信任变得很重要,等等。他们彼此间的情感依赖性不是很强,分开后,可能彼此就淡漠了。

融合阶段。在这个阶段,大家的个性开始融合。旁人如果看见其中一人,就会想起另一人。这个阶段的最大特点就是同一性:大多数的时候一起相处、参加同样的晚会、有许多共同的朋友,彼此间的感情依赖性比较大,他们每个人都能预计和解释另一个人的行为。

知交阶段。到了这个阶段,彼此在对方心目中占有极高的地位,相互间无话不谈,彼此引为知音。双方的观点、态度、志向、目标都趋向一致。他们彼此间有着强烈的情感依赖,任何一方想脱离这种亲密关系都会很困难,很痛苦。这个阶段是人际关系的最高境界。

2.相互关系的破裂

人际关系的维持和发展,有赖于双方的共同努力。如果任何一方不能以令人满意的方式来处理,那么这种人际关系就会走向破裂。人际关系的破裂分为以下步骤。

出现差异。人际关系的差异表现为当事人各方出现差别或产生分歧。前者产生的原因可能源于习惯的不同而逐渐出现差异;后者产生的原因可能源于对某些事物的态度出现分歧,甚至价值观出现差异而且不能努力去认同或化解。差异的出现,会逐渐影响彼此的感情。差异如果太大,共同的情感就会消失,彼此关系走向破裂。

沟通停滞。当相互关系出现裂痕时,彼此交流的信息就会越来越少。这个时期即使有交流,也大多停留在表面上,而且彼此的交流次数减少,交谈的时间缩短,讨论的深度变浅。由于沟通受到了限制,相互关系变得越来越淡薄了。但是如果处在这个阶段的各当事人在一个宽松的环境里,大家尝试着通过讨论来解决问题,避免谈论容易引起冲突的话题,则这种消极的局面有可能得到改善,不至于关系进一步恶化。

情感冷漠。到这个阶段,人际关系的气氛开始变得冷淡。当事人之间在主观上不太愿意进行直接的沟通,即使是有机会沟通,大多也会像陌生人一样谈话,缺乏热情。这种情况一般持续的时间比较长,甚至长达数年,令一些当事人在情感上感觉怅然,甚至痛苦。他们可能发现很难分开,因而仍抱有把事情处理好的希望。

行为问题。这个阶段,双方开始避免直接接触,对待在一起、建立任何种类的相互关系或任何沟通渠道都不感兴趣。这个阶段常常出现不友好、敌意和对抗现象,如果是夫妻,就会在生活空间上产生分离:一个人睡卧室,一个人睡沙发,甚至一个人睡家里,一人搬出去住;如果曾经是知交的同事,则会有一时的彼此回避,开会时彼此离得远远的。

关系终止。回避一段时间后,彼此发现没有和好的可能,或者经过一次直接的、激烈的冲突,最后导致彼此关系的终止。关系破裂期间,各方都要经受较大的情感痛苦,但也同时获得一定程度上的心理解脱。

六、人际沟通的技巧

一位阿拉伯哲人说过："一个没有交际能力的人，犹如陆地上的船，是永远不会漂泊到壮阔的人生大海去的。"因此，没有交际能力，便不可能有良好的人际关系。

人际关系的好坏，与人际沟通的技能技巧、自我意识、换位思考的能力、非语言行为的敏感度以及早期形成的人际关系模式等因素有关。很多人怀着美好的愿望去与别人交往，但实际过程中却屡屡受挫，这就存在着人际交往的技巧和人际沟通的艺术性问题。

（一）人际交往的原则

1. 平等原则

人际交往，首先要坚持平等原则。要想拥有和谐融洽的人际关系，就必须给人以充分的尊重。无论是公务还是私交，都没有高低贵贱之分。要以朋友的身份进行交往，诚心对待别人，才能够得到别人的真诚对待。切忌因工作时间短、经验不足、经济条件差而自卑，也不要因为自己的学历高、年轻、美貌而趾高气扬。这些心态都会影响人际关系的顺利发展。

2. 相容原则

主要是心理相容，即人与人之间的融洽关系，与人相处时的容纳、包涵以及宽容、忍让。人际交往中，要学会设身处地地多为对方着想，学会换位思考，能够容忍别人的缺点和过错。要主动与人交往，广交朋友，交好朋友，不但交与自己相似的人，还要交与自己性格相反的人，求同存异、互学互补、处理好竞争与相容的关系，更好地完善自己。

3. 互利原则

互利原则是指交往双方的互惠互利。人际交往是一种双向行为，故有"来而不往非礼也"之说，只想单方获得好处的人际交往是不能长久的。人际交往必须能够双方都受益，这不仅是指物质方面，也指精神方面。所以，交往双方都要讲付出和奉献。

4. 诚信原则

交往离不开诚信。诚信是指一个人诚实、不欺、信守诺言。古人有"一言既出,驷马难追"的格言,现在有"以诚为本"的原则。平时不要轻易许诺,一旦许诺,要设法实现,以免失信于人。言过其实,投机取巧,最终只会"搬起石头砸自己的脚"。朋友之间,言必信、行必果,不卑不亢,端庄而不过于矜持,谦虚而不矫饰诈伪,不俯首讨好位尊者,不藐视位卑者,恰当显示自己的自信心,取得别人的信赖。

(二)人际交往基本技巧

人际交往是人类社会中不可缺少的组成部分,人的许多需要都是在人际交往中得到满足的。如果人际关系不顺利,就意味着心理需要被剥夺,或满足需要的愿望受挫折,因而产生孤立无援或被社会抛弃的感受。因此,我们必须注意掌握以下人际交往的一般方法。

1.尊重别人

戴尔·卡耐基讲过这样一个故事:

⇨【案例】

> 哈佛大学校长查尔斯·伊里特博士是一个杰出的大学校长,他对别人十分尊重。一天,一个名叫克兰顿的大学生到校长室申请一笔学生贷款,被获准了,克兰顿万分感激地向伊里特道谢,正要退出时,伊里特说:"有时间吗? 请再坐一会儿。"接着,学生十分惊奇地听到校长说:"你在自己的房间里亲手做饭吃,是吗? 我上大学时也做过,我做过牛肉狮子头,你做过没有? 要是煮得很烂,这可是一道很好吃的菜呢!"接下去他又详细地告诉学生怎么挑选牛肉,怎样用文火焖煮,怎样切碎,然后放冷了再吃,"你吃的东西必须有足够的分量。"校长最后说。
>
> 了不起的哈佛大学校长! 有谁会不喜欢这样的人呢?

尊重别人,让对方认为自己是个重要的人物,满足他的成就感,是人际交往过程中十分重要的方法。

每一个人都有自尊心,都希望别人能够承认自己的价值,希望别人的言行不伤及自己的自尊心。心理学家强调,在同别人交往时,必须对他人的自我价值感起积极的支持作用,维护别人的自尊心。如果在人际交往中伤害了别人的自我价值感,那么就会激起对方强烈的自我价值保护动机,引起别人对我们的强烈拒绝和排斥情绪,这样也就无法同别人建立良好的人际关系,已经建立起来的人际关系也会遭到破坏。

2.会听会说

与人交谈,必须有好的心态,不能够光顾自己说,不给别人说话的机会。要通过语言安慰受创的人,鼓励失败的人,恭维真正取得成就的人,帮助有困难的人。尤其要忌讳言过其实、好为人师的表现。即使比别人强,也不要炫耀;对方讲话时,要专注地倾听,不要轻易打断对方。很多时候,耐心当一个好的倾听者,会意外地获得许多人的好感。

总之,说的时候不要啰嗦、语无伦次、词不达意,听的时候不要漫不经心,甚至不耐烦。这方面对于商务人士来说,尤其重要。

3.注重礼仪

与人交往,讲究礼仪是最起码的要求,尤其是面对交往不深的人,"礼多人不怪"。待人接物时,态度诚恳,讲究礼仪,给人一种舒适、友好、温馨的感觉,可以营造一种良好的人际关系氛围。

4.豁达大度

人际交往中,以一种豁达的胸怀去结交朋友,往往有很好的效果。实际生活中,有些人唯恐自己吃亏,处处斤斤计较,总期待占到一点便宜,或者心眼儿较为狭窄,容不得对方有超过自己的地方,不能宽容对方的些微不是之处。这都是人际交往的大忌。其实,人际交往的吃亏恰恰会使别人觉得你大度、豪爽、有自我牺牲精神,从而提升了自己的精神境界。事实上,各个社交圈子里,凡是核心人物或领袖人物,无不具有豁达大度的品性。

📖【案例】

一位女士结婚不久就离婚了。离婚的原因听起来就像天方夜谭。用她丈夫的话说:"你对我们太好了,我们都觉得受不了。"原来这位女士非常喜欢关心、照顾别人(母性过强的人都有这种特点),甚至到了狂热的地步。每天除了正常的工作外,所有的家务,包括买菜、做饭、洗衣服、擦地板等,都由她一人包办,别人绝能插手。弄得丈夫、公公、婆婆觉得像住在别人家里一样。好事几乎都让她做尽了。久而久之,全家人对其忍无可忍,终于提出要让她离开这个家庭,因为他们都感到心里不平衡。

当然,我们还应注意到,大度、大方,并不等于应该过多付出。过多的付出,对于对方来说,是一笔无法偿还的债,会给对方带来无法偿还的压力,导致心理天平的失衡,最终损害人际关系。

5.保持适合的距离

管理学界有一种"刺猬理论",说的是每当天冷时,刺猬就会彼此靠拢在一起,但它们之间却始终保持着一定的距离。原来,距离太近,身上的刺就会刺伤对方;距离太远,它们又会感到寒冷。保持适当距离,才能既保持理想的温度,又不伤害到对方,"刺猬理论"就是针对人际交往的度而言的。

现代人更看重自己的独立空间,朋友之间的兴趣爱好、审美层次不可能完全对接,如果冒昧地过分强调那种表面上的亲密无间,难免令人不适,甚至走向反面,因为做到亲密容易,做到无间很难。

6.让对方能够控制环境

人在一个新的环境下,总有一个适应过程。这个适应过程的本身,就是一个对情境逐渐实现自我控制的过程。对情境不明确或不能把握,人就会处在一种焦虑或高度紧张的自我防卫状态。在人际交往中,若想让对方从心眼里接纳自己,就必须保证对方在与你相处时能够实现对情境的自我控制。通俗地说,就是要让对方和你在一个平等的、自由的气氛中进行交往。假如双方对情境的控制不是均衡的,一方必须受另一方的限制,那么交往就不可能深入进行。例如一个领导,当他以权威身份出现在别人面前时,无论他多么恳切地希望了解别人的内心世界,别人都很难真正相信他并向他敞开心扉。

(三)人际沟通艺术

人生活在一个社会群体中,人际关系是你和社会交往的一个纽带。人际关系并不是凭空建立起来的,沟通在其中起了非常重要的作用。

美国石油大王洛克菲勒说:"假如人际沟通能力也是同糖或咖啡一样的商品的话,我愿意付出比太阳底下任何东西都珍贵的价格购买这种能力。"由此可见沟通的重要性——成功者都是懂得人际沟通,珍视人际沟通的人。

人际关系建立起来后,必须经常加以维护。当你给别人留下的美好印象随着时间推移而慢慢褪色时,当你曾经极力掩饰的东西暴露无遗时,当你和朋友之间发生某些不愉快时,你的人际关系就会遇到困难,因此,人际关系需要通过沟通来进行维护。

人际沟通一般要注意一下几个方面。

1.如何应对争论

人际交往中,大多数的争论都是逞一时的口舌之能。十之八九,争论的结果会使双方比以前更相信自己绝对正确。结果要是争输了,当然你就输了;但如果争赢了,其实还是输了。因为人际关系受到了损害。

释迦牟尼说:"恨不消恨,端赖爱止。"争强雄辩绝不可能消除误会,只能靠技巧、协调、宽容,以及用同情的眼光去看别人的观点。

▷【案例】

林肯一次斥责一位和同事发生激烈争吵的青年军官。"任何决心有所成就的人",林肯说,"决不肯在私人争执上耗费时间,争执的后果不是他所能承担得起的,其后果包括发脾气,失去了自制。要在跟别人拥有相等权利的事物上多让步一点;而那些显然是你对的事情就让步少一点。与其跟狗争道,被它咬一口,倒不如让它先走,就算宰了它,也治不好你被咬的伤。"

怎样才能做到不与同事和朋友争吵呢?卡耐基认为有以下几种方法。

欢迎不同的意见。如果有些地方自己没有想到,而有人提出来的话,你就应该衷心感谢。不同的意见是自己避免重大错误的最好机会。

不要相信自己直觉的印象。当有人提出不同意见的时候,你第一个自然反应是自卫。因此要慎重,要保持平静,因为你的直觉反应可能是自己表现最差劲的时刻,而不是你最好的时候。

控制好自己的脾气。动辄发脾气无疑是十分不成熟的表现。一个人的度量和成就与脾气通常是成反比的。

先听为上。让反对者有说话的机会。让他们把话说完,不要抗拒、防护或争辩,否则只会增加彼此沟通的障碍,加深误解。

寻求同意的地方。听完了反对者的话以后,首先想想对方与自己意见一致的地方。

诚恳地承认自己的错误。承认自己的错误并致歉,有助于解除反对者的武装和减少他们的防卫。

同意考虑反对者的意见。同意应该出于真心,因为反对者提出的意见可能是对的。所以表示愿意考虑他们的意见是比较明智的做法。如果等到反对者说:"我们早就要告诉你了,可是你就是不听。"那就是难堪的时刻了。

为反对者关心你的事情而真诚地感谢他们。任何肯花时间表达不同意见的人,必然和你一样对同一件事情感到关心。

延缓采取行动,让双方都有时间把问题考虑清楚。暂时停止争论的话题,双方的争辩情绪会得到很大的缓解。如果是重要的议题,建议当天稍后或第二天再议,这样所有的事实和相关问题双方都会更慎重、更理性地去考虑,效果比当时带着抵触情绪讨论要好得多。

2.如何批评对方

▷【案例】

　　战国时期的官员黄喜微服私访,路过田间,看到农夫驾着两头牛正在耕地,就大声问:"这两头牛,哪一头更棒?"农夫一言不发,到了地头,农夫才在黄喜耳边小声说:"边上的那头牛更棒些。"黄喜很奇怪,问他为何这么小声说话? 农夫回答:"如果我大声说这头牛真棒,它们能从我的眼神、手势、声音里分辨出我对它们的评价,那头虽然尽了力但不够优秀的牛心里会难过。"

　　金无足赤,人无完人。在这个世界上,没有人会不犯错误。在错误面前,有些人可能忍不住大发雷霆。但在狂风暴雨过后,你可能会沮丧地发现,自己的"善意"并没有被对方所接受,甚至换来的结果可能让人追悔莫及。批评对谁来说,都不是一件让人愉快的事。如果能够掌握适当的批评技巧和方法,与人沟通就会更容易些。以下列举几个常用技巧,供大家参考。

　　不要职责性地批评。批评是否"成功",很大程度上取决于批评者所采用的方式。没有人喜欢被批评,大多数人做不到"闻过则喜"。一味地指责别人,除了让对方产生厌恶和不满外,其他将一无所获。当然,必要的严肃批评不能与之混淆。但是,严肃批评的前提是你必须指出其错误的症结,导致后果的严重性,使其能做出深刻的反思。如果对方感觉到你是来解决问题、纠正错误的,而不是仅仅来发泄你的不满的,那么批评就是成功的。

　　用暗示、启发、期待的方法替代批评。

▷【案例】

　　战国时季梁听说魏王欲攻邯郸,忙去劝止说:我在大路上看见一个人,说到要到南方的楚国去,却驾车往北走,我问他:"你往南,为什么要北走?"他说:"马好,钱多,驾车的人熟练。"我说:"这三种优势,恰好使你离目的地越远。"

　　季梁的一番话正是暗示魏王:你所依仗的是国大、兵多,这样频繁的进攻,一定会消耗你的力量,这就离你称霸的目的越来越远,无异于南辕北辙。含蓄、委婉的进谏,既保全了君王的颜面,又及时纠正了错误。面子是做人的尊严的一种外部表现,保住他人的面子也仅仅是一种批评的艺术,同时表明我们会做人。有些道理很简单,或者对方悟性很高,或者对方对事物比较敏感,都可以用暗示的方法提醒对方,而没必要直接提出批评。俗话说"响鼓不用重锤",就是这个道理。

戴尔·卡耐基说,用建议的方法容易让人改正错误,因为他可以保持个人的尊严和自觉。如果发现对方有缺点或不良习惯时,可以化批评为期望和建议。这样既保护了对方的自尊,又启动了其自我奋发向上的内驱力。

从自我批评入手。在批评对方之前,先做自我批评,诚恳地检讨自己对某个事件应承担的责任,或者主动袒露自己的弱点和不足,然后随着谈话的深入,酌情指出对方的不足之处或错误。由于自己主动采取了自我批评的高姿态,对方往往能够心平气和地接受对自己的批评,从而达到沟通的目的。

从称赞和诚挚感谢对方入手。心理学研究发现,在错误已知的情况下,再针对错误进行重复式批评,并不会起到好的教育效果,反而会使犯错误者要么产生逆反心理,对错误不以为然,我行我素;要么产生自卑心理,对未来失去信心,自暴自弃。在这种情况下,首先对犯错误者在其他方面的贡献进行称赞,并致以真诚的谢意,然后再回到正题,对其错误进行批评,将会收到良好的效果。即使是对方并没有意识到自己的错误,预先对其积极方面进行称赞和致谢,也能营造一种和谐融洽的氛围,对后面即将展开的批评,起一个积极的铺垫作用。

批评个人时要注意场合。每个人都有自尊心,维护自尊是每个人的正当行为。任何人被批评时,都会产生一种自我保护本能。领导要批评下属,但下属的下属在场,这时对其批评会严重损害他在下属中的威信。有的人特别爱面子,领导却一定要当众或当他朋友的面批评他,可能会激起他的激烈反抗,即便是不当场反抗,也一定会从心里记恨批评者。因此批评别人时,要特别注意场合,变当众批评为个别批评,变公开批评为私下批评。

"有所为,有所不为。"

⤷【案例】

春秋时,楚庄王与群臣会宴,到黄昏兴正浓时,忽然灯烛被风吹灭,有人趁机牵美人的衣裳。美人顺手将其帽带扯了下来,对庄王说:"刚才烛灭,有人牵我衣裳,我顺手把他的帽带扯了下来,请点灯火上来,看谁的帽带断了。"庄王听了,连忙命令手下先不要点燃蜡烛,却大声向各位臣子说:"我今天晚上,一定要与各位一醉方休。来,大家都把帽子脱了痛快饮一场。"

众人都没有戴帽子,也就看不出是谁的帽带断了。后来楚庄王攻打郑国,有一健将独自率领几百人,为三军开路,过关斩将,直通郑国的首都,而此人就是当年扯美人衣裳的那一位。他因庄王施恩于他,而发誓毕生效忠于庄王。

俗话说退一步，海阔天空。与人交往，不能纠缠于一些无关紧要的小事，而忘记了自己的大目标，从而误入歧途。对对方的某个无关紧要的小错误，非原则问题的小毛病，忍一忍，让一让，就能避免因小失大。这里的忍让不是软弱，而是一种明智、顾大局的表现。特别是一些有专长的人，难免会有一些小毛病，只要不影响大局，就不应对其求全责备，动辄批评，事事苛求。

3.如何有效解决人际冲突

相信人人都愿意朋友之间能够和睦相处，但有时往往事与愿违，朋友间常常会发生一些令人不愉快的冲突，有的人因为和别人意见不同，而与对方争得面红耳赤，甚至拍桌叫骂；有的人曾经因为不知如何化解冲突，而失去了要好的朋友。

人际冲突，不外乎因竞争、某些特定的行为、个性不合于某些角色规范而引起。但冲突并非必然伤害人际关系，它也可以有正面的意义：它能提供一个机会，使彼此澄清自己的看法，并讨论双方在关系中所扮演的角色。一般来说，冲突能指出问题的症结，能使我们有所改变，帮助我们更清楚地认识自己、使双方彼此有情绪宣泄的渠道。

人际冲突包含以下四个阶段，虽然我们无法控制它的发生，但可以适当运用，引导其朝向建设性方向发展。

潜伏期。从内心知觉到有冲突发生，到"爆发"的那一刻，即进入人际冲突阶段。此阶段需加强对潜伏期的"侦测"，就能预知或控制冲突的方向及程度，使其朝建设性冲突的方向发展，进而减缓冲突的程度，使大家较为平和、理性地解决冲突。此阶段的策略可使用温和坚定与诚恳的态度处理事件，谈话中多用"我"字开头，少用"你"字开头等。

爆发期。冲突爆发时，无论是口头或肢体的冲突，都会令人遗憾。伤害既已造成，往往需要更多的弥补。无法抹平的伤痛，可能会发展到触犯法律的程度。无效的处理冲突，不如暂时不去处理，设法控制愤怒的情绪，让自己冷静下来，其实暂时"不处理冲突"就是最好的处理。学习接受无法接受的事情，不代表永远无法解决问题。

扩展期。人际冲突爆发后，不要责备它、阻断它或否认它。应该静观它的变化。思考可能应对的策略和方法。也许当事人双方都有悔意，也许后面还会余震不断。留一些时间、空间，让彼此有个缓冲也很好。当初没有替对方留面子，现在或许可以慢慢释出诚意，看看对方的反应再做下一步打算。

解决期。这是一个做抉择的时机，好让事情告一段落或有一个结局。

(1)冲突最终总要解决。有效解决人际冲突，一般从以下几方面入手。要有正确的心态，要相信冲突是正常的、不可避免的，而且一切冲突都是可以解决的。

（2）积极倾听。多花点精力听听对方的观点，尽量寻找彼此意见相同的部分开始沟通，往往能产生良好的效果。另外，在认真倾听的过程中，对方的情绪也会逐步变得稳定下来，变得较为理性，为双方寻求解决问题的途径做好了铺垫。

（3）巧妙陈述。

➡【案例】

> 有家电子公司急需工程师 200 人，结果人事部门只招来 120 人，年终考核时，人事经理绩效被评为"差"。人事经理一查，原来是工程部主管打小报告，说他觅才不力，人事经理喊冤，怒斥工程部主管领导无能，留不住人。从此部门嫌隙扩大，直到公司请专家上课，训练员工说话技巧，情况才好转。工程部主管改口："我知道现在人才难找，人事部费尽心力找来 120 人，值得肯定。只是如果能多找 80 位工程师，对公司整体获利及业绩成长，将会更有帮助。"听了这番话，人事部门当然愿意努力觅才，冲突也随之消弭无形。

上述资料中，工程主管后来陈述时，先是站在对方的立场上考虑问题，体谅对方的难处，并给予适当的肯定，然后再委婉地表达出自己的观点，结果效果大不一样。

（4）讨论并寻找变通解决办法。也就是说，不是说服对方同意你的观点，也不是试图去操纵别人，而是通过协商，寻求双方都能接受的解决方法。最后的结局，可能是双方都能基本接受的妥协方案，也可能是双方均满意的"双赢"结果。形成此结局的基础，是基于双方有着共同的利益或存在互补利益。如果双方为立场性问题争执不休，不仅找不到解决的方案，而且还会进一步地损害双方的关系。

（5）寻求第三者协助。当双方协商不成，找第三者介入是一个方法。第三者介入有两种形式，一是帮助冲突双方以合作的态度来沟通解决问题，而不对冲突做仲裁，例如心理医师、婚姻治疗量等；二是找公正的第三人来仲裁，帮助双方做决定，当然这位公正人士必须是双方都信服，而且是有能力为此事做决定的人。如果双方决定找人仲裁，就必须遵守仲裁的决定，否则就不必多此一举。

（6）"不解决的解决"。对于一时不能化解的冲突，不妨放弃寻求解决问题的想法，暂时接受对方的观点或方法，等待时机和条件的变化。

"不解决的解决"，其实就是学习接受无法接受的事情，让时间去解决。

➡【案例】

> 有一家族式企业，几年前为适应信息时代需要，身为副总经理的儿子提

议花一大笔钱购买一批电脑。但这个采购案并没有得到古板的父亲——董事长的批准，父子俩为此发生了冲突。但儿子没有用网络科技、信息管理等道理与父亲理论，因为他知道，守旧思想严重的父亲是听不进去这些道理的。于是儿子不再提及此事，"接受"了父亲因循守旧的思想。在后来的工作中，儿子有空就教父亲如何使用计算机、如何发 E-mail、如何在网上收集商业信息等，让父亲自己感受高科技带来的便利和价值。过了一段时间，父亲感受到了信息时代设备更新的重要性，主动提议为公司采购一批电脑。

(7)主动语言技巧。"良言一句三冬暖，恶语伤人六月寒。"语言在解决冲突中极为重要。冲突，可以因为言语不当而引起，也可以运用语言技巧而予以化解。化解冲突时，应该少用对方感觉被否定、质问和被批评的用语，多用非对抗性语言，如多用"并且"少用"但是"；多用"我"少用"你"；多用"没想到"少用"为什么"等。

七、中国式的人际关系

(一)中国人传统人际关系特点

中国秉承东方五千年的文明，中国人有自己传统的处世之道。新中国成立后，尤其是改革开放以后，随着大量信息的涌入，传统的人际关系模式亦随之发生了一定的变化。但总的来看，中国的人际关系仍然深受传统观念的影响，其特点表现在人际交往中特别注重以下几个方面。

1. 德性

孔子曰："君子谋道不谋食"、"君子忧道不忧贫"，认为"知、仁、勇三者，天下之达德也"，并以此构建起中国文化传统中的道德规范体系。作为中国传统文化的重要组成部分，儒家主张以道德实践为第一要义，由此形成了中华民族道德至上的价值取向与文化精神。中国百姓在处世观念及其行为中，讲究"做事先做人"。"诚实正直"、"光明磊落"、"襟怀坦荡"、"克己奉公"、"言行一致"、"忠厚善良"、"廉政简朴"等都是这种以"做人"为处世前提与基础的处世观念，体现了浓厚的重德特征。

2. 亲情

重人伦是中国儒家文化的一个突出特点。以儒家道德哲学为中心的中国文化,具有强烈的道德倾向性。儒家文化重视"亲缘"关系,并将其扩展到人际关系的各个方面。儒家认为社会的基本关系就是夫妇、父子、兄弟、君臣、朋友五伦。那么对没有血缘关系的朋友怎么办呢?很容易,将其模拟为亲缘关系,朋友间往往以兄弟姐妹相称,不是同胞胜似同胞。虽然中国现代化的进程已经对这一模式提出了挑战和冲击,但并没有真正动摇它的根基。这主要源于根基深厚的儒家文化传统。因此,家庭生活是中国人第一重的社会生活,亲戚、邻里、朋友等关系是中国人第二重的社会生活。这两重社会生活,集中表现了中国人重视亲情的人际关系特点。

3.诚信

儒家把仁、义、礼、智、信"五常"作为基本的人伦,规范着人与人之间的关系。在儒家伦理看来,言行一致、表里如一为"诚";言如其实、不欺人诳人为"信"。基本要求是"言必信,行必果"。说话算话,言行一致,讲究信用。"一诺千金"、"一言九鼎"等成语,以及孔子所说的"言而无信,不知其可也"的名言,生动显示了信用在中国人心目中的价值和地位。内心诚挚、言而有信是儒家提倡人们建立正常人际关系的准则。

4.和谐

中国人把"和为贵"作为待人处世的基本原则,极力追求人与人之间的和睦、和平与和谐。"和"既是人际行为的价值尺度,又是人际交往的目标所在。宽厚仁爱待人是为了"和";恪守本分互不干涉、"井水不犯河水"也是为了"和";"和而不同",求同存异,谋求对立面的和睦共处同样是为了另一种"和",即互相让步、妥协的"和",既竞争又合作的"和"。

尽管受市场的冲击,当前社会人与人之间的疏远日益加重,但中国儒家文化所强调的人与人之间相互信任、谦让及重视人际和谐与统一的传统在现实社会中并没消失,追求"和谐"仍是当代中国人人际交往的目标。

(二)当代中国人际关系变化趋势

当代中国,由于市场经济的建立和发展、网络和信息技术的快速发展以及居民社区的出现,使得现今社会的人际关系发生了很大的变化。具体主要表现在三个方面。

1.市场经济强烈冲击着传统的人际关系

传统向现代的转型,对原有的人际信任产生了强烈的冲击。在市场经济条件下,我国人际关系已明显倾向工具性,人们更加重实利。在市场经济大潮的冲击下,传统的理念、理性正在发生变化。其主要表现就是传统人际关系的作用趋向弱化。过去，人们对既有关系，如亲朋故友，有着朴素的信任，但在今天的商品经济大潮中，由于社会流动性的增强，人际关系网络的异质性、松散性也越来越高，其对个人的约束力也随之而降低。这一现象可能使人们对泛泛的人际关系网络不敢认同与信任，对核心关系网的依赖感增强。此外，人们还可以在人际关系网络之外寻求新的信任保证。

市场经济的发展不可避免地导致人们的独立意识、公平交换意识和相应的法制意识的强化，而传统人际关系的弱化，又刺激了人们对法制的需求，这两股力量相结合，终将催生中国社会信任的制度化与形式化，从而使原有的人际信赖模式发生质的改变。

2. 人际关系的网络化和信息化

近年来，信息技术高速发展，网络得到普及运用。社会进步使人们获得了空前的自由和解放，个人的选择机会增多，机会更加均等。人们在交往中重利、重法律、重契约、讲究平等，越来越不大注重情面、年龄、资历、亲缘关系和乡土地域关系。尤其是新一代的年轻人，越来越疏于面对面的人际交流，热衷于通过网络建立人际关系，彼此的交流更多地通过信息及通信工具（如电话、网络的等）来实现。另外，人们也认识到需要建立多方面的人际关系，不再像过去那样，交往圈子大多局限于至爱亲朋、同学、同事、同乡范围，而是利用现代信息网络，尽量扩大交往面，从而建立起网络化、信息化的人际关系。

但是，在市场经济条件下，许多人际关系的建立带有很强的功利性，这种关系通常是用财富和社会地位的纽带来维系的。一旦对方的这种利用价值降低，关系就会很快冷淡下来。

3. 人际交往的开放性与相对狭窄性的统一

随着社会的进步和发展，人的社会分工越来越细，生产力的提高需要社会结构组织更加有序化。社会的需要规定和调节了人与人之间的关系，建立了合理的社会行为规范。一方面，这些规范使得人们交往越来越具有公开的、正式场合的意义，增强了人际交往的开放性；另一方面，人们的行为不得不受到更多的约束，越来越多的个人意志逐步被社会规范和社会、集体的目标所代替，所以个人之间直接的感情交流和情绪发泄渠道越来越狭窄，这就产生了人际交往的相对狭窄性。

人际交往的开放性为人们营造了一种理性的关系环境。在这个环境下，交往各方可以无顾忌地显示自己的风度和学识才能，可以尽情宣扬个性。这种环境对个人外表和言谈举止有吸引力的人特别有利，它可以掩盖个人在近距离交往时的许多坏毛病和性格弱点，让人体验自尊和自我价值，感觉自己高大起来。

因此,这是一种宽容的人际交往环境。

但是,这个理性环境在保护人的内在的毛病和弱点的同时,却较多地阻隔了人与人之间的情感交流。人们在获得开放性交往环境的同时,个人的心理却越来越封闭,人与人之间的心理距离变大,交往频率下降,个人之间的关系不稳定。这就导致了人际交往的相对狭窄性。人际交往的开放性和相对狭窄性共生共存,既矛盾又统一。

(三)人际关系误区

中国是一个十分重视人际关系的国度。中国传统的人际关系对社会发展的影响非常明显,也起到了非常积极的作用。但由于受到民俗中一些消极因素以及近些年来的一些负面因素的影响,有些人走进了人际关系误区,主要表现在以下几个方面。

1.过度依赖关系

良好的人际关系,无疑可以为组织和个人的业务、工作或生活带来便利,并有一定收效,但这应当是在遵循合理的社会行为规范的前提下发生的。但许多人却痴迷于人际关系,期望完全依靠关系来达到个人和群体的目的,即便其目的是十分正当的。如某些企业在经营管理活动中,深信一个有着广泛社会关系的人要比一名高级管理人员或营销精英重要得多,因此不去提升企业管理水平和拓展市场营销业务,而是依靠关系为企业拉来项目;又如某些人为了晋升、加薪等目的,不靠努力工作做出成绩去实现,而是依靠上面的"关系"来达到目的。有些"关系迷"就连生病去看门诊,也宁愿费很大周折在医院找熟人托关系,而不愿挂号排队就诊,哪怕因此多花了钱也在所不惜,他不在乎看病的费用,在乎的是"面子"。

2.热衷于编织关系网

在发展市场经济过程中,一些人将关系当成财富或货币的商品交换媒介,在他们看来,关系可以变成财富,财富可以换来关系,如此循环反复,抱着这样的观点,他们异常热心地找关系、拉关系,编织着人际关系网,重点是那些握有公共权利的部门和官员,特别是上层官员、高干子女,更是让关系网的编织者趋之若鹜,力图让公共权利变成私人关系。其直接后果就是使得许多简单的事情变得错综复杂,严重破坏社会行为规范,甚至催生包括行贿在内的违法犯罪行为。

3.纯粹功利性的人际关系

互惠互利,本是人际关系的原则之一,互相帮助、互相提高、真诚相待是朋友关系的基本准则。但是,现实生活中,有些人认为交朋友的目的就是为了"互相利用",功利性目的是其人际关系的全部内涵,朋友只是他们实现目的的工具。因此他们只结交对自己有用、能给自己带来好处的人,而且常常是"过河拆桥"。这种人际交往中的占便宜心理会使自己的人格受到损害。

4. 把探询别人隐私当做是关心

许多人有爱打听和了解别人的隐私及弱点的习惯,而且这个习惯早就成了他们生活中不可或缺的一个部分。他们把这种习惯当做一种好的德性,认为是对朋友的关心,如果对方不愿意袒露自己的隐私,就会被视为对朋友的不信任;如果一个人在圈子内不愿过多让别人了解自己,就会被认为不合群,人际关系不好。"好朋友就应该无话不谈",许多人很少意识到这是人际关系的一大误区。

5. 商业活动中滥用亲情友情

中国人重亲情重友情,讲究为朋友"两肋插刀"。于是有些人就走进了"利用亲友关系经商"的误区:开商店专门做熟人生意,推销商品专找亲朋好友。尤其是某些从事非法"传销"的公司,明确指示在亲友中发展下线,以图牟取暴利。有个别直销公司,也借鉴了传销的这种做法,提倡员工以关系好的朋友、熟人为推销对象。他们认为,中国人既然重视和信任亲情、友情,那么亲朋好友碍于面子,就不好不购买其产品。

⇨【案例】

非法传销:用亲情发展下线害人

广东省江门市新会区检察院依法对朱晓阁、秦庆霞、夏华强、刘华利涉嫌非法传销一案向该区法院提起公诉。这已是该院 2008 年以来办理的第6 起因非法传销而引发的刑事案件。

非法传销人员之间往往是亲戚、朋友、同学甚至战友关系,他们的言行极具欺骗性。传销分子抓住老百姓重视和信任亲情、友情的特点,专从自己熟悉的亲戚、朋友处下手,并往往能顺利得手。河南青年薛协克和党建军一起在部队当兵,退伍后不久,党建军叫薛到江门当保安。薛到新会后才知道党建军和一些战友是在搞传销。2008 年 2 月,薛协克按照上线的指示,又将战友兼老乡任某从河南骗到江门搞传销,并与党建军把任某关在出租屋内,对其施以暴力做传销"思想工作"。任某就这样被非法拘禁了好几天,后来才伺机逃走并报案。非法传销组织的手法极具煽动性和迷惑性,容易诱使一些不明真相的人受骗沉迷。

实际上,中国传统的亲情观念最忌讳扯不清的金钱关系。许多人之间,原本是其乐融融的至爱亲朋关系,就是因为金钱纠纷而导致反目成仇。有句古话叫"亲兄弟,明算账",正是在这个问题上警示人们。

八、小 结

人际关系是人与人之间一切直接或间接的通过动态的相互作用的情感联系。它是通过交往形成的一种心理关系。其中,情商是影响人际关系的核心因素,它包括自我认知、社会认知、自我调节和影响力四个方面的内容。人际关系具有个体性、直接性和情感性的特点。相互关系的建立和破裂都要经过几个不同的阶段。

人际交往应遵循一定的原则并掌握其基本技巧,人际沟通的重点在于处理争论、批评和冲突的艺术。中国的人际关系有自己的传统特色,并随着当今社会变革而发生着较大的变化。由于受到民俗中的一些消极因素以及这些年来的一些负面因素的影响,少部分人陷入了人际关系误区。因此,建立和发展人际关系,必须发挥其积极作用,避免其负面影响。

【复习思考题】

1.什么是沟通? 沟通有哪些要素?

2.什么是人际关系? 人际关系和沟通是什么关系?

3.中国式的人际关系应该如何沟通?

第二章

面 谈 >>> >

本章重点阐述面谈沟通的基本原理和技巧,包括面谈的主要特点、面谈过程的组织与控制方法。

通过本章的学习,应对面谈沟通的优缺点有较为清晰的认识,充分认识组织和控制面谈过程的复杂性和难度,初步掌握基本的面谈技巧,提高面对面的说服能力。

一、面谈的特点

(一)面谈与闲聊的区别

面谈属于面对面的口头沟通,但不能把任何一种面对面的口头沟通都称为面谈。这里,我们按照沟通是否具有明确的目的,把面对面的口头沟通分为面谈与闲聊两种不同的形式。

闲聊是指沟通对象之间没有明确目的的一种口头交流活动。轻松、愉快、随意、漫无方向是闲聊的主要特征。闲聊本身也并不是完全没有目的,人们之间闲聊的目的通常是打发时间、娱乐、联络感情。由于不具有说服的性质,闲聊过程中常不会产生大的分歧和矛盾。由于没有明确的说服目标,在闲聊之后,大部分人都无法准确说出闲聊的内容。

面谈则是指带有明确说服目的的面对面口头沟通。面谈与闲聊的不同之处主要体现在以下几个方面。

面谈是有明确说服目标的。无论是采访洽谈、招聘面谈的方式,还是销售面谈,都是至少一方有着明确的目的,说服对方接受某种观点或做出某种决策或行动。

面谈是有计划的。为了达到面谈目标,在面谈之前发起面谈的一方都会多多少少地进行一些准备工作。

面谈是有控制的。为了达到面谈的目的,面谈的发起人总是会试图控制面谈的话题和进程。

面谈是相互影响的。在面谈过程中,不仅面谈的发起者会试图控制面谈的话题和进程,面谈的另一方也会试图进行反控制,以达到不被对方说服或者说服对方的目的。

(二)面谈的目的

面谈的目的主要可以分为以下四个方面。

1.信息的传播

探寻或传播特定信息是面谈最常见的目的之一。例如,教师向学生教授知识、新闻报刊记者的采访、产品介绍会等就属于这种情况。

2.寻求信念或行为的改变

说服也是面谈常见的目标之一。例如,推销员与潜在顾客之间的面谈、领导对下属的指导、家长对子女的劝告、申述等。大部分的商务面谈都具有说服的性质。

3.进行评估和决策

进行评估和决策类型的面谈,以了解事实的真相、做出决定为特征,一般表现为招聘面试、绩效评估、看病等。

4.探求与发现新信息

探求与发现新信息的面谈是指采用某种统计方法获得有关某一问题的信息,如某种学术团体和社会团体所做的调查工作、市场调查、民意测验等。

(三)面谈的优势与劣势

与双方互不见面的电话交流相比,面谈具有一些明显的优势和劣势。

1.面谈的优势

面谈的优势主要表现在以下几个方面。

在面谈过程中,除了利用语言信息外,还可以利用各种非语言信息。可以说,在面谈过程中双方可以采取任何一种沟通形式。这一点也决定了面谈适合于处理复杂的事情,特别是双方对讨论的问题知之甚少或者分歧比较严重的情况。

面谈比较方便双方做出反馈,特别是非语言反馈。

在面谈过程中,可以综合运用各种沟通方式,如口头语言、书面语言、图画、示意图、手势。大家可以想象,要在电话里说明一幅图画会是多么困难的事情。

在面谈过程中,可以利用各种视觉辅助手段,如白板、投影仪、音像资料、模型等,这可以大大提高沟通的效率和趣味性。

面对面的沟通会给人以亲切自然、双方比较重视的感觉,会提高沟通成功的可能性。

2.面谈的劣势

在具有上述优势的同时,面谈也有一些劣势,主要表现在以下几个方面。

面谈通常需要比较多的时间。面谈双方要为见面以及面谈过程而花费大量的时间,包括必要的寒暄、可有可无的评论、反复的讨价还价等。这也许是因为面谈方式通常不涉及电话那样的计时费用的缘故,或者是觉得见一面不容易等原因。

面谈对于时间和地点的要求比较高。首先,通常双方必须同时拥有一段比较长的时间才可能进行面谈;其次,面谈过程通常需要专门的场所,如谈判室、饭店房间、茶馆、酒吧等。

面谈过程中不利于掩饰。面谈过程中双方可以通过大量的非语言线索来判断对方所说话的真伪,不利于掩饰一些事情。因此,婉拒一类的事情不适合采用面谈的方式。

面谈过程中不容易控制情绪。面谈过程中非语言信号比较多、肢体接触也比较容易,在双方意见分歧和冲突比较大的情况下不容易控制各自的情绪,往往会导致过激反应,甚至闹得不可收拾。

面谈过程容易形成不良印象。面谈过程中各种非语言信息比较多,可以对对方进行全面的考察。另外,一般人对面对面沟通中的判断结果比电话等形式的沟通判断结果更加自信。

(四)面谈信息的类型

在面谈中,双方发出的信息可以分为两大类:一类是客观性信息,包括描述客观事实的信息、说明客观事物联系的知识性信息和描述个人行为的状况信息等;另一类是主观性信息,包括态度及信念信息、情感信息、价值观信息等。这两类信息在面谈过程中的作用是很不相同的。客观信息主要是通过语言形式来表达的,主动沟通者能够清楚地了解自己所表达的内容。主观性信息的表达虽然也可能借助语言信息,但更多的是通过语音、语调和肢体语言来表达的,这些信息往往使对方更够清晰地感受到,而发送者自身则浑然不觉。因此,在面谈过程中一定要有意识地控制非语言信息的使用,以免引起不必要的误会或者暴露过多的信息。

二、面谈的组织与控制

(一)面谈的计划

为了提高面谈效率,在举行面谈前应对面谈过程进行认真的计划。即使拥有高超面谈技巧的人也并不是天生具有这种能力,它是后天训练出来的。面谈者如果事先对各方面进行过细致的分析,再经过长期的训练,他们表面上会显示一派自然、轻松的姿态,好像所有一切都是自然流露。

尽管不同性质和目的的面谈过程千差万别,但其准备工作却大同小异,都是要对沟通的基本方面进行全方位的分析。

1.面谈的目的

目的决定手段和策略。在进行面谈之前首先要分析自己和对方的目的是什么,具体来说,要搞清楚以下几个方面的问题。

(1)面谈的目的是传递信息还是寻求对方信念或态度的改变?

(2)解决问题的性质是什么?

(3)面谈的主要类型是什么?

(4)面谈中的主要信息类型是什么?

(5)面谈的最高目标是什么? 面谈的最低目标是什么?

(6)如果面谈失败,会产生什么样的后果? 如何进行补救?

2.面谈的对象

这里所讲的"面谈的对象",不仅仅是指对方的名字是什么,更重要的是了解对方的背景和他们对所面谈的问题的可能看法。具体来说,主要包括以下几个方面。

(1)面谈对象的年龄、教育、职业、民族、国籍等基本背景资料。

(2)面谈对象的主要性格特点。

（3）面谈对象的主要兴趣点和禁忌。

（4）面谈对象对相关问题的看法。

3.面谈的时间和地点

面谈的时间和地点也就是面谈的场合问题，要通过询问下列问题加以明确。

（1）面谈适合在什么时间进行？是办公时间还是业余时间？

（2）地点安排在哪里比较好？

（3）如何保持环境的安静？

（4）面谈时间多长为好？

（5）如何避免可能出现的干扰，包括人、电话铃声等？

4.面谈的主题

面谈的主题也就是话题，或者说面谈的切入点，主要包括以下几个方面。

（1）如何描述此次面谈的主要议题？

（2）如何描述此次面谈对双方的好处？

5.面谈的方式

面谈的方式是面谈计划的核心，涉及我们前面讲到的各个方面，例如：

（1）以什么样的方式开始面谈？

（2）如何切入主题？

（3）如何回应对方的质疑？

（4）是声东击西还是直奔主题？

（5）采取轰炸战术（不停地说），还是给予对方充分的时间思考？

（6）是从一般性问题谈起还是从具体问题谈起？

（7）如何促使对方表态？

(二)如何开始面谈

不管面谈的目的如何，精心安排面谈的开始总是很重要的，因为每一次面谈的开始阶段，给予对方的初步印象和建立起来的面谈的"潜规则"对于其后面谈的发展方向具有决定性的影响。一般来说，开始面谈的方法有以下几种。

1.概述被面谈者和面谈者面临的问题

这种方法也就是开门见山讲问题，适用于双方所讨论的问题都有一定了解或具有良好沟通基础的情况。企业内部的大部分业务沟通都属于这种情况，企业与一些老客户的沟通也可以采取这种方式。这种方式的优点是直奔主题，沟通效率高；缺点是不适合双方存在一定分歧或矛盾的情况。因为，如果双方存在一定分歧，而发起沟通一方对此又一无所知，那么很容易导致沟通失败。

2.说明面谈者是如何发现问题的

这是一种循序渐进的方法,通过介绍发现问题的过程,双方可以共同"发现"存在的问题。这种方法在形式上比较客观、公正,适合于双方立场、利益不同的部分之间的沟通,可以减少可能出现的意见分歧。

3.不谈问题本身,而谈其背景、原因和起因

这是一种循序渐进的、程度非常深的沟通方式。这种方法适用于两种情况:一是问题比较复杂,只有寻根溯源才能够准确提出问题、界定性质并提出解决办法;二是双方存在比较大的分歧或对立情绪,拒绝直接讨论问题的情况。

4.向被面谈者举出采用你的建议解决问题的好处

这种方法从表面上看就是"换位思考"。为了避免对方的怀疑心理,这种方法最好用在双方关系比较密切或者对所讨论的问题都比较了解的情况。

5.就特别问题征求意见或寻求帮助

由于大多数人都愿意处于强者的地位,采用这种方法比较容易被对方接受。但采用这种方法要注意两个问题:①所寻求的意见或帮助对对方不应该是很困难或很麻烦的;②态度一定要真诚,切不可给人留下因有求于人才甜言蜜语的感觉。

6.以耸人听闻或引人注目的事件、观点开始

这样做最大的好处是可以迅速引起对方的注意。由于这种方法事后容易引起对方的反感,因此,在使用过程中一是要注意技巧,巧妙过渡到正题;二是要迅速切换主题。

7.提及被面谈者对特别问题已提出过的看法

这是一种比较高级的方法。任何人都喜欢自己的观点、看法得到别人的重视、认同,采用这种方法可以使本来很陌生或存在敌意的双方迅速拉近心理距离。不足之处是,这种方法实施起来难度较大。其原因有二:一是基本素材很难获得;二是不恰当的叙述和评论会引起对方的反感。

8.说出你代表的组织、公司或团体或者派你与被面谈者见面的人的名字

这种方法是借助于其他组织或个人的影响力来达到自己的目标。

9.请求占用人们一点时间

这种方法主要适用于那些事务繁忙的对象。由于日程进行或者对方对你的大多数问题不感兴趣,这些人基本上不接受未经安排的会面,但对几分钟的谈话出于礼貌的原因则比较容易接受。使用这种方法要注意的是,必须在最短的时间内阐明自己的主要观点,在达到事先约定的时间后要征询对方意见,是否可以继续讲下去,如果对方同意,就说明你的策略成功了,可以继续下去。当然,如果对方主动提出进一步了解的愿望,也就无需再问是否可以继续下去了。

(三)如何控制面谈的中间阶段

面谈最重要的是中间阶段,此阶段主要的功能是提出和回答问题、说服对方接受自己的观点,可以说,一次面谈是否成功主要取决于这个阶段。

1.面谈控制的程度

面谈是否成功一方面取决于是否经过了周密的计划,另一方面取决于对面谈过程的控制。不同类型的面谈所需要的控制程度不一样。按照面谈者对面谈过程的控制程度的高低,可以把面谈分为非结构化的面谈、一般结构化的面谈、高度结构化的面谈和标准化的面谈四种。

非结构化的面谈。非结构化的面谈是指面谈过程预先没有准备具体的计划,只是对可能涉及的主题、目的进行简单的考虑的面谈。非结构化的面谈也可以成为开放式面谈,在这种面谈中双方都可以根据自己的兴趣、目的对面谈的主题进行调整。非结构化的面谈主要用于对某具体事件有一般了解的情况。例如,商务伙伴初次接触,他们对于可能的合作都缺乏具体认识,希望通过面谈建立初步了解。之所以采用非结构化的面谈,主要是因为对面谈主题缺乏足够的了解。

一般结构化的面谈。一般结构化的面谈是指对面谈目的、主题事先只进行了策略的计划,详细的内容需要在面谈过程中加以确定的面谈。例如,对于应聘对象的初试、与销售对象的初步接触等。一般结构化的面谈主要适用于事先无法确定面谈对象具体情况的情形。

高度结构化的面谈。高度结构化的面谈指对面谈目的、主题、问题等内容事先都进行了详细计划的面谈,如考核面谈、特定对象的销售面谈、咨询面谈等一般都采用高度结构化的面谈形式。

标准化的面谈。标准化的面谈是指事先不仅对面谈的问题进行了详细的计划,而且预先给出了可能的答案,被面谈者只能从限定的答案中选择和决定的面谈,如很多调查数据的采集都采取标准化面谈的形式。

2.控制面谈过程的提问技术

面谈者对面谈过程的控制是通过控制提问的方式来实现的。提问的方式可以分为两大类:一类是限定性提问,另一类是非限定性提问。

所谓非限定性提问,又称开放性提问,是指回答者拥有比较大的选择余地的提问方式。例如,"你对这个问题有什么看法?"非限定性提问给予被提问者比较大的自由回答空间,容易制造轻松、平等的谈话气氛。

所谓限定性提问,是指回答者只有非常有限的选择余地的提问方式。提问的限定性性质越强,提问者对面谈过程的控制程度越强。限定性提问方式主要包括直接提问、选择性问题提问、引导性提问、另有用意的提问、提示性提问、重复性提问、深入调查性提问、假设提问。下面我们就各种限定性提问的特点作一些介绍。

(1)直接提问

直接提问是指对于所提出的问题,回答者回答很少或没有,通常只有一个明确答案的提问。例如,"你叫什么名字"就是一个非常典型的直接提问。

直接提问比较适合于寻求某个客观事实或者确定资料时使用,可以获得十分明确的信息资料。直接提问的不足之处是提问方式比较生硬、直接,连续使用多次后往往会使被提问者感到有受审的感觉,不够融洽,双向沟通不够。

(2)选择性问题提问

选择性问题提问是指提问者已经明确给出了关于问题的几个备选答案,回答者只能从中进行选择的提问。

选择性问题提问比较适合于提问者对问题有比较多的了解,需要被提问者迅速给出答案的情形。选择性问题提问可以使获得信息的过程变得更为简单、直接。选择性问题提问的不足之处是,如果提问者对问题的可能答案归纳不全或者归纳方式不科学,将使被提问者处于没有合适答案而又不得不选择的窘困境地。

选择性问题提问的一种极端形式是是非问题提问,即提问者对问题给出了两种完全相反的答案,要求回答者必须做出选择。由于是非问题严重限制了被提问者回答问题的自由,如果使用不当,将使所获得的信息丧失使用价值。例如,如果要求每一个人就"他是否是一个好人"做出回答,由于两者之间的界限不是十分明确,答案将是十分不准确的。事实上,这类问题存在很大的中间区域,即既不是很好的人也并不一定是很坏的人。

(3)引导性提问

引导性提问是是非问题提问的一种特殊形式。它与是非问题提问的区别在于提问者在提问之前已经设定好了答案,只是希望被提问者说出来。例如,"你不认为我们最近的工作很出色吗"就是一个典型的引导性提问,其中的"你不认为"就是引导性提问的一种标志性语言。采用引导性提问,提问者可以牢牢掌握谈话的进程和方向,但是会给回答者一种强行接受答案的感觉,一旦被提问者给出相反的答案就会引起沟通双方的对抗。

(4)另有用意的提问

另有用意的提问也是是非问题提问的一种特殊形式。在另有用意的提问中,提问者使用某些特殊的字眼暗示问题的答案,从而使被问者无论给出是与否的答案,都会使自己处于很不利的境地。例如,"你认为我们应该接受这个愚蠢的想法吗"、"你昨天干了坏事吗"都属于这种提问。对于前者,如果回答"我们不应该接受这个愚蠢的想法",就很可能陷入对方的圈套,丧失了表达自己意见的机会,如果回答"我们应该接受这个愚蠢的想法",则又暗示自己很愚蠢;对于后者,如果回答"我昨天没干坏事",就可能给人一种你在其他时间干过坏事的感觉,如果回答"我昨天干了坏事",则更加对自己不利。

很明显,另有用意的提问给了被提问者很大的心理压力,是提问者控制谈话进程、压制被提问者气势的一种重要方法。要打破提问者的这种企图,回答者就要把回答重点放在那些特殊的字眼上,对于第一个问题,可以回答"我并不认为这个想法很愚蠢",对于第二个问题可以回答"我从不干坏事"。

(5)提示性提问

提示性提问是向被提问者提出建议的一种提问方式,它一般采取祈使句的形式,例如,"请谈谈你对这个问题的看法"。这样做主要是为了给不知所措的回答者一些建议。

(6)重复性提问

重复性提问是指提问者根据自己对被提问者阐述问题的理解所提出的寻求确认的提问方式,例如,"你的意思是说你做错了吗"。重复性提问是保证有效沟通的一种重要形式,通过寻求对方的直接反馈,可以保证理解的准确性。

(7)深入调查性提问

深入调查性提问是指根据被提问者的回答,进一步提出问题以获得更加准确的信息的一种提问方式。深入调查性提问一般包括若干个问题。例如,在询问"你是哪里人"并得到"山东人"的回答后,可以进一步询问"山东的哪个县"。

深入调查性提问可以使提问者获得十分准确的信息,但却容易给被提问者一种步步紧逼、没完没了的感觉。

(8)假设提问

假设提问是指假定一种情况,向被提问者征询答案的一种提问方式。例如,"如果你的一位好朋友在经济上遇到了困难,你会解囊相助吗"。这种提问方式的作用在于一旦回答者做出了某种回答,或者会遇到某种道义上的谴责,或者会被对方作为要挟的条件。例如,在这个例子中,如果回答"不会",就很容易给人不义的印象,如果回答"会",则其中的假设很快就会变成现实。

3.提问的排序方式

在准备好各种提问的问题之后还要对这些问题进行排序,以便确定提问的顺序。一般来说,提问的顺序方式有三种,即"漏斗形"排序、"倒漏斗形"排序和"隧道形"排序。

"漏斗形"排序的做法是从广泛的、无限制的提问开始,然后再使提问越来越具体的排序方式。

"倒漏斗形"排序是从限制性的具体提问开始,然后转向一般、无限制提问的排序方式。

"隧道形"排序是由一系列相似的提问构成的。当你只想获得各个不相关的问题的最初答案而不需要进一步深入调查时,这种类型的排序特别适用。

4. 面谈过程中要注意的问题

在面谈过程中要注意避免一些对有效沟通不利的问题发生,例如:

面谈的时间过长。人们的注意力都是有限的,很多人的时间是很宝贵的,过长的面谈会使人感到疲劳,给人精神折磨的感觉。

把讨论重点放在了枝节问题上。面谈的重点要放在对核心问题的讨论上。事实上,很多时候枝节问题比核心问题更复杂、更难以确定。

整个面谈过程成为一言堂。谈话中一方说得过多,而不让另一方插嘴,会给人一种强加于人的感觉。

面谈未取得预期结果时大发雷霆,表达不满。谈话是一个交流的过程,一次谈话不能说服对方接受自己的意见和想法是很正常的,以后可以反复说服。如果在未取得预期结果时立即表达不满,会引起对方的抵触情绪,使得以后的说服变得更加困难。

努力隐瞒面谈目的,让对方摸不着头脑。这种做法会使对方怀疑你有不可告人的目的,拒绝进行有效的沟通。

使面谈陷入一场争论甚至变成相互攻击。沟通的目的就是求同存异,要从相同的地方入手,寻求共同点。

(四)结束面谈时的注意事项

结束面谈时至少有三件重要的事情必须要做。

(1)简要总结面谈的结果或者重复自己的看法。长时间的谈话会使双方头昏脑胀,甚至双方分别做出了哪些让步、取得了哪些共识都记不太清楚了。因此,为了有效保证面谈的成果,在面谈结束时应总结面谈的成果或者重复自己的看法。

(2)感谢被面谈者的参与。无论结果如何,面谈双方都付出了时间与努力,对这一点要充分理解。因此,在面谈结束时向对方表示感谢,有助于双方在今后建立更加紧密的关系。

（3）商定下一次的会面或下一步的行动。一次面谈不一定能够解决全部问题，有必要在面谈结束时商定下一次的会面时间和地点。即使面谈有了一定结果，也要考虑实施和评估的问题，这都需要在面谈结束时约定。

三、面谈的策略

面对面沟通是指任何有计划的和受控制的、在两个人（或更多人）之间进行的、参与者中至少有一人是有目的的，并且在进行过程中互有听和说的谈话。在所有沟通方式中，面对面沟通是最古老、应用最广泛的沟通方式。

(一)面谈策略制定的主要特点

在面对面沟通策略的制定中一定要突出以下五个主要的特点。

（1）目的性。参与面对面沟通的一方或双方有明确的目的。

（2）计划性。谈什么（What）、何处谈（Where）、何时谈（When）、与谁谈（Who）、如何谈（How）等都要有预先的计划。

（3）控制性。至少有一方处于控制地位，或者由双方共同控制。

（4）双向性。面对面沟通必须是相互的，而不是单向的教训和批评。

（5）即时性。面对面沟通一般要求沟通双方即时对沟通信息做出反应，反应速度快。

(二)面谈的基本策略

（1）可以明确面对面沟通与闲聊、打招呼、谈话完全不同。如在走廊、马路上与人相遇，谈上几句话，这样的聊天不能称为面对面沟通，因为这样的谈话没有明确的目的性，没有计划。尽管面对面沟通和谈话很相似，但仍有很大区别，面对面沟通作为特殊的交流形式，是与工作有明确的目的相关性的。

（2）面对面沟通要制订计划和策略。面对面沟通时，沟通双方以口头语言作为沟通的媒体，针对沟通对象的特点，选择相应的沟通策略。面对面沟通与一般沟通一样，同样要针对沟通对象的特点（沟通客体策略分析），结合自身特点（沟通主体策略分析），选择相应的信息编码策略、媒体策略和信息反馈策略。

（3）面对面沟通较书面沟通有更高的技巧性要求。面对面沟通在信息组织和表达(信息编码技巧)方面,与书面沟通相比,更有技巧性。这一方面是由于面对面沟通的即时性特点,它更需要快速的反应、灵活的信息组织技巧、及时的受众分析技能;另一方面,是因为在日常的沟通中,口头沟通的可能性和发生频率要比书面沟通大得多,正如人们可以一月不动笔,但不能一天不开口说话一样。

(4)面对面沟通需要选择合适的适用范围。面对面沟通是最古老、最广泛、最经常使用的沟通方式,具有突出的优点,进行沟通方式的选择应以充分发挥面对面沟通方式的优势为原则。一般来说在下列情况下运用面对面沟通方式较为适宜:

大型商务谈判。通常大型商务谈判,双方谈判代表都是在谈判桌前面对面地沟通,能更好地解决商务上的问题,更快地达成商务合作。

第一次建立长期合作关系。为表示诚意,初次建立合作关系的双方都是通过面对面沟通,使得双方取得彼此的好感方才合作。

谈判有针对性的重要问题。一般情况下,人们都是通过面对面解决大事的。因为,解决问题的过程中有很多的突发状况,只有面对面,才可以及时地、有针对性地解决问题。

用于长期客户解决一贯的、经常执行的任务或有一定规则的事务。

⏵【案例】

　　某公司一位清洁工,每天很辛苦地打扫大厦的卫生,却从来没有见过老板。在闲暇之余她会和同事们不停地抱怨为什么打扫卫生很累,工资却很低,可是老板每天舒舒服服地坐在办公室里什么也不干却可以拿到很多的钱。有一天老板经过她们休息的地方,就走过去和她们沟通,问她们对工作有什么不满,并告诉她们老板也不是那么好当的,老板每天还要出去拉生意,如果没有生意了,公司上上下下好多人都将面临失业当然也包括清洁人员,到那个时候想干活说不定都找不到地方干了。老板把自己的苦和压力告诉她们后,她们彻底明白了原来老板比她们更辛苦,考虑的问题更多。老板走后,有人告诉她们那就是老板,她们决定好好地、认真地干活再也不抱怨了。

案例分析

　　面对面这种形式在沟通中有其独特的作用,可以实现沟通者之间的情感的交流。在大多数时候,人们都站在自己的角度来认知事物,通过面对面沟通,彼此直接面对,把自己的苦恼向对方倾诉,有助于增进彼此间的了解。

在这个案例中,老板并没有选择直接说明自己的身份,而是以第三者身份客观分析不同工作的压力。这说明老板在面谈之前做了很好的准备和思考,同时对于何时谈、何地谈、谈什么、如何谈都做了仔细的准备。

(三)面谈策略的应用

语言是门艺术,而掌握这门艺术离不开策略与技巧,那么,在面谈过程中到底应该掌握什么样的策略与技巧才能应对自如呢?本节将以招聘面试为场景描述面谈的策略。

1.具体实例法

语言作为主观意识和客观的产物,具有较强的时效性与灵活性。在日常生活中,你也许习惯于抽象概述,但是,如果在面谈对答时你也依然不假思索地运用这种方法,只会使招聘者感到单调、乏味,难以对你产生兴趣。

为了向招聘者描述一个"与众不同"的你,进而获得应聘成功,你必须记住:不要概述,要展示——用事实来说明你所具有的能力、素质、技能,你的信仰、优缺点、好恶,以及你如何处理人际关系、如何解决问题、如何胜任新工作等。你可以通过"事实"、"相关细节"、"举例"、"轶事"、"具体做法陈述"等,让对方了解你。这样做,你才可能使自己变成一个"个性突出"、"富有情趣"、"充满活力"的活生生的人——一个招聘者很容易从众多的毫无特色的候选人中记住的人。

下面你可以亲自体会一下"概述"与"展示"的不同之处。例如,回答这样一个典型的问题:"你的最主要的长处是什么"。

甲(采用简单的"概述"手段):认真负责。

乙(运用"展示"的手段):认真并具有责任感。我的第一个长处是,我以认真为荣。当我接受任务或做一项工作时,我总是竭尽全力去做好。事实上,在我很小的时候,父母就经常向我灌输认真为本的生活态度。他们常常对我说:"只要是觉得值得做的,就应该全力以赴、认真地做好。"在我见习初期,经理曾让我负责收发信件。那是一项极为简单的工作,但我却做得一丝不苟。每天,我早早来到办公室,把当天的信件分门别类:"急件"、"非急件"、"期刊类"及"其他",并且井然有序地分放在有关人士的桌上。有时碰到"急件",我会附上相关的、有参考价值的材料,以便对经理及其他人有所帮助。大家对此赞不绝口。见习期满后,我立刻被任命为经理助理。我的第二个长处是具有责任感。凡是我答应的事,我一定会做到,不管有多难。事实上,朋友们都说,我是他们最信得过的朋友。

不管你是否喜欢"乙"的回答,你不会不承认"乙"的回答比"甲"的回答更有趣、更富有魅力。这其中的奥妙如同商品推销术一样,光说商品好还不行,还要具体地说出商品的优越性及特性等,否则,再好的商品也难以打动顾客。

然而,"具体实例法"也容易使人步入误区:似乎具体、行动就是"与众不同"。于是乎,所有的回答都被打上了"具体实例"的包装,其结果是过分强调应聘者的技巧,从而忽略了个人真实而独特的思想内涵。

走出误区的最好办法就是灵活运用"具体实例法"。要做到灵活运用,首先,要具体问题具体对待。例如,在回答"你最不喜欢什么样的人"时,可采用抽象概述——"我不喜欢那些只谈论自己的人;那些损人利己的人;那些口是心非的人;那些斤斤计较的人;那些不能控制自己的人。"这样的回答简洁有力。其次,即使采用"具体实例法",也不能一味地偏重"实例"而忽视其他。如在回答个人第一个长处时,可用"实例"来充分描述以增强感染力;而谈到第二个优点时,则可借用"朋友们"的评价来"画龙点睛"。尽管前后"说法"迥异,却相得益彰。

2.突出个性法

"山不在高,有仙则灵;水不在深,有龙则灵。""个性鲜明"的回答往往容易给人留下深刻印象。

怎样回答才能突出个性呢?

想要突出个性,首先就应该用事实来说话。其次,要实事求是,怎么想(做)就怎么说(当然,除一些敏感性问题需有适度的分寸之外)。例如,当你被问到"你喜欢出差吗",你可以直率地回答:"坦率地说,我不喜欢。因为从一地到另一地推销商品并不是一件惬意的事。但我知道,出差是商业活动的一个重要部分,也是推销员的主要工作之一。所以说,我不会在意出差的艰辛,反而会以此为荣。因为我非常喜欢推销工作。我想这一点更重要。"又如,主持面谈的经理问你:"如果我们接受你,你会干多久呢?"如果你这样回答——"没人愿意把一生中最宝贵而有限的时光花在不停地寻找工作当中;也不会有人甘愿把他(她)所喜爱的东西轻易放弃。就拿这份工作来说,如果它能使我学以致用,更多地发挥我的潜力,而我也能从中获得更多的新知识与技能,并且也能得到相应的回报;那么我没有理由不专心致志地对待我所热爱的工作。"那么你所表现出的机敏、坦诚与个性一定是招聘者最为欣赏的。

真实的思想与坦率的语言就是"个性突出"的最佳体现。

3.审时度势法

面谈中的审时度势法主要表现在以下两个方面。

(1)掌握好回答问题时的时间。做到心中有数,有的放矢,在有限的面谈时间里,要得体、有效地"展示"自己,不要漫无边际或反复陈述,过多地拖延时间。

　　(2)一种无奈的眼神,一个会意的微笑,一个下意识的看表动作,演绎出的都是招聘者不同的心态。在对答中要学会破译对方的心理,从而迅速准确地调整自己的对策,必要时"投其所好"或"草草收场"都不失为一种应急之策。

　　例如,一位没有相关经验的女教师,在应聘一家贸易公司总经理秘书一职时,是这样描述她的资格条件的:"我是上海对外贸易学院外语系毕业的,有两年的英语教学经历,在英语听、说、读、写、译中,尤其擅长口译。曾做过半年的兼职翻译,期间受到外商的称赞。去年,我曾参加过为期两个月的'秘书培训班',并获得了'速记'、'打字'、'电脑操作'等项的结业证书,成绩优良……"

　　事后,这位女教师告诉我:"当时我还有很多话要说,但我看到对面墙上的挂钟已指向 11 点 20 分钟时,我立即意识到不能多说了。"女教师的机敏终于使她如愿以偿。

　　4. 扬长避短

　　在某公司应聘部门招聘面谈中曾经有这样一段对话。

　　问:"你不认为你做这项工作太年轻了吗?"

　　答:"我快 23 岁了。事实上,下个月我就 23 周岁了。尽管我没有相关的工作经历,但我却有整整两年领导学校学生会的工作经验。1997 年年初,我被推选为该年度的学生会主席,之后又连任一年。您可以想象,管理组织 3000 多名学生,并非易事,没有一定的管理才能和领导艺术,是无法胜任的。所以,我认为,年龄固然能说明一定的问题,但个人素质和能力更为重要。因为这是一个部门经理所不可缺少的。"

　　这是一种典型的扬长避短式的回答。回答者极力宣扬个人的长处,并把自己的长处同应聘的工作有机地结合起来,意在变不利为有利。

　　这里,也许你会问:如果真的遇到自己不懂的问题,或勉为其难的事情时,那该怎么办呢?

　　这的确是一个值得认真考虑的问题。世人都有其"短处",应聘者当然不例外。再成熟的应聘者,由于其学历、知识、见识与经历等方面的原因,总会有所不知或根本不能之处,这里你要勇敢地承认"我不会",同时做出必要而合理的解释。尽管你没有"扬长避短",但是你的诚实、坦率却能为你化"短"为"长"。

　　5. 补白运用法

　　在外语面谈中,常常会出现这种情况:招聘者提出某个你意料之外的问题,由于问题来得突然,再加上你的外语并不十分出色,往往会措手不及,陷入尴尬的境地。

　　其实,在这种情况下,有一个办法能够帮你缓解紧张与调整思路,那就是"补白法"。所谓"补白",就是用一个或一些没有实际意义,但又必不可少的词、短语或句子,来连接上下文,继续你的回答。例如,"噢"、"好"、"不错"、"我想"、"我认为"、"我相信"、"有时"、"这个问题很有趣"、"这个问题本身就极富挑战性"等。

6.虚实并用法

孙子在其《孙子兵法》中的"虚实篇"里曾经专门论述过军事活动中的"虚"与"实"。在战斗中,敌我双方为了隐藏各自真实的作战意图,往往采取一些虚虚实实的做法——"虚中有实,实中有虚",以此来麻痹对方,达到出其不意、克敌制胜的目的。古往今来,无论是《三国演义》中诸葛亮的"空城计",还是解放战争期间石家庄保卫战中我军的"虚实战略",无不说明了巧妙运用"虚"与"实"在军事战役中所起的重要作用。

现代应聘犹如用兵,"谋"定方能百战百胜。而"谋"中的一个重要策略便是"虚实并用法"。尽管面谈中的回答并非敌我斗智,但是,有效而适度地运用"虚"与"实",常常会起到强化自身价值和赢得对方好感的作用。

当问到"你的工作动力是什么"时,有这样一类以"虚"代"实"式的回答可以参考。如"我的动力主要来源于以下几个方面:首先是工作本身,即我是否对该工作感兴趣,是否能发挥自己的特长,是否能胜任,是否能学到新知识和技能,以及是否能得到进一步的自我发展。其次是自我价值的承认问题,即我是否能够得到别人的信任与尊重,是否有进一步晋升的机会。最后是结果,即我是否能够得到较高的工资和待遇"等。

面谈是求职应聘中的一个重要环节。而在面谈中招聘者最希望看到的是一个"真实"而"全面"的你。显然,诚实是最好的策略。所以说,"虚"在现实中一定要运用得当,虚要虚的合理,而且虚中要有实。切不可乱用"虚"招,否则弄巧成拙。

7.适度激将法

为了争取主动,应聘者在回答问题时有时还可以采取适度激将法,即先入为主,"刺激"对方,给对方造成一定的"压力",从而达到个人预期的目的。例如,对"请谈谈你想要的月薪好吗"这一类关键性的问题,你可以用"适度激将法"来回答。

例一:"我知道贵公司是一个盈利较多的大公司,它一定会善待一名优秀的秘书,所以我想,我的月薪应该不少于1800元人民币吧!"

例二:"我认为自己在各方面的条件都符合经理的要求,而且据我了解,该业务部门是贵公司的主要支柱之一,而作为该部门的领导者无疑将肩负重任。所以我想从4800元人民币起薪。"

从上面两个例子中不难发现,运用激将法一定要适度,抓住"火候"。针对对方的特点及客观条件,同时语言一定要委婉缓和,不能太露太直,只有这样才能达到理想效果。

四、小　结

面谈作为口头沟通中最重要的一种形式,具有很强的目的性,这些目的包括信息传播、寻求信念和行为改变、进行评估和决策以及探求与发现新信息四个方面。面谈与其他一些不直接通过面对面进行交流的沟通方式相比,具有反馈直接、沟通方式多元化、效率高等特点,但同时也具有要求高、时间长和不利于掩饰等特点。

要很好地达到面谈的目的,就必须很好地控制面谈的过程和制定面谈的策略。面谈控制的过程包括面谈的计划、如何开始、如何控制面谈的中间过程以及结束面谈四个过程。面谈的策略则包括具体实例法、突出个性法、审时度势法等。只有通过很好地控制面谈的过程并制定具体的面谈策略,才能达到面谈的目的。

⇨ 【复习思考题】

1.面谈的作用是什么?

2.面谈应该如何组织和实施?

3.面谈有哪些策略? 应该如何选择不同的面谈策略?

第三章

电话沟通

▷▷▷▷ ▷

本章学习重点

　　本章侧重学习电话沟通的基本礼仪，并能灵活应用；在掌握打电话的基础上，提高电话沟通的效率。

　　通过本章学习了解接电话的技巧，能应答各种电话，使电话沟通达成双赢的局面，并掌握一定的电话术使工作更加顺利。

　　以下一位销售人员用了大约 30 分钟完成了一个 CN 公司 4100 型号打印机的销售。

　　章程："您好，请问，李峰先生在吗？"

　　李峰："我就是，您是哪位？"

　　章程："我是××公司打印机客户服务部章程，就是公司章程的章程，我这里有您的资料记录，你们公司去年购买了××公司的打印机，对吗？"

　　李峰："哦，是，对呀！"

　　章程："保修期已经过去了 7 个月，不知道现在打印机使用的情况如何？"

　　李峰："好像你们来维修过一次，后来就没有问题了。"

　　章程："太好了。我给您打电话的目的是，这个型号的机器已经不再生产了，以后的配件也比较昂贵，提醒您要尽量按照操作规程去使用。您在使用时阅读过使用手册吗？"

　　李峰："没有呀，不会这么复杂吧？还要阅读使用手册？"

　　章程："其实，还是有必要的，实在不阅读也是可以的，但寿命就会降低。"

　　李峰："我们也没有指望用一辈子，不过，最近业务还是比较多，如果坏了怎么办呢？"

章程："没有关系，我们还是会上门维修的，虽然收取一定的费用，但比购买一台全新的还是便宜的。"

李峰："对了，现在再买一台全新的打印机什么价格？"

章程："要看您要什么型号的，您现在使用的是××公司的3330，后续的升级产品是4100，不过完全要看一个月大约打印多少正常的A4纸张。"

李峰："最近的量开始大起来了，有的时候超过10000张了。"

章程："要是这样，我还真要建议您考虑4100了。4100的建议使用量是每个月打印15000张A4正常纸张，而3330的建议使用量是每个月打印10000张A4正常纸张，如果超过了会严重影响打印机的寿命。"

李峰："你能否给我留一个电话号码，年底我可能考虑再买一台，也许就是后续产品。"

章程："我的电话号码是888××××转999。我查看一下，对了，您是老客户，年底还有一些特殊的照顾，不知道您何时可以确定要购买，也许我可以将一些好的政策给您保留一下。"

李峰："什么照顾？"

章程："4100型号的，渠道销售价格是12150元，如果作为3330的使用者购买的话，可以按照8折来处理或者赠送一些您需要的外设，主要看您的具体需要。这样吧，您考虑一下，然后再联系我。"

李峰："等一下，这样我要计算一下，我在另外一个地方的办公室添加一台打印机会方便营销部的人。这样吧，基本上就确定了，是你送货还是我们去取？"

章程："都可以，如果您不方便，还是我们过去吧，以前也去过，容易找的。您看送到哪里？什么时间好？"

……

后面的对话就是具体落实交货的地点、时间等事宜了。

电话，作为一种成熟的信息工具，在现代社会的各个领域发挥着重要的作用。电话可以给远方的朋友带去温馨的祝福，可以传递浓浓的爱意，也可以取代营销员四处奔跑联系业务。电话营销已成为一个专门的领域，"电话业务员"、"电话销售代表"也已然成为一种职业，上例中的销售员用电话在30分钟之内将自己公司的产品成功地推销出去，这是一则成功的电话销售案例，其中有很多的技巧。作为一名商务管理人员，有必要全面了解使用电话的基本礼仪、接打电话的技巧，以便于使自己的工作更加顺利地展开。鉴于电话营销的普遍性，因此本章将侧重于介绍电话营销的技巧和技能。

一、情境分析与电话场景

情境分析法也就是在第一章中提过的 5W1H 技巧,也即 When、Where、Who、What、Why 和 How。在打电话时应注意使用情境分析法做好电话沟通计划,这也是通过电话成功实现沟通的关键步骤。

(一)通话时间的选择

选择何时打电话是一种基本的礼貌,也是取得成功的前提。在打电话之前要非常清楚对方的工作性质和时间,否则时间选择不当,即使自身的业务水平再高,也不能达成预期目的。

一般来说可以通过不同的标准来区分打电话的时间。

1. 按职业来分

会计师:切勿在月初和月尾,最好是月中才接触。

医生:上午 11 点以后和下午 2 点以前,最好的日子是雨天。

推销员:上午 10 点以前或者下午 4 点以后,最热、最冷的日子或者雨天更好。

行政人员:上午 10 点前后到下午 3 点为止。

股票行业:避免在开市后,最好在收市后。

银行家:上午 10 点前或下午 4 点后。

公务员:工作时间内,切勿在午饭前和下班前。

饮食业人员:避免在用餐时间,最好是在下午 3 点至 4 点。

律师:上午 10 点以前或下午 4 点以后。

零售商:避免周末和周一,最好在下午 2 点至 3 点。

2. 按星期来分

星期一:这是假期刚结束上班的第一天,客户肯定会有很多事情要处理,一般公司都在星期一开商务会议或安排工作,所以大多会忙碌。因此如果要洽谈业务的话,尽量避开这一天。

星期二到星期四:这 3 天是电话行销最合适的时间。

星期五:一周的工作结尾,如果这时打电话过去,多半得到的回复是:"等下个星期我们再联系吧!"这一天可以进行调查和预约的工作。

3.按一天来分

上午 8:00～上午 10:00:这段时间大多数客户会紧张地做事,电话行销人员不妨也安排一下自己的工作。

上午 10:00～上午 11:00:这时你的客户大多不是很忙碌,一些事情也处理完毕,这段时间是行销的最佳时段。

中午 11:30～下午 2:00:午饭时间,不要轻易打电话。

下午 2:00～下午 3:00:这段时间人会感觉到烦躁,尤其是夏天。

下午 3:00～下午 6:00:努力打电话吧,你会在这时取得成功。

(二)通话地点的选择

良好的谈话氛围可以促使双方尽快进入角色,在有限的时间内达到通电话的目的。在一个嘈杂的环境里面,可能彼此交谈的话都不能听清楚,这会使得另一方产生反感情绪而结束电话交流;在接电话或者打电话给对方的时候马上结束与同事、朋友的嬉笑和谈话也是为了尊重对方,创造良好的谈话氛围,促成通话目的的实现;和对方通话时,如果是比较重要的商业信息,最好能在一个私人的空间里进行,避免泄露信息,这些都是选择通话地点时应该注意到的基本问题。

(三)通话对象的选择

在通话前要知道你准备和谁交谈,通话时要弄清楚是谁在和你交谈,因此在接通电话向对方表明身份之后要先确认对方身份,如果出现拨错电话的情况,这时你就要有礼貌地进行道歉;如果打电话的目的是想找决策者,但接听的是秘书或者其他人,不能因为对方没有决策权就摆出居高临下的态度,在措辞和语气上盛气凌人。切勿在介绍过自己以后不管对方是谁,就开始介绍自己的产品或者服务,这会给人你强迫别人接听电话的感觉,浪费双方的时间。

(四)通话内容的选择

在通话时我们一般要考虑对方的时间安排,遵循"电话 3 分钟原则",这也是基本的礼仪。因此通话双方应该明白自己的主要目的是什么,用简练的语言清晰地表达自己的思想。漫无目的的长篇大论或者是语无伦次不仅不会达到自己的目的,也会浪费对方的时间,使其产生厌烦的情绪。

⤷【讨论】

某家广告公司的销售人员张先生想和另外一家公司负责形象设计的经理讨论关于企业形象设计的业务,以下是销售人员的电话实录:

销售人员:"嗨,你好,张经理最近生意还好吧?我也姓张,500年前我们还是一家呢。就要加入WTO了,是不是整天在想如何把企业的效率提上去呢?"

客户:"你是谁啊?有什么事情吗?"

销售人员:"你不是张经理吗?我找张经理。"

客户:"我是,你有什么事?"

销售人员:"我是××广告公司的,免贵姓张,我想找你们企业负责企业形象设计的人谈一谈……"

讨论题:

(1)你认为这次通话表明了销售人员的主旨吗?

(2)如果你是销售人员,你会怎样说?

(五)分析打电话的原因

在分析打电话的原因的同时,可以确定本次通话的预期目的。如在本章开篇的案例中,销售员章程打电话的缘由是为了通知客户正在使用的型号为3330的打印机不再生产,希望对方在使用过程中注意机器的保养,但是其真正的目的是推销型号为4100的打印机。因为通话对方是老客户,所以销售员并没有在一开始就提出来,而是先表示关心和感谢,这使得对方放下了戒备的心理并给予了信任。可见,好的电话原由可以避免对方产生反感。要做到你的电话不会给对方造成困扰,这也是电话沟通中应当注意的。

(六)确定打电话的方式

在电话接通后怎样做才能达到有效的沟通,从而达到双方通话的目的呢?有很多方面的原因会影响通话的成功与否,比如,打电话的这一方是否做好了通电话的准备工作,包括是否明白顾客的性质、公司的产品是否适合顾客、是否可以应对顾客的各种问题等。在电话沟通中,对方不能看到你的非语言沟通表达出的信息,唯一可以判断你沟通诚意的标准就是你的声音和措辞。

1.声音

日本推销大师原一平说过:"音调的高低也要妥善安排,借此引起对方的注意和兴趣。"电话交流时，只有引起对方注意的时候才有继续通话的可能。声音包括音量、语速、呼吸和发音。

（1）音量

你在电话里面的声音的大小应该与你和桌子对面的人交谈时的音量相同，即距离1～2米远。不能离话筒很近，这样对方会感觉很刺耳，引起对方心烦；同时也不能离太远，这样你说的话对方可能听不清楚。如果对方的声音很小，一定要提醒对方，以免造成信息遗漏。

（2）语速

电话沟通者要在3分钟内把电话沟通的目的表达清楚，但是也不能不顾对方的感受，一定要注意自己的语速，必要的时候可以加长交流的时间。如果说得太快，顾客可能因为听不清楚而感到沮丧；如果说得太慢，顾客可能会不耐烦。

（3）呼吸

因为你是靠身体呼吸的，所以你呼吸的时候应该能感觉到自己起伏的胃部。这种呼吸方法可以使你更好地控制音量，使自己的声音更有"力度"。

（4）发音

发音受到以下因素的影响：①姿势。坐在椅子的前半部分，这样可以迫使你端正姿势，也可以使你的声音更有力，更清晰。如果你在通话中突然站了起来，对方可以感觉到有压迫和发怒的气势。②妨碍物。千万不要在打电话的时候让口香糖、香烟以及糖果之类的东西在嘴里面咀嚼或者是停留，这些会和你的牙齿、嘴唇发出摩擦，这种声音会让对方感觉到自己没被尊重。

2.措辞

措辞主要是指在电话交谈中应该注意用语的技巧，慎用俚语、术语，多使用礼貌用语。

（1）俚语

和对方通话的时候最好不要用自己的俚语，虽然对方可能听得懂，但是会让人觉得你并不尊重这个场合，做事不够认真。

（2）术语和行话

我们顾客当中可能很少是行家，他们只是对产品本身好奇，所以只要以最简洁的语言把产品的好处和带来的服务介绍清楚即可。

（3）礼貌用语

教养体现于细节，礼貌的电话用语是必不可少的。当我们接电话时要说"您好"，然后先将自己的名字或者公司的名称报给对方；当我们打错电话时要道歉"对不起，我拨错了号码"；当我们没有及时接听电话时，应该说"抱歉，让您久等了"。在整个通话过程中注意多使用敬称和尊称。说完"再见"以后挂电话时要轻放话筒，这是一种无声的电话礼仪。

二、打电话和接电话的技巧

在现代社会，电话营销取代了传统的营销工作。但是很多营销员在刚刚开展业务时，虽然也通过电话联系了很多的客户，可是往往是石沉大海。作为营销人员，在打电话联系业务时应该做到事前准备，在打电话的过程中让对方保持愉快的心情并吸引对方的好奇心，以及做好结束电话后的整理工作。这些步骤都要求他们必须掌握基本的打电话技巧。

(一)打电话前的准备工作

1. 研究目标客户的基本资料

在和客户沟通之前要了解目标客户的基本情况，并根据客户情况寻找产品的诉求点。比如，在争取新客户到本公司设立股票户头时，作为业务人员可以在电话中这样介绍："张先生，选择我们营业部开户之后，你会感受到我们优质的服务，买卖股票更顺手(感性诉求)，而我们的手续费是业界最合理的(理性诉求)。"如果对客户情况熟悉以后，通过以前的电话沟通和交际，可以判断客户的类别，比如顾客是分析型、犹豫型、挑剔型抑或是擅长交际型。再根据不同类型顾客的特点使用不同的沟通技巧。

2. 确定自己的主要目标和次要目标

在打电话之前一定要确定自己的主要目标，确定在电话结束之后达到什么样的目标，即使自己的主要目标没有达成，但是能达成次要目标也是可以的，否则这次通话就是效果不佳的。以销售人员为例，通话前，销售人员可以列一张表，填写完毕后再拨通对方电话(见表 3.1)。

表 3.1　电话沟通目标

主要目的	电话目的	我为什么打电话
	明确目标	电话沟通结束后，我希望客户采取什么行动
	两个问题	客户为什么会与我交谈？客户目标是什么
次要目标	在不能和客户达成协议情况下，和客户形成什么样的关系	

在有明确目标的情况下,销售人员在电话中即使没有达成合同,也不会出现情绪低落的情况,而且通过这张表也可以测评销售人员的电话效率。

【讨论】

一家国内 IT 企业进行笔记本电脑促销活动,推销员打电话给一位潜在客户。以下是销售人员的电话实录:

销售员:"先生,您好,这里是××公司个人终端服务中心,我们在搞一个调研活动,您有时间吗? 我们可以问您两个问题吗?"

客户:"你就是在促销笔记本电脑吧? 不是搞调研吧?"

销售员:"其实,也是,但是……"

讨论题:

(1)你认为销售人员的主要目标是什么?

(2)销售人员在打电话之前是否做了建议书? 在顾客出现异议时,销售人员应该怎么办?

(3)其他准备事项。

3.整理一份完整的建议书

在研究客户资料以及确定自己主要目标之后,还要根据不同工作背景和顾客类型制定详细的建议书,对付不同的人要及时调整思维,能使用不同的方法保证对方不挂电话并且及时做决策。在顾客提出异议时能引导顾客向自己的方向发展。切勿一味按照自己设计好的思路进行,这样有可能失去顾客。

【讨论】

许强是×××公司的销售员,在朋友李飞的介绍下要将自己公司的软件推荐给另外一家公司使用。下面是两人的通话实录:

……(开场白)

许强:"您公司里现在的办公软件怎么样?"

客户:"那已经是 1998 年安装的办公软件了,到现在已经跟不上业务的发展了,大家普遍反映不太好。"

许强:"那您对现在的软件主要的不满意在哪里呢?"

客户:"第一是速度太慢……"

许强:"这些问题对您的影响很大吗?"

客户:"当然啦,说白了公司不得不两个人做一个人的事……"

许强:"那我个人认为您应该解决这些问题,如果这些问题不存在,会给您带来什么呢?"

客户:"那还用说吗? 公司可以省好多钱,而且也不用那么难受了。"

许强:"那您理想的软件包括什么呢?"

客户:"⋯⋯"

许强:"那您觉得现在不用尽快解决这些问题吗?"

客户:"噢,我一直想着手做,就是没时间⋯⋯"

讨论题:

(1)你觉得这则通话是成功的吗?

(2)你认为许强在打电话之前做了哪些工作?

选择适当的时间通电话;深呼吸调整自己的情绪,用积极、谦虚和热情的态度对待自己的顾客;准备备忘录和笔,可以用来记录时间、地点、人物以及事情的梗概;如果事情有很多,可以准备一杯温开水来松弛声带。

(二)通话过程中

1.要用新奇的开场白吸引对方的注意

在电话营销中,顾客不会喜欢浪费时间去听一些和自己无关的事情,除非这种电话让他们得到某种好处。因此开场白一般都包括三个方面的内容:我是谁/我代表哪家公司、我打电话给客户的目的是什么、我们公司的服务对客户有什么好处。

如果有两个客户经理采用不同的开场白,如果你是客户你更愿意和谁交谈呢?

客户经理一:"您好,陈小姐,我是发财证券的林心,我们是专业的理财投资顾问,请问您现在选择的是哪家券商为您服务?"

客户经理二:"喂,陈美丽小姐吗? 我是发财证券大牛路营业部的陈大明,我们公司的专长是提供企业闲置资金的投资规划,今天我打电话过来的原因是我们公司的投资规划已经替许多像您的企业一样的企业获得额外收益,为了能进一步了解我们是否能替贵公司服务,我想请教一下贵公司目前选择的是哪一家券商为您服务?"

2.达成协议的一般技巧

为了达成协议,在电话营销中一般要遵守 4C 流程,这是实施电话营销技巧的一个标准流程,经验不足的电话销售人员可以在初期的时候按照这个销售流程执行,但是经验比较丰富的销售员则可以任意发挥。4C 流程是这样的,使客户迷茫（Confuse）、唤醒客户（Clear）、安抚客户（Comfort）、使客户签约（Contact）。按照这样的步骤达成协议的概率是很高的。

3.有效结束电话

不管是否和顾客达成协议，都要在适当的时候礼貌地结束电话。

（1）和客户达成协议

如果和顾客达成了协议，要在结束电话之前将事情的重要信息重述一遍，确保信息的正确性，然后说些礼貌用语结束对话。比如，感谢对方购买自己的产品，感谢对方对本公司的支持或者是用赞美的语言来肯定对方决策的正确。

（2）对待不大可能签约的顾客

和没有希望达成协议的顾客要尽快结束通话，但是也要使用礼貌的方式。比如，"王先生，虽然您没有购买我们的产品，但还是感谢您给予的意见，将来有机会希望能为您服务"。不能因为没和对方达成协议，语气就开始变得生硬，或者直接挂断电话。

(三)结束电话后的整理工作

1.记录好顾客的情况

在通话结束后的记录工作也是很重要的，不同的电话沟通效果要分别记录，以便为后面的推销工作提供信息。

（1）如果联系业务成功，要及时记录顾客的需求信息，如需求数量、时间以及送货方式等。必要的时候建立顾客资料库。

（2）如果这次打电话决策者不在抑或是被秘书或者其他接线员挡住没有接触到决策者，这时也应该及时记录，稍后再打或者隔天再打，同时记录打电话的次数。如果连续几次都没有和决策者接触，就要找出具体原因或者是放弃。

（3）记录没有希望成功签约的顾客，将其从通讯录里面删掉，以免重复拨打，不仅浪费销售员的时间，同时也浪费客户的时间，增加客户的厌烦感。

（4）哪些顾客是现在并没有做决定的，当时需要记下再和准客户联络的时间。这时一定要把时间、地点、主要事宜和人名准确地记录下来，方便自己再次针对此类顾客做详细的计划。

（5）记录在电话沟通中得到转介绍的客户名单，作为自己的潜在客户。

2.迅速调整情绪去拨通另外一个电话

不管电话沟通是否成功，都应该尽快调整情绪去进行下一笔业务。能控制自己的情绪是对销售人员的基本要求。

上述介绍的是销售人员在和决策者通话的情况下如何达成协议的技巧，但在现实生活中电话销售人员往往会被接线员拒之门外。如何绕过接线员和拍板人通话呢？下面介绍的几点技巧可能对你有所帮助。

（1）说明自己的来意，分析利弊，站在接线员的角度想问题，体谅接线员的行为并表示赞同，然后再请求接线员的帮助。

（2）在找资料时能找到老板的名字，在打电话时直呼老板的名字，这样会使接线员觉得你和老板很熟或者和老板的地位是平等的。

（3）将电话打到经常有业务的部门，比如人事部、销售部、广告部或者采购部。这样能和老板通话的概率比较大。

（4）如果是经人介绍的话，可以说出介绍人的名字，这样的话会使得接线员产生信任感从而将电话帮你接进去。

（5）"威胁法"。例如，"小姐，这件事情很重要，你能否做主"、"我很急，马上帮我转给你们公司老总（或负责人）"，因为员工如果认为自己的职责范围内解决不了，同时会因此让公司失去本来的利益，在这种情况下会帮您接通决策者的电话。

（6）可以称自己找老板是因为私事，因个人隐私是不能打听的，同时也很重要，这时接线员可能会相信你，帮你接通电话，

三、电话沟通的策略

打电话和接电话是沟通的互动过程。因此，在打电话时应注意的技巧同样适用于接电话环节中。比如，准备调整心态以积极友好的态度对待对方，准备好纸笔记录谈话中的重要信息。作为电话销售员如何应对顾客打来的各种电话，留住顾客，这些技巧贯穿在接电话前的准备工作、接电话的过程以及结束电话沟通后的整理工作中。

（一）接电话前的准备工作

1.调整心态

在电话沟通中，声音是给对方的第一印象，声音可以反映你的心情以及你内心活动。因此，如果在对方打来电话时，你正在处理繁忙的工作或是心情不好，应该深呼吸平静心态，让声音清晰明朗、音调适中，并且伴随着礼貌用语，给对方留下良好的第一印象。

2.准备纸笔

接听电话时,一般是电话响 3 声后接,有的管理严格的企业规定,员工在电话响了 6 声以后才接则必须要先道歉。接线员应随时准备好纸笔,以便在通话中有重要信息时可随时记录。

(二)通话过程中

1.技巧性地打听顾客姓名

如果你能在不经意间说出顾客的姓名会让顾客觉得自己很重要,即使顾客有什么不满也会因此而稍微平息一下。如果你不能准确地知道顾客的姓名,你可以委婉地询问"我想您是张先生吧"、"您不会是公司的新顾客吧"等。在打听顾客姓名的同时,找出顾客的记录,有针对性地与顾客谈话。

2.有效倾听顾客的意图

顾客打来电话时,销售人员并不知道顾客打电话的真正意图,因此不要急于解释什么或者说话,要集中精神倾听顾客讲什么,尽量了解情况,不能同时接两个电话或者心不在焉,以致在顾客讲完之后不知所云,这会给对方一种不被尊重的感觉,破坏和顾客的关系。在倾听的同时思考回答难题的对策,争取在顾客结束讲话之后想出问题的解决方法。即使问题并不在自己的责任范围之内,也要耐心解释,这样会让顾客觉得销售员很有经验,从而给顾客留下好印象。

⊡➭【案例】

顾客的投诉电话

客户:"是天宇公司吧,我姓张,我有些问题需要你们处理一下!"

接线员:"你好,张先生,我可以帮您什么?"

客户:"我使用你们的笔记本电脑已经快一年了,最近我发现显示器的边框裂开了。因为我知道你们的电脑是 3 年保修,所以想了解你们如何解决?"

接线员:"您是指显示器的边框裂开了?"

客户:"是的。"

接线员:"您有碰过它吗?"

客户:"我的电脑根本没摔过,没有碰过,是它自动裂开的。"

接线员:"那不可能。我们的电脑都是经过检测的,不可能。"

客户:"但它确实是自动裂开的,你们怎么能这样对我?"

接线员:"那很对不起,显示器是不在我们 3 年保修范围之内的,这一点在协议书上写得很清楚了。"

客户:"那我的电脑就白裂开了?"

接线员:"那很抱歉,我不能帮到您。请问还有什么问题吗?"

客户:"见鬼去吧!"

思考题:

(1)接线员是否弄清楚了客户打电话的主要目的?

(2)接线员是否了解客户的资料?

(3)如果你是该公司的接线员,你认为自己应该怎么做?

3.其他应该注意的事项

电话沟通中,如果需要翻阅资料,被问及"需要多少时间"时,给出的回答应该比实际要等的时间长,这样会给顾客你办事效率高、自己被重视的感觉。在回来听电话时要先道歉:"抱歉,让您久等了。"如果你估计要等很长时间,就要跟顾客先道歉然后说明情况,先挂断电话然后再回拨给顾客,不过此时一定要记住自己的承诺。

没听明白或者是重要的事情一定要复述给对方听,确保沟通信息的正确性。

如果电话中要找的人不在,要先和对方讲清楚,然后礼貌地询问对方是否需要传话。如果先打听什么事情,再说某人不在,会让人觉得是不想接听电话,这时会让人有种被玩弄和欺骗的感觉。

如果在有访客的时候电话响起,这时候要坚持访客优先的原则,征得访客的同意之后再接听电话;也可以让别人帮忙接听,这时要告诉对方待会儿再打电话过来或者自己待会儿回复对方。切勿在听到电话响起时就马上接电话或者接听电话以后把访客丢在一边,这些都是不礼貌的做法。

4.有效结束电话

如果暂时没有有效解决顾客的问题,要向顾客道歉,并要向顾客承诺会最大限度地解决问题,同时向顾客致谢,比如"谢谢您打电话来"、"谢谢您提出宝贵意见,我们会改正的"。

要让顾客先挂电话,自己不要先说再见,否则会让对方觉得你不耐烦,从而可能产生不满。

(三)结束电话后的整理工作

结束电话以后要记录电话中的问题,方便以后查询和改进工作;注意记录事情的重要顺序,以免遗漏或者是将顺序打乱而使有的顾客等待时间过长;要记录对顾客的承诺,尽快地落实所有细节,这样会使顾客感觉被重视。

⇨【案例】

润滑油公司的投诉电话

下面的案例是一家润滑油公司的客户投诉电话,客户由于网上支付时网速太慢而向网络管理员打电话投诉。

客户:"您好,是实力润滑油有限公司吗? 你们的网站好像反应很慢,谁是网络管理员,请帮我接电话。"

前台:"我们网站很慢吗? 好像速度还可以呀。"

客户:"你们使用的是内部局域网吗?"

前台:"是呀!"

客户:"所以,肯定会比在外面访问要快,但是,我们现在等了5分钟,第一页还没有完全显示出来,你们有网管吗?"

前台:"您等一下,我给您转过去。"

客户:"您等一下,请问,网管怎么称呼。"

前台:"有两个呢,我也不知道谁在,一个是小吴,一个是刘芳。我给您转过去好吧。"

客户:"谢谢!"(等待)

刘芳:"您好! 抱歉让您久等了,请问您找哪位?"

客户:"我是×××公司的财务部,我刚才访问你们的网站,想了解一下有关奥迪用润滑油的情况,然后进行网上支付,但是您看都10分钟了,怎么网页还没有显示全呢? 您是?"

刘芳:"我是刘芳,不会吧? 我这里看还可以呀!"

客户:"你们使用的是内部局域网吗? 如果是,您是无法发现这个问题的,如果用拨号上网的话,您就可以发现了。"

刘芳:"您怎么称呼? 您是要购买我们的润滑油吗?"

客户:"我是×××公司财务部,我叫曹力,曹操的曹,力量的力。我们公司平时也在用你们的润滑油,因为现金结账很麻烦,而且我们是长期顾客,因此就想看一下你们公司网上支付的服务情况,但是网页根本打不开。"

刘芳:"我是新来的,对于情况不是很了解,如果您很急的话,您可以告诉我们您的地址,我们将材料给您邮寄过去。我会尽快向我们的主管反映这件事情的,然后给您回复。"

客户:"那也行,我的地址……"

刘芳:"地址是……没有错误吧?"

客户:"是的,没错。"

刘芳:"耽误您的时间真是不好意思,谢谢您给我们提出改正的意见。"

思考题:

(1)你认为刘芳的接电话是成功的吗? 为什么?

(2)在电话结束后刘芳应该进行哪些工作?

四、使工作顺利的电话术

在工作中我们可能会采用 E-mail 或者其他沟通方式来增强彼此之间的联系,电话沟通也是使工作顺利进行所必不可少的工具。电话沟通的功能除了前面所提到的帮助商务人员拓展新的业务以外,巧用电话也可以帮助管理人员与公司内部成员以及商业伙伴之间维系良好的关系,因此,管理人员有必要掌握一些使工作顺利的电话术。

(一)迟到、请假自己打电话

学生时代,许多人都是请同学或者父母代自己向学校请假。上班之后,请假也常常如此。其实这样做是不礼貌的,也是不负责任的,除非是特别紧急的情况,自己无法同单位联系,否则最好自己打电话到单位,亲自说明迟到或请假的原因。首先,迟到和请假是个人的事,自己的事就应该自己负责。其次,站在公司的立场,员工一旦迟到或缺席,单位一天的工作计划或进度,就会有所变更,甚至耽误正常的运作。听到员工的本人说明后,单位才能确定,然后采取一定的应变措施。请假或迟到,应尽可能地亲自向领导说明原因,以取得谅解。

还有一点不可忽略,即在请假的同时还应告知单位自己何时可以到达,若没有明确地说明时间可能会给公司带来困扰。某位公司职员,就曾有过这种体会。这位职员只向上司报告说:"因为临时有事,可能会晚点儿到。"而公司本来约好下午 1 点要和客户谈生意,但上司临时把时间改在上午 11 点;他没有想到,这位职员会迟到 2 个小时,上司只好再打电话给客户,再次变更时间,并致歉。一个职员的失误,可能会影响到公司的信誉。

(二)外出办事,随时同单位联系

站在公司的立场上,最麻烦的就是,外出办事的人就像断了线的风筝,消失得无影无踪。这些人一旦离开单位，就再也不会同单位联系，使人不知道他的去向。遇到急事，也无法告知，极可能影响工作的进度。因此长时间外出时，一定要常和单位保持联系，尤其是原定计划要更改时，更需要和单位说明，让单位了解进程。

(三)延误拜访时间应事先与对方联络

在和对方约定好时间的情况下，为了表示自己的责任心和对对方的尊重，一定按时到达，这代表一个公司的形象。但如果是因为交通或者是其他方面的原因可能迟到，则一定要提前向对方及时解释，求得谅解，不能让对方等待过久。此外，也应询问对方是否还有充分的洽谈时间，不要给顾客带来不便。

(四)外出时,告知去处及电话

在外出时一定要告知上司或者下属你的去向和联系方式，方便他们及时和你进行联系。如果没有人知道你的联系方式，外出期间的一些突发事件可能无法得到解决，这会对公司的工作带来极大的影响。无论是公司的负责人还是员工都有必要遵守这一规则，不能因为自己位高权重而忽略这一点，最起码要让秘书知道自己的行踪或者自己定时和公司取得联系。

(五)与外出上司联络,力求简洁

上司到客户的公司洽谈业务，你因临时有急事，必须与上司取得联系，此时在拨通上司的手机以后，应该尽量以上司能够简单回答的方式提问。若让接电话的上司说得太多，四周的人会觉察谈话内容，万一所谈的内容与此客户有关，很可能引起客户的不悦。最好让上司回答"是"与"不是"就能解决问题。不要问一些让上司难以回答的问题，造成上司的困扰。

(六)以传真机传送文件后,用电话联络

传真机在现代信息社会已经得到了越来越广泛的应用。为了保证文件准确无误地传送给对方，商务人员在使用传真机传送文件以后应使用电话和对方取得联系，一是确保传真文件传送到位和传送文件的正确性；二是交代传送文件的大概内容和目的，方便接受人的阅读。

(七)同事家中的电话不要轻易告诉别人

同事因故没有来上班，常会有人打电话找他，接电话的人当然会告诉对方实

际情况。但对方表示有急事,询问其家中电话时,应该如何处理呢?

如果以工作优先的原则来处理这件事,将电话告诉对方并没有错,但实际上我们并不知道对方与同事之间的关系,所以是否将电话告诉对方很难确定。在许多公司,原则上职员的家庭电话是不能随便告诉外边人的。打到公司的电话一般是公事,首先可由其他职员代为处理,若只有同事本人了解情况,应由公司同这位职员联系,再由该职员给对方打电话,就不会影响工作了。

另外,当我们不便告诉对方同事电话时,应婉转说明,免得造成对方的尴尬。

(八)借用别家公司电话的注意事项

在拜访客户、洽谈商务时,人们都知道要注意措辞和态度,可是一旦完成任务,借电话打回自己公司时,就会不知不觉松懈下来,遣词用句会杂乱无章,进而在电话中对客人无礼。虽然和对方洽谈结束后,心中的压力消失了,但仍应保持庄重的态度,打电话回公司,也应力持谨言慎行,切忌忘了身在何处,若态度放肆,会引起对方的不满。为了避免发生这种情况,在别的公司打电话与本公司联系时,一定要注意说话时的措辞与态度。

一般借用别家公司电话,最好不超过 10 分钟,即使是自己公司打来的,也是如此。因为,无论是自己打过去还是对方打过来,都是因为自己占用别人的电话线,给对方造成不便。若遇到特殊情况,非得长时间接打电话时,应先征求对方的同意和谅解。

⇨【案例】

电话推销会员卡[①]

小王是海天娱乐有限公司新聘用的客户部职员。自从报到上班以来,虽然他尽自己的最大努力去工作,但由于缺少工作成绩而形成的工作压力使他常常失眠,而且没有任何减轻的迹象。

海天娱乐有限公司是一家新成立的娱乐总会。公司内设有餐饮、健身(游泳、桑拿、保龄球、室内高尔夫球等)、游戏、沙龙、表演等多种功能设施,是目前社会上高档的社交场所。公司成立的目的是为了满足社会上企业界高级人士日益增长的商务交际、企业公关的需求。在海天娱乐公司成立之前,已有多家娱乐公司开张营业,并取得了良好的经营回报,各娱乐公司之

① 苏勇.管理沟通.上海:复旦大学出版社,2005.

间的竞争也很激烈。

海天娱乐公司以会员制俱乐部的形式作为自己的经营特色。因此,会员的来源是公司经营要重点考虑的问题之一。小王上班第一天,公司总经理请他吃饭,与他单独谈话。小王深感总经理对他的信任,决心把工作做好。总经理要求他立即着手开发会员。他也感到会员开发的成功与否关系到他今后的前途。

由于公司刚刚成立,许多人员还没有到位。客户部目前就他一个人,在做了必要的准备工作后,他满怀信心地开始进行客户摸底、接触的工作。小王以前曾在一家宾馆做过客户服务工作。为了工作的需要,经小王向总经理再三请求,公司允许让他挂一个客户部副经理的职务。

公司的潜在会员大多是企业的董事长、总经理。而这些潜在客户不太好接触,一般也不可能有充足的时间来进行面对面的交流,说服他们成为会员。因此,小王主要通过电话与对方进行沟通。

下面是小王给一家股份公司的李总打电话的经过。

接线员:"您好!这里是×××股份公司。"

王:"您好,我找李总。"

接线员:"我给您接李总秘书办公室。"

王:"谢谢。"

秘书:"您好!这里是总经理办公室,请问您找哪一位?"

王:"我找李总,有些事要谈。"

秘书:"我是李总的秘书。您找李总有什么事?"

王(语气诚恳):"我是海天娱乐公司客户部王副经理。我想与李总约个时间见见面,想请李总加入我们的会员俱乐部。我们海天娱乐公司是一家高档的会员俱乐部,内部设施先进豪华,各种口味的菜肴和各种娱乐游戏应有尽有,加入我们的会员俱乐部,可以享受……"

秘书打断了小王的话。

秘书:"我知道了,王经理。李总正在开会,等开完会,我会转告他的。谢谢您的电话。我会把李总的答复转达给您,请留下您的联系电话。"

王:"好的。"

在接下来的几天时间里,小王按照上面的通话方式打了20多个电话,等来等去,几乎没有答复的电话。

小王在想,购买会员卡是身份的象征,提供高档的服务是他们公司的优势,因而打电话时要突出公司的实力。要使公司处于强有力的地位,要主动出击、盯住不放,而守株待兔式的电话推销成功率太低。所以,小王在接下来的电话沟通中改变方式。下面是他与某公司总经理的电话对话。

接线员:"您好,这里是×××公司。"

王:"您好,请转张总办公室,我跟张总约好的。"

秘书:"您好,我是张总的秘书,请问有什么事?"

王:"昨天我与张总约好,他让我今天打电话给他,我有重要事情与张总商谈。"

秘书:"请问先生的单位和姓名?"

王:"我是海天娱乐公司的王经理。"

秘书很快把电话转到张总的办公室。

张总:"喂,哪一位?"

王:"是张总吗?我是海天娱乐公司的王经理,上周五吃饭我们一个桌,您还记得吗?"

张总:"噢,对。王经理,你有什么事吗?"

王(兴奋的语气):"张总,上周我们吃饭时,您对那家酒店的菜肴赞不绝口。现在我告诉您,我们海天娱乐公司比那家酒店的菜还要好,服务也更到位,还有许多精彩的表演活动。我们实行的是会员制,进入我们海天这个社交圈子的人档次都很高,我想张总这样一位知名度颇高的企业家,需要一个更好的结交朋友的地方,使您的事业海阔天空。我想,张总能否在百忙之中抽出宝贵时间,我带您先参观一下鄙公司,不知您什么时候有空?"

张总:"噢,是这样,实在抱歉,今天不行,明天下午我一直要开会,改日再说吧。"

王:"您明天下午几点钟开完会?"

张总:"大概快下班了吧!"

王:"那我就在贵公司等您开完会,我只占用您10分钟的时间。"

张总:"可能我们散会时间会拖延,让你久等不太好吧。"

王:"没关系,我可以等。"

张总:"那好吧!"

王:"那么明天见。"

第二天,小王去找张总,张总秘书告诉他张总去外地分公司处理急事去了,要过一个星期才会回来,小王又失望地回到家里。

时间一天天过去,总经理已经多次亲自过问会员开发的情况,小王如实汇报。从总经理的神色中,小王发现自己处于进退两难的境地,小王心里一直在想,怎样才能打电话推销会员卡?

思考题:

(1)小王的两种电话沟通方式为什么成效不大?

(2)会员卡作为一种特殊的商品,在销售过程中,与客户进行电话沟通或其他形式的沟通要注意哪些方面?

五、小　结

电话沟通是商务沟通中的重要沟通形式。为了提高电话沟通的效率,在通话之前应该通过情境分析法来有效制订电话沟通计划,也即回答 5W1H 问题:When、Where、Who、What、Why、How。短短几分钟的电话沟通代表着公司的形象,因此实现高效电话沟通非常重要。

在打电话时,应确定目标顾客,做出完整的建议书,保持积极的情绪。这些准备工作都是不可忽视的。在通话过程中,新奇的开场白、明确的主题以及因人而异的沟通方法都是促进电话沟通顺利进行的必要条件。结束电话后的整理工作也是电话沟通的重要环节,这一环节可以确立自己潜在的顾客数据库。

接电话和打电话同样重要,和打电话一样,做好准备工作、根据不同的沟通者确定自己的沟通策略、做好通话后的整理工作等都是必须掌握的接听电话策略。

在工作中利用好电话可以使沟通工作事半功倍,因此,使工作顺利的电话术也是商务人员必备的知识。

⇨【复习思考题】

1.分析 5W1H 在电话沟通中的运用。

2.如果你是电话销售人员,你认为在电话销售中成功的关键因素是什么?

3.分析以下电话沟通失败的原因。

数月以前,一家国内 IT 企业进行笔记本电脑的促销活动,小李是接到推销电话的一个潜在客户。

小李:"你讲。"

销售员:"您经常使用电脑吗?"

小李:"是的,工作无法离开电脑。"

销售员:"您用的是台式机还是笔记本电脑?"

小李:"在办公室,用的是台式机,在家就用笔记本电脑。"

销售员:"我们最近的笔记本电脑有一个特别优惠的促销阶段,您是否有兴趣?"

小李:"你就是在促销笔记本电脑吧?不是搞调研吧?"

销售员:"其实,也是,但是……"

小李:"你不用说了,我现在对笔记本电脑没有购买兴趣,因为我有了,而且,现在用得很好。"

销售员:"不是,我的意思是,这次机会很难得,所以,我……"

小李:"你做电话销售多长时间了?"

销售员:"不到2个月。"

小李:"在开始上岗前,HR公司给你们做了电话销售的培训了吗?"

销售员:"做了2次。"

小李:"是外请的电话销售的专业公司给你们培训的,还是你们的销售经理给培训的?"

销售员:"是销售经理。"

小李:"培训了2次,一次多长时间?"

销售员:"一次大约就是2个小时吧,就是说了说,也不是特别正式的培训。"

小李:"你现在做这个笔记本电脑的电话销售,成绩如何?"

销售员:"其实,我们遇到了许多销售中的问题,的确,销售成绩不是很理想。"

第四章

倾　听　　　　　≫≫≫　≫

☞ 本章学习重点

　　本章侧重学习如何倾听,通过对倾听过程的分析,培养良好的倾听习惯;通过分析倾听的障碍,抓住影响倾听的主要因素,从而掌握倾听的主要方法和策略。

　　通过本章学习了解各种倾听的发展和技巧,使倾听成为沟通的一种基本方法,通过倾听了解对方的需求,从而使沟通更为顺畅,实现双赢。

一、倾听的过程

　　几乎所有人在倾听上都有过并不时出现失误。有时,我们会得到没能很好倾听的暗示。比如,在听一个很重要的报告时,有没有因为紧张或者是担心错过某个细节而错过了某一部分的内容?或许大多数人对这些问题都会回答"是",那么到底是什么原因分散了倾听是的注意力呢?我们可以通过对倾听的过程进行分析来找到答案。

　　理想的倾听是这样一个过程环节:先感知信息,然后对信息进行选择性地筛选,把选择后的信息按一定的顺序组织起来,并积极调动大脑储存的知识和经验,通过判断、归纳、推理,获得正确的解码或理解,最后做出评价和倾听反应。倾听是一个能动性的过程,是一个对感知到的信息经过加工处理后能动地反应自己思想的过程。

(一)倾听的具体环节

1.感知

感知的意义范围很广,主要是指客观事物通过感觉器官在人脑中的直接反应。谈话的一方发出信息,传送到耳膜里,产生一定的刺激,成为我们所获得的主要信息。听觉器官并不是接受外界信息的唯一生理器官,虽然人们的言语信息主要来自听觉,但倾听效果却是各种因素的综合。正所谓,只可意会不可言传。有时候,他的面部表情、手势、语调等肢体语言都会显示出他的心情,所以我们经常喜欢用"手舞足蹈"、"眉飞色舞"来形容一个人快乐时的样子,甚至讲话者的嘴唇、眼角、眉毛的动作,都代表着他的心理变化。所以,倾听的第一步便是感官(听觉、视觉、触觉等)的感知。

2.选择

倾听是一种有意识的主观活动,所以在倾听的过程中或多或少地会加入倾听者的判断、理解和选择。也就是说,并不是任何信息都为人们所接受,由于知识、经验等的不同,人们总是对一部分信息表现出特别的关注和兴趣,而忽视另外一些信息。比如,在比较嘈杂的环境,如果有人在背后叫你和你朋友的名字,也会引起你的注意,这就是人们接受信息的选择性。

3.组织

选择来的信息是杂乱无章的,需要人们对其进行加工组织。对于信息的组织主要依靠大脑神经中枢进行活动,包括识别、记忆、分析等一系列过程。人们把这些收集到的信息分门别类,集中存储起来,同时把那些过于简略的信息加以扩充,对过于冗长的信息进行整理,为下一个环节服务。

4.解码或理解

对于收集、过滤、组织后的信息,人们会概括以往的经历,调动大脑储存的知识和经验,通过判断、推理,获得正确的解码或理解。

5.评价

对信息的评价要有度,对信息的评价要有耐心。精彩的评价是智慧的集中体现,是一种艺术,也是一种灵性。

6.倾听反应

到了信息的解码或理解、评价阶段,倾听的过程还没有完成。在有效的倾听中,倾听者应当对所听到的信息通过表情或者动作做出一定的反应,这样可以促进双方的沟通过程,让讲话者做到"知无不言、言无不尽"。

(二)培养良好的倾听习惯

中国有句古诗:"风流不在谈锋胜,袖手无言味最长。"倾听本身是一种教育,即使没有给对方什么指点或帮助,但有了倾听,便在心灵上给了他十分丰厚的精神馈赠。但作为倾听的一方,还特别要注意在倾听时要有一颗充满柔情的爱心,张开耳朵,满怀信心和期待地迎接那些生命之音,要善于倾听对方,与之产生共鸣,能对其心领神会,使其产生情感体验。

在倾听的时候,有时可以用面部表情、各种手势来表示感情。有时,给对方一个真诚的微笑就如同在说"我关心和支持你"。竖起大拇指、"OK"的手势、放松的动作或简单的招手等,都可以把承认、接纳的信息传达给对方。此外,倾听的一方可以真诚和坦率地说出自己的感情,以及自己的感觉。表达的这种信息在双方之间造成一种亲切感,没有强制的味道。

总之,要学会倾听,首先应该学会观察、学会理解、学会等待,从而进一步影响、促进良好的倾听。

我们至少应该从以下两个方面开始培养良好的回应习惯。

1.学会专心而有礼貌地倾听

(1)听人谈话要专心,眼睛要注视对方,以微笑和点头表示感兴趣或者赞同。

(2)努力听懂别人的谈话,边听边想,记住要点,并考虑他说的话是否符合实际,有没有道理。

(3)努力听清楚对方的意见中哪些是与自己相同的,哪些是与自己不同的。

(4)别人谈话时不随便插嘴打断,有不同意见时要耐心听别人说完后再提出。

(5)听别人谈话后若有疑问,请对方解释说明,说话时要有礼貌,用上"是否请你……"或"你是不是可以……"一类的句式。

(6)学会站在对方的立场上考虑问题。体会对方的看法和感受。

2.学会思考、比较和分析各方面的意见

学会思考、比较和分析各方面的意见,并充分尊重他人的想法和体验,友好地回应。

(1)能对别人的正确意见用点头、微笑等方式表示赞同,还可以说"我完全赞成×××的意见"。

(2)对别人的高明意见以点头、微笑、鼓掌等方式表示赞赏,还可以说"太棒了"、"真叫人佩服"。

(3)在认真倾听、分析别人的意见之后,才可以提出自己的不同看法。

(4)先肯定对方意见正确的一面,再指出对方意见的不足或错误。

(5)勇于公开承认自己的错误认识,肯定与自己不同的正确意见。

(6)在谈不同看法的时候,语气要缓和、态度要诚恳、用词要婉转,不能嘲笑和攻击对方。

(7)努力找到各自观点中基本一致的地方,做出必要的让步,以求达成基本的共识。

(8)能够心胸开阔地放弃或部分放弃自己的意见,哪怕是自以为正确的意见。

(三)倾听的层次

"倾听"也有层次之分。从低到高一次分为以下几个层次。

1.听而不闻

这一层次的人总是一边倾听别人的讲话,一边在考虑其他不相干的事情。他可能眼睛盯着你,但是思维却已经飘到别处。这一层次的人听是听了,但没有反应,花在听方面的努力很少,别人的话只是从他耳边流过,却没有留下任何有价值的信息。

2.虚应故事

"嗯……是的……对对对……",对听到的信息略有反应,其实心不在焉。

3.选择性地听

对听到的信息,只听符合自己口味的,对倾听到的信息有选择性。

4.专注地听

每句话或许都进入大脑,但是否听出了真意,不得而知。

5.同理心倾听

倾听的最高层次,一般人很少能做到。这类倾听者不仅用耳朵去听,去获得正确的理解,而且其全部身心都进入对方的话语境界,既听懂了对方的"话内音",又明确了对方的"话外音",同时对说话的人会有更深层次的认识和了解。

倾听不只是理解个别的语句而已。据专家估计,人际沟通仅一成通过语言来进行,三成取决于语调与声音,其余六成则得靠肢体语言。所以,在倾听的过程中,不仅要耳到,还要眼到、心到。

如此倾听才能收到效果,它能为你的行动提供最准确的资讯。你不必以己度人,也不必费心猜测,你所要了解的是对方的心灵世界。倾听是为了理解,是心和心的深刻交流。

⊏⇥【建议】

　　耳听八方,能使我们跟上时代前进的步伐;广纳群言,能使我们保持清醒的头脑;谦虚谨慎,能使我们增长知识和才干。而学会倾听,则是我们实现上述目标应练好的基本功之一。

　　倾听不同的意见。在工作和生活中,存在不同意见是正常的。怕的是没有不同意见,怕的是只有一种声音。压制不同意见,只能是死水一滩;充分倾听不同意见,才能形成生动活泼的工作局面。

　　倾听逆耳之言。人无完人,发自内心的提示与批评是一种关心和爱护,同时也是一种难得的帮助。一个人如果长期听不到上级的逆耳之言,应该反省自己的工作能力;如果长期听不到同级的逆耳之言,应该反省自己的人际关系;如果长期听不到下级的逆耳之言,应该反省自己的工作作风。

(四)倾听等于理解对方

　　人们通常都希望被了解,也急于表达自己,却疏于倾听。一般人聆听的目的是为了做出最贴切的反应,根本不是想了解对方。因为我们常以为天下人都跟自己一样,以己之心即可度人之腹,错误地以为对方是为了表达自己,而缺乏倾听。

⊏⇥【案例】

　　如果你发现自己处于以下几种情境之中,三种回应你认为哪种最恰当:

1.认识的一个小孩割破了手指,并开始大哭。

A.“这并不是什么大的伤口。”

B.“别哭了！没什么疼的。”

C.“你的手指真的很疼啊?”

2.一位亲密的朋友对你说:“老板说我工作速度太慢,如果我不改进的话就要炒我鱿鱼。”

A.“我想你得拼命工作了。”

B.“你不应该怕他,你可以另外再找一份工作。”

C.“听上去这份工作对你很重要,你不愿意丢掉它吧?”

3.邻居抱怨说:“看来我别无选择,只有让我妈妈搬来和我一起住了。”

A.“你应该这样想:她养大了你,现在该你回报她了。”

B.“我想你心里肯定很高兴又能和她住一起了吧。”

C.“你是担心这样做会对你的生活产生影响吧?”

每个例子中的前两种回答都告诉对方应该怎么做,该有什么样的感觉,或者向对方表达肯定或否定、同情或安慰。这样的回答很难让对方感到满意。相反,这会让对方觉得你不愿介入他的事情,并不认真地对待他的感情,或者对其解决问题的能力持怀疑态度。

第三种回答才是积极倾听,产生的结果就大不一样了。如果能被鼓励自由而充分地表达自己的感情,别人跟你在一起时就会觉得平静放松。理解对方的问题却不越俎代庖,会让对方觉得你很信任其解决问题的能力。此外,如果你耐心倾听,理解并接受对方,却并不加以批评,对方必然会对自己充满信心,更愿意和你交往,对你所说的话更感兴趣。

二、倾听的障碍

(一)倾听的障碍

在倾听的过程中,如果人们不能集中自己的注意力,真实地接收信息,主动地进行理解,就会产生倾听的障碍。在人际沟通中,造成信息失真,影响倾听效率的障碍不外乎以下四点。

1. 环境干扰

环境对人的听觉与心理活动有重要影响,环境中的声音、气味、光线以及色彩、布局,都会影响人的注意力与感知。布局杂乱、声音嘈杂的环境将会导致信息接收的缺损。环境干扰分为客观因素和主观因素。环境主要从两个方面影响倾听:干扰信息的传递过程,削减、歪曲信息;影响沟通者的心境,对人的听觉和心理活动产生影响。环境类型特征及倾听障碍源见表4.1。

表 4.1　环境类型特征及倾听障碍源

环境类型	封闭性	氛　围	对应关系	主要障碍源
办公室	封闭	严肃、认真	一对一、一对多	不平等造成的心理负担,紧张,他人或电话干扰
会议室	一般	严肃、认真	一对多	对在场他人的顾忌,时间障碍
现场	开放	可松可紧、较认真	一对多	外界干扰,事前准备不足

环境类型	封闭性	氛　围	对应关系	主要障碍源
谈判	封闭	紧张、投入	多对多	对抗心理,说服对方的愿望太强烈
讨论会	封闭	轻松、友好、积极投入	多对多、一对多	缺乏从大量散乱信息中发现闪光点的洞察力
非正式场合	开放	轻松、舒适、散漫	一对一、一对多	外界干扰,易走题

2.语言障碍

从语言学上的解释来看,凡是语言、语义、语法、语言表达、语言认知上发生异常或在语言发展上有迟缓或异常皆可算是一种语言障碍。

语言的含义不在语言里,而在说话者的心里。由于每个人成长的背景不同,或者由于知识、经验及价值观的差异,不同的人对同一句话、同一个词汇的解释可能也会有所不同。甚至可以说,任何两个人对同一个文字的解释绝不会完全相同。语言、文字只是一种沟通的符号,它们不是东西或者事情的本身,有时候语言或者文字本身反而常常成为讲话者与倾听者之间沟通的障碍。比如,当别人与你谈话时,他说的是"3",而同时却伸出 5 个手指,如果听者注意到动作,必然会迷惑。

3.信息质量低下

双方在试图说服、影响对方时,并不一定总能发出有效信息,有时会有一些过激的言辞、过度的抱怨,甚至出现对抗性的态度。现实中我们经常遇到满怀抱怨的顾客,心怀不满的员工,剑拔弩张的争论者。在这种场合,信息发出者受自身情绪的影响,很难发出有效的信息,从而影响了倾听的效率。

信息质量低下的另一个原因是,信息发出者不善于表达或缺乏表达的愿望。例如,当人们面对比自己优越或地位高的人时,害怕"言多必失"以致留下坏印象,因此不愿意发表自己的意见,或尽量少说。

4.倾听者主观障碍

在沟通的过程中,造成沟通效率低下的最大原因就在于倾听者本身。研究表明,信息的失真主要是在理解和传播阶段,归根到底是在于倾听者的主观障碍。

(1)个人偏见。即使是思想最无偏见的人也不免心存偏见。在一次国际会议上,以色列代表团的成员们在阐述其观点时,用了非常激烈的方式,他们抱怨泰国代表对会议不表示任何兴趣或热情,因为他们"只是坐在那里";而泰国代表则认为以色列教授非常愤怒,因为他们"用了那么大的嗓门"。所以,在团队中成员的背景多样化时,倾听者的最大障碍就在于自己对信息传播者存在偏见,而无法获得准确的信息。

(2)先入为主。先入为主在行为学中被称为"首因效应",它是指在进行社会知觉的过程中,对象最先给人留下的印象,对以后的社会知觉发生重要影响。也就是我们常说的,第一印象往往决定了将来。人们在倾听过程中,对对方最先提出的观点印象最深刻,如果对方最先提出的观点与倾听者大相径庭,倾听者可能会产生抵触情绪,而不愿意认真倾听下去。

(3)自我中心。人们习惯于关注自我,总认为自己才是对的。在倾听过程中,过于注意自己的观点,喜欢听与自己观点一致的意见,对不同的意见置若罔闻,这样往往错过了聆听他人观点的机会。

↪【小测试】

倾听的障碍

1. 懒惰

A. 你是否回避听一些复杂困难的主题?

B. 你是否不愿听一些费时的内容?

2. 封闭思维

A. 你拒绝维持一种轻松、赞许的谈话气氛吗?

B. 你拒绝与他人观点发生关联或从中受益吗?

3. 固执己见

A. 你是否在表面上或者内心里与发言者发生争执?

B. 当发言者的观点与你有分歧时,你是否表现得情绪化?

4. 缺乏诚意

A. 你在听讲时是否避免眼神接触?

B. 你是否更多地关注说话人的内容而不是他的感情?

5. 厌烦情绪

A. 你是否对说话主题毫无兴趣?

B. 你是否总对说话者不耐烦?

C. 在听讲时你是否做着"白日梦",或者想着别的事情?

6. 用心不专

A. 你是否关注说话人的腔调或习惯动作,而不是信息本身?

B. 你是否被机器、电话、别人的谈话等噪音分心?

7. 思维狭窄

A. 你是否专注于某些细节或事实？

B. 你是否拼命想理出个大纲来？

对于上述题目，如果倾听者的回答是否定的，那么他就必须重视改善自己的倾听习惯。倾听能力的不足可能表现在倾听之前，也可能表现在倾听过程中或倾听之后。

(二)常见的影响倾听的障碍

倾听可以使人更多地了解对方，隐蔽自己，还可以使人做出更好的决策，掌握谈话的主动权。但是，许多时候谈话的一方只注意怎样在谈话中更好地表露自己的立场，劝说对方，他们字斟句酌地精心筹划发言提纲，常常陶醉在自我表达的良好感情之中，却不肯用一点时间考虑一下怎样去倾听，怎样从对方的谈话中获取信息，接收信息。

1. 影响倾听的障碍

是什么影响谈话人员更好地倾听？归纳起来，至少有以下几种原因。

(1)许多人认为只有说话才是表白自己、说服对方的唯一有效方式。若要掌握主动，便只有说。

(2)先入为主的印象妨碍了我们耐心地倾听对方的讲话，如对某人看法不佳。

(3)急于辩驳对方的观点，好像不及早反对，就表示了我们的妥协。

(4)在所有的证据尚未拿出以前，轻易地做出结论。

(5)急于记住每一件事情，结果重要的事情反而没注意到。

(6)常常主动地否认谈话没有实际内容或没有兴趣，不注意倾听。

(7)因一些其他事情而分心。

(8)有时想跳过难以应付的话题。

(9)忽略某些重要的叙述，因为它是由我们认为不重要的人说出来的。

(10)从心理学角度来讲，人们会主动摒弃他们不喜欢的资料、消息。

有的人喜欢定势思维，不论别人讲什么，他都马上跟自己的经验套在一起，用自己的方式去理解。这种思维方式使人难以接受新的消息，不善于认真听别人说什么，而喜欢告诉别人。

许多人忽略了倾听对方，但却常常自我安慰：没有什么，他讲的没有什么内容，重要的我们已掌握了或以后会掌握的。不幸的是，他并没有掌握，而且以后也不会再掌握了。这种花费最小、最直接、最方便的信息来源渠道不去利用，那么,就只能付出更大的代价。

2.提高倾听能力的技巧

掌握倾听的艺术并非很难,只要克服心中的障碍,从细节做起,肯定能够成功。以下是提高倾听能力的技巧。

(1)创造有利的倾听环境,尽量选择安静、平和的环境,使信息传递者处于身心放松的状态。

(2)在同一时间内既讲话又倾听,这是不可能的事情,要立即停止讲话,注意对方的讲述。

(3)尽量把讲话时间缩到最短。你讲话时,便不能聆听别人的良言,可惜许多人都忽略了这一点。

(4)显示出感兴趣的样子。这是让对方相信你在注意聆听的最好方式。

(5)观察对方。端详对方的脸、嘴和眼睛,尤其要注视眼睛,将注意力集中在传递者的外表。这能帮助你聆听,同时,能完全让传递者相信你在聆听。

(6)关注中心问题,不要使你的思维迷乱。

(7)平和的心态,不要将其他的人或事情牵扯进来。

(8)注意自己的偏见,倾听中只针对信息而不是传递信息的人。诚实面对、承认自己的偏见,并能够容忍对方的偏见。

(9)抑制争论的念头。注意你们只是在交流信息,而非辩论赛,争论对沟通没有好处,只会引起不必要的冲突。学会控制自己,抑制自己争论的冲动,放松心情。

(10)保持耐心,让对方讲述完整,不要打断他的谈话,纵然只是内心有些念头,也会造成沟通的阴影。

3.倾听过程中的注意事项

(1)不要臆测。臆测几乎总是会引导你远离真正的目标,所以要尽可能避免对对方做臆测。

(2)不宜过早做出结论或判断。人们往往过早下结论,当心中对某事已做了判断时,就不会再倾听他人的意见,沟通就被迫停止。保留对他人的判断,直到事情清楚,证据确凿。

(3)不要不做笔记。做笔记不但有助于聆听,而且有集中话题和取悦对方的优点。

(4)不要以自我为中心。在沟通中,只要把注意力集中在对方身上,才能够进行聆听。但很多人习惯把注意力集中在自己身上,不太注意别人,这容易造成倾听过程的混乱和矛盾。

(三)如何克服倾听者的障碍

1.避免粗心大意导致的沟通失误

(1)尽早先列出要解决的问题。

(2)在会谈接近尾声时,与对方核实一下你的理解是否正确,尤其是关于下一步该怎么做的安排。

(3)对话结束后,记下关键要点,尤其是与最后期限或工作评价有关的内容。

2.克服误解障碍的方法

(1)不要自作主张地将你认为不重要的信息忽略,最好与信息发出者核对一下。

(2)消除成见,克服思维定势的影响,客观地理解信息。

(3)考虑对方的背景和经历。

(4)简要复述一下他的内容,让对方有机会更正你理解错误之处。

三、倾听的策略

《牛津英语词典》对策略下的定义是:"策略是一个预测最后并获得某种结果的过程。"策略是你到达想要去的地方以及让其他人和你一起到达那里的一种方法。在倾听中,正确地运用倾听的策略,会收到意想不到的效果。

(一)策略的含义

倾听的策略是谈话者在进行会谈中,为达到某个预定的近期或者远期目标所采取的一些行动和方法。具体来说,可以归纳为三点:①它是一种面向未来的整体概念。②它是实现某些目标的意愿,策略选择对谈判将起到决定性的作用。③它是经过充分论证后恰当的选择。

(二)倾听的主要策略

1.消除外在与内在的干扰

外在和内在的干扰,是妨碍倾听的主要因素。因此,改进聆听技巧的首要方法就是尽可能地消除干扰。必须把注意力完全放在对方的身上,才能掌握对方的肢体语言,明白对方说了什么、没说什么,以及对方的话所代表的感觉与意义。

2.鼓励对方先开口

鼓励对方先开口可以降低谈话中的竞争意味。良好的倾听可以培养开放的气氛,有助于彼此交换意见。说话的人由于不必担心竞争的压力,也可以专心掌握重点,不必忙着为自己的矛盾之处寻找遁词。

3.使用并观察肢体语言

当我们在和人谈话的时候,即使我们还没开口,我们内心的感觉,就已经透过肢体语言清清楚楚地表现出来了。一方面,聆听者如果态度封闭或冷淡,说话者很自然地就会特别在意自己的一举一动,比较不愿意敞开心胸。从另一方面来说,如果聆听者态度开放、很感兴趣,那就表示他愿意接纳对方,很想了解对方的想法,说话者就会受到鼓舞。而这些肢体语言包括自然的微笑,不要交叉双臂,手不要放在脸上,身体稍微前倾,常常看对方的眼睛,点头。

4.非必要时,避免打断他人的谈话

善于听别人说话的人不会因为自己想强调一些细枝末节、想修正对方话中一些无关紧要的部分、想突然转变话题,或者想说完一句刚刚没说完的话,就随便打断对方的话。经常打断别人说话就表示我们不善于听人说话,个性激进、礼貌不周,很难和人沟通。

虽然说打断别人的话是一种不礼貌的行为,但是如果是"乒乓效应"则是例外。所谓的"乒乓效应"是指听人说话的一方要适时地提出许多切中要点的问题或发表一些意见、感想,来响应对方的说法。还有一旦漏听了一些地方,或者是不懂的时候,要在对方的话暂时告一段落时,迅速地提出疑问之处。

5.反应式倾听

反应式倾听指的是重述刚刚所听到的话,这是一种很重要的沟通技巧。我们的反应可以让对方知道我们一直在听他说话,而且也听懂了他所说的话。但是反应式倾听不是鹦鹉学舌,对方说什么你就说什么,而是应该用自己的话,简要地重复对方的重点。比如,"你说你住的房子在海边?我想那里的夕阳一定很美"。反应式倾听的好处主要是让对方觉得自己很重要,能够掌握对方的重点,让对方不至于中断。

6.弄清楚各种暗示

很多人都不敢直接说出自己真正的想法和感觉,他们往往会运用一些叙述或疑问,百般暗示,来表达自己内心的看法和感受。但是这种暗示性的说法有碍沟通,因为如果遇到不良的听众,他们话中的用意和内容往往被人所误解,最后就可能会导致双方的失言或引发言语上的冲突。所以,一旦遇到暗示性强烈的话,就应该鼓励说话的人再把话说得清楚一点。

找出重点,并且把注意力集中在重点上面。讨论问题的细节也许很有趣,可是找出对方话中的重点,并且把注意力集中在重点上面,我们才比较容易从对方的观点中了解整个问题。只要我们不再注意各种细枝末节,就不会因为没听到对方话中的重点或是错过主要的内容,而浪费了宝贵的时间,或者做出错误的假设。

四、小　结

倾听是一种有意思、有情感地接受语言或非语言信息并且对此做出反应的过程,是具有主观能动性的行为。

倾听的重要性表现在:倾听可获取重要的信息;倾听可掩盖自身弱点;善听才能善言;倾听能激发对方的谈话欲;倾听能发现说服对方的关键;倾听可获得友谊和信任。

倾听的氛围至少包括了两个方面的内容:一方面是"宏观"环境,比如在企业中,除了本身有着高超的倾听技巧,鼓励所有员工去思考问题并善于把自己的观点表达出来,管理者还必须通过各种激励手段使员工愿意"倾诉",营造一种管理层与员工相互尊重、重视倾听的氛围。另一方面是"微观"环境,管理者应当努力纠正那些不利倾听的负面行为语言和习惯,集中精力,同时还要反馈出关注的信息,鼓励对方表达,至少显得自己"看起来在听"。

倾听是一个能动性的过程,是一个对感知到的信息经过加工处理后能动地反映自己思想的过程。倾听的过程包括感知、选择、组织、解码或理解、评价、倾听反应。

倾听的层次分为以下几类:层次最低的是听而不闻;其次是虚应故事;然后是选择性地听;再次是专注地听;层次最高的则是同理心倾听。

所谓的"乒乓效应"是指听人说话的一方要适时地提出许多切中要点的问题或发表一些意见、感想,来响应对方的说法。

倾听的主要策略包括消除外在与内在的干扰;鼓励对方先开口;使用并观察肢体语言;非必要时,避免打断他人的谈话;反应式倾听;弄清楚各种暗示。

☞【复习思考题】

1. 倾听的重要性包括哪些内容?

2.倾听的主要策略一般包括哪些信息?

3.影响谈话人员更好地倾听的因素有哪些?

4.有效倾听的技巧有哪些?

5.进行案例分析,回答案例后的问题。

A集团公司是一家拥有62000名员工的大型食品包装厂,B是其下属的一家分厂。最近A集团公司实行了一项让工人主动提建议的计划。工人可主动针对改善设备、工作环境或者工作方式等方面提出建议,如被采纳,将得到奖品和奖励,金额由实施该建议而省下来的收益决定;另外,在一定时期中最好的建议还会得到公司股票作为奖励。

对B公司的抽样调查表明:75%的被访工人倾向于赞成该计划,但工人们对于自己或其他工人可能因新建议的实施而被解雇感到害怕。

一位资深工人雷某说:"我不会提出会使部分工友失业的建议,绝对不会。当我刚来这儿时,搬运水果到冰库的工作全部人工完成,但现在他们已安装了传送带,所需人数也减少了一半!"

另一位老职工王某说:"我不会为了几百元就提出一个会减少10个工人的建议。相反,如果一个建议可以改善环境或帮助工人,我一定会提出来。当你开除一个工人时,心里感到很难受,这可能不单只伤害了他一个人,还伤害了他身边的其他人。"

但一位53岁的老工人刘某有不同看法,他说:"我已递交了好几份建议了,虽然不希望拿到奖金,但我仍认为这是件好事。许多人认为新的发明会使人们失去工作,但事实并非如此。历史表明,有用的发明越多,就会创造出越多的工作机会。同时,产品也可以更经济地生产,许多人没有意识到这一点。"

曹某是一个赞成"提建议计划"的工会负责人,他看穿了工人和公司双方的论点:"照理说,这计划是可行的,但却有一种与之完全相反的感觉,像一些人提了建议,于是就有2~3个人失去工作,好在这事在工人中还不是很多。他们拿到了1000元,但可能因此使其他人一家的生计受影响。但从公司的角度看,追求的是改善生产而已。这的确是个棘手的问题。"

问题:

(1)你认为A集团公司"提建议"计划能得以实现吗?

(2)公司该项计划目的是与员工沟通,但此"倾听"方案中存在什么问题?

(3)公司可以采取哪些更为可行和有效的"倾听"方式呢?

第五章

非语言沟通　　　　　>>>> >

🖙 本章学习重点

　　本章重点阐述非语言沟通的主要形式、非语言沟通的原则和主要问题,并在此基础上提出非语言沟通的主要策略。

　　通过本章的学习应至少熟练掌握六种以上的非语言沟通形式,并在掌握非语言沟通原则的基础上识别沟通中的问题并解读对方的非语言沟通,同时运用非语言沟通的策略进行反馈性的沟通。

一、非语言沟通的形式

　　按照表达媒介的不同,非语言沟通可以分为身体语言、音调语言、沉默、格式语言、空间语言、时间观念等几大类。

(一)身体语言

　　身体语言又称肢体语言、动作语言,是指借用人体的动作、姿态、表情、着装等形式表达特定的思想、态度。身体语言的形式很多,包括表情、手势、姿势、方位、眼神、点头、接触、仪表等多种形式。身体语言是所有非语言沟通形式中内容最丰富、最复杂,使用最频繁的形式。

　　相关的研究发现,人们在沟通时,有 7% 的效果来自于说话的内容,38% 取决于声音(音量、音调、韵脚等),而有 55% 取决于肢体语言(面部表情、身体姿势等)。所以,在解读他人心意时,不要只是听他说了些什么,更要紧的是看他是怎么说的。

另外，我们也发现，肢体语言往往比口语沟通更具可信度。换句话说，伪装身体语言符号要困难多了。这也正是察言观色重要性所在，一个善于沟通的人应特别重视对方身体所透露的信息。

《世说新语·容止》里讲了下面这样一个故事：

魏武将见匈奴使，自以形陋，不足雄远国，使崔季珪代，帝自捉刀立床头。既毕，令间谍问曰："魏王何如？"匈奴使答曰："魏王雅望非常；然床头捉刀人，此乃英雄也。"魏武闻之，追杀此使。

意思是说匈奴使者来访，曹操（魏武帝）认为自己的相貌丑陋，不足以威慑远方国家的使者，于是在会见匈奴使者时，让相貌清朗而威重的崔季珪代替，自己则充当侍卫，拿着刀站在坐榻旁。会见完毕，又派间谍去问匈奴使者："你看魏王如何？"使者答道："魏王风度儒雅非同一般，但是床榻旁那个握刀人，才是位真英雄啊！"曹操便警觉起来，生怕使者已窥见个中情形，于是马上派人追杀了使者。

下面我们介绍一些具体的身体语言形式。

1. 表情

表情是所有非语言沟通形式中最重要、使用最频繁、表现力最强的形式。人的面部有几百条肌肉，这些肌肉的不同组合可以使人的面部呈现出不同的姿态，如笑、皱眉、咧嘴等。

"如果你看不懂他人的脸色，就甭想读得出对方的心声"，在商务场合懂得"看脸色"的能力就更为重要，不论是跟上司要求加薪，或是与客户谈判价格，都需要以敏锐的观察力来解读对方心意，才能进退自如，达到预设的目标。

心理学家发现，人类至少有 6 种与生俱来的原始面部表情：喜悦、悲伤、厌恶、愤怒、惊讶、恐惧。正常人在 2 岁之前，就已经能够用脸部表情来表达这些原始情绪，即使一个小孩又盲又哑，仍然会有这些情绪表情。人们"看脸色"的能力也是自幼养成的，一般人在四五岁时，就能辨认别人 50％的面部表情，到了 6 岁左右，看脸色的正确度就达到了 75％。古人云："人们休问荣枯事，但看容颜便得知。"

笑容是最复杂的身体语言之一，没有人能说得清人类有多少种笑容，每一种笑容又具体代表什么样的含义，我们经常用微笑、大笑、狂笑、狞笑、奸笑、苦笑、傻笑、不怀好意的笑、尴尬的笑、勉强的笑、抿着嘴的笑、皮笑肉不笑、灿烂的笑等不同的词语形容不同的人或相同的人在不同场合的笑容。笑容也是所有身体语言中受主观意识控制最弱的一种形式，没有人能够控制自己的笑容。因此，笑容是识别、窥探别人内心的一种非常有效的手段。

笑容也是最直观、最有感染力的身体语言，不同国家、不同民族的人可能语言不同、文化不同、背景不同、生活状态不同，但他们都具有类似的笑容。正是由于这个原因，著名导演张艺谋在 2001 年为中国北京申办 2008 年奥运会制作的宣传片中就以不同人、不同时间、不同形态的笑容作为切入的主题，让来自世界各地的人对中国、中国人、中国人期盼奥运的心情有了非常直观的感受。

皱眉通常表达一种痛苦、无奈、深思、百思不得其解的感受。

嘴部动作常常是同笑容、皱眉等其他面部表情联系在一起的。事实上人的面部表情是一个统一的整体，是不能分开的，例如，一个人不能紧闭嘴唇微笑。

辨认表情的诀窍，在于分析脸部的几个重要线条：嘴角（上扬或下垂）、嘴型（张开或紧闭）、眉毛（上扬或下垂）、眼角（上扬或下垮）、眼睛（睁大或微眯）以及额头（眉毛上扬则额间有横纹，眉头紧簇则额间有直纹）。分析对象脸部某些区域的表情与变化对辨认某些情绪很重要。例如，辨别对方是否悲伤或恐惧，观察和分析他的眉毛及额头就很有用；看其厌恶还是喜悦，则以观察其嘴巴的表情最有意义。

有趣的是，虽然人们很小就学会了"看脸色"，成年之后这方面的能力又有增长，但在商务场合"察言观色"却一直是个颇令人头痛的难题。其原因：一是自己不够用心，当你只忙着说时，往往忘了专心看，当然对他人的表情视而不见了；二是对方很会掩饰，有些人非常善于控制自己的表情，喜怒不形于色，不好揣测。

2. 手势

手是人体最灵活的部位之一，10 个手指、手掌和手臂在一起可以组合出多种不同的样式。与声音语言相比，手势具有很大的优点，如清晰明确，不会像声音那样被听错；可以在无法听到声音的情况下使用；比声音隐蔽。人类很早就系统性地运用手势来表达信息，并形成了复杂的手语符号。这里，我们暂不去讨论聋哑人使用的手语和专门性的手语符号，只就一般人使用的手势进行讨论。

归纳起来，手势的功能主要有以下几种：

以手势来表示数字，比较常见的是表示从 1 到 10 的 10 个数字。

以手势表示对别人的评价，我们伸出的每一个手指几乎都具有某种评价的含义。有些手势在不同的地区其含义还不尽相同，比较广泛接受的是大拇指代表赞扬，小拇指代表看不起。

以手势代表信念和态度，例如，英国首相丘吉尔在"二战"中做出的代表必胜信念的"V"字形手势，一直流传到现在。

以手势代表关注的焦点，例如，用手指指向某个事物或方向。

3.姿势

这里的姿势是指整个身体躯干的姿态。不同的姿势可能代表着不同的含义，就是同一种姿势也可能代表着不同的意思。例如，两腿站立、双臂向两侧展开可能代表疑惑、漠不关心、放弃、无可奈何；单臂叉腰、一手扶在墙上可能代表满意、漫不经心、恼火、不耐烦；低头站立、两手背在后面的姿势可能代表难为情、害羞、胆怯、谦虚、伤感；双臂在胸前交叉、两腿分开站立的姿势可能代表自满、优越、惊奇、怀疑、漠不关心。

4.方位

人们之间的相对方位在很大程度上暗示着彼此之间的关系和态度。通过观察表明，希望合作的人们往往紧挨着坐或站在一起，而处于对立或隔离状态的人们往往采取面对面或背对背的方式，特别是背对背的方位更是显示双方之间明显的对立和分歧。在会议期间，坐在桌子对面的人之间争论的机会远远大于坐在桌子同一侧的人。聪明的会议主持人应有意识地让可能的对头坐在桌子的同一侧。

类似地，面对面的方位会使人们之间产生比较强的距离感和戒备心，不利于展开轻松、愉快的谈话。在商务沟通中，比较好的方式是在一张矮桌或茶几的旁边，两个人呈略小于90°的角度分别坐在沙发或椅子上。我们经常看到，在商务谈判中，双方在圆桌旁面对面坐着，随着谈判的顺利展开，双方之间逐渐靠近，接近90°的角度。

5.眼神

人们经常说"眼睛是心灵之窗"，那么，眼神就是透过窗子照进来的光线。眼神在人们的沟通过程中发挥着非常重要的作用。眼神通常具有以下几种含义。

表示感兴趣。双方交谈投机的程度不同，看对方的频率也不同，交谈越投机注视越频繁。在一般的交谈中，会有大约$25\%\sim75\%$的时间在看着对方。长时间的凝视代表一种亲近的愿望，长时间不对视则可能代表彼此没有兴趣。

吸引对方注意力。凝视对方一方面代表对对方感兴趣，另一方面也在传递这样的信息，即我对你感兴趣，请关注我。

表达反馈。眼神也可以用来反馈。疑惑的眼神传递着希望对方解释得更加清楚的渴望；愉悦的眼神表示希望对方继续讲下去；愤怒的眼神则表示反对和希望道歉；游移的眼神代表不感兴趣。

寻求信息。在讲话过程中，讲话者会不时地注视对方，以确认对方的反应。

6.点头

关于点头常见的解释是表示同意，其实在沟通过程中更多的时候点头只是表示倾听者愿意继续听下去,是对对方讲话的一种鼓励而不是同意。

在英国,点一次头代表让其他人继续说,快速连续地点头则表示点头者自己想说话。

在印度,上下晃头的意思与其他国家不一样,是"不"或"不同意"的意思。

7.接触

身体的直接接触是一种十分亲昵的意思的表示,在一个人处于极度困难或悲伤时,来自其他人的触摸是表示同情、安慰和保护的最好方法。但是在很多国家,人们并不喜欢别人随便触摸他们,触摸被认为是对个人空间和隐私的侵犯。

8.仪表

很多人希望通过某种形式的容貌和着装向外界传递某种信息。例如,活泼、大胆的着装可能传达者愿意交往的信息,严谨、老套的着装则传递着谨慎、自我保护的信息。

(二)音调语言

音调语言又称辅助语言,是指以音调、语气的高低、强弱变化来表示一定的含义。音调语言在口语表达中具有非常重要的作用,有时甚至起决定性的作用。人的注意力是非常有限的,很容易产生疲劳感,如果一个人持续以相同的语音语调讲话,听众很容易厌倦。

更为重要的是,由于词汇的多义性,听众需要通过语音语调来判断词汇的具体含义。一个典型的情况就是"言外之意"。所谓言外之意就是实际表达的真实意思与词语的字面意思不一致的表达方式。例如,一位员工对于故意为难他的上级可能会说:"谢谢你的关心和严格要求!"

(三)沉默

说到沉默,人们最熟悉的一句话就是"沉默是金"。关于沉默,大多数人将其理解为不说话或默不作声。这种看法听起来似乎没错,但是却没有把握住沉默作为一种非语言沟通形式的本质特征。

沉默不是简单的默不作声,例如,在课堂上听老师讲课或在会议上听别人作报告,这些都不是沉默。沉默的本质特征是在对方期待做出回答或回应的时候默不作声。因此,沉默所带来的后果是沟通的暂时中断和沟通双方一定程度上的对立。

我们可以从以下几个方面理解沉默的含义及其重要性。

沉默不是毫无意义。沉默本身传递着某种重要的信息。沉默的含义是复杂的。在不同场合沉默可能具有不同的含义,可以是厌倦、异议、蔑视、抵制和满意等。例如,对于老师在课堂上提出的非常简单的问题,一个学生可能以拒绝回答表示自己的厌倦;面对上级的错误言论,下级可能以沉默表达自己的异议;面对一个满口胡言的人,旁边的人可能以沉默表示自己的蔑视;面对上级所提出的不合理的要求,下级可能以沉默表示抵制;面对对方提出的非常好、但有可能违反常规的建议,一些人可能以沉默表示自己接受。

有些时候,沉默的含义是很难猜测的。对沉默的含义做出判断,需要对事情的背景有深入的了解或进行严密的分析。因此,当对对方沉默的含义不甚明了时,不要轻易下结论。

(四)格式语言

格式语言是在书面语言中通过文字格式表达的信息,关于这一点,我们将在有关书面沟通的章节中加以介绍。

(五)空间语言

人和动物都有自己的领地感,人们往往通过占据更大的空间来显示自己的地位和势力。同时,每个人在与其他人交往的过程中也努力保留自己的个人空间。个人空间实际上是一种心理空间,它代表人与人之间的亲密程度。根据亲密程度的不同,个人心理空间可以分为 4 种类型,即亲密距离、私人距离、社会距离和公共距离。

亲密距离的范围一般在 0.5 米以内,在空间很宽敞的地方,人们之间如果保持这种距离通常意味着两者之间具有很密切的关系,一般适用于家庭成员和亲密的朋友之间。

私人距离的范围一般在 0.5～1.5 米左右,这个距离适用于普通朋友之间的交谈。这个距离既可以清楚地听到对方的声音,又可以保持一定的个人空间。

社会距离的范围一般在 1.5～4 米左右,这个距离适用于非个人事务的谈话。在商务沟通场合,人们一般保持在这个距离范围内。

公共距离的范围一般在 4 米以上,这个距离适用于非个人性质的沟通,例如,听演讲、听报告。

(六)时间观念

时间作为一种客观现象,其本身在沟通中不具备特殊的含义。时间在沟通活动中之所以成为一个重要因素,是由人们对使用时间的方法和态度不同即时间观念不同而产生的。

一个人的时间观念包括两个部分:一是他使用时间为自己做事的方式,二是他对别人使用时间方式的配合方式。

大部分人理解的时间观念只是第一种,当然不同的人具有不同的时间观念。例如,同样对于上课迟到这件事,有的人认为无所谓;有的人则认为问题严重,认为他既对老师和同学不尊重,也会影响自己的学习。即使同一个人,在不同的时间和地点,处理时间的方式也会不相同。如一些重要人物在职时惜时如金,退休后可能悠然自得。我们通常把那些做事很快、遵守时间的人成为时间观念强的人,而把那些做事拖拉、不守时的人称为时间观念差的人。

在沟通过程中,更重要的是第二种时间观念,即对别人使用时间方式的配合方式。在一个群体中工作,常遇到的一个棘手的问题就是大家做事节奏不合拍。造成这种问题的第一个原因就是每个人的时间观念不同。例如,一个急性子的人和一个慢性子的人做搭档,就会出现一个等不及,一个赶不及的情况。第二个原因是对对方的重视程度不同。例如,对于一个重要人物交办的工作,即使一个慢性子的人也会抓紧时间迅速办完;而对于一个下级要求的事情,即使急性子的领导也可能给忘掉了。这里,时间观念不仅是是否守时的问题,还包含人们处理事情的节奏和紧迫感,是否重视对方,是否具备服务意识、团队意识、配合意识的问题。在商务活动中,人们往往根据对方是否守时来判断对方的诚意和对自己的重视程度。例如,你同一个客户约好上午9点见面,但是到上午9点半你才姗姗来迟,这时对方会很自然地认为,你对对方或者对即将商谈的事情没有多大兴趣,从而会影响谈判效果,甚至如果有其他合作对象,对方会轻易地结束与你的合作。

职业背景对一个人的时间观念具有很大的影响。例如,在很多国家,尤其是西方国家工商界人士往往把时间安排得非常紧凑,钟表、日历、行程安排是他们生活中必不可少的一部分。9点会面就是9点会面,不是8点55分也不是9点零5分。这里要注意的是,东方国家的工商界人士不能认同迟到,却可以接受早到;而西方国家的工商界人士往往也不接受早到,如果客人早到了,会被安排在休息室或会客厅等待。

不同国家、不同文化背景的人在时间观念上也存在很大差别。美国人时间观念很强,欧洲人次之,南美人则时间观念相对淡薄。大部分亚洲国家和地区,人们的时间观念并不很强,但日本、新加坡等国家和地区,由于受西方文化的强烈影响,人们的时间观念非常强。

在西方国家,饭后马上离开常常被认为是不礼貌的,客人需要陪同主人一起聊天。相反,在沙特阿拉伯,社交活动和聊天常常在饭前进行,宴会一结束,客人们就会离开。在英国,商务会面的惯例是简单调侃几句后就会进入正题;而在沙特阿拉伯,在享用咖啡茶点和聊完各种琐碎的生活细节之前想进入正式的商务会谈几乎是不可能的,急于进行商务工作被认为是不好的习惯,甚至是缺乏商务工作经验的表现,但是在会议结束时不论东道主多么热情地挽留你,你都应当礼貌地离开。

在处理事情的节奏上,不同国家的差异也很大。在美国和一些西欧国家,人们可能会很快做出决定,但采取行动的步伐则比较迟缓;而在日本和中国等东方国家,人们往往需要很多时间来考虑,酝酿再做决策,但一旦决策做出,采取行动则可能十分迅速。

以上的差异对商务活动的影响是十分巨大的。在西方国家,在政府和商业伙伴没有做出决策之前,企业往往不需要花费很多时间去了解对方正在酝酿的事情,因为一旦决定做出,还需要很长一段时间才能执行,企业有充分的调整时间,企业只要专心致志地做好当前的事情就可以了。而在日本和中国就完全不同了,决定一旦做出就会很快执行,企业没有多少调整的时间,因此在酝酿阶段,企业就必须密切关注政府和商业伙伴的决策动向,否则一旦正式公布再准备就晚了,企业需要密切关注各种非正式的信息。例如,一个不了解对方背景的美国公司与日本公司在寻求合作过程中就出现了这样的情况:起初是美国公司抱怨日本公司迟迟不做决定,决定做出后日本公司则抱怨美国公司行动迟缓。

虽然守时是一种美德,然而迟到总是很难避免的。如何解读迟到的含义,就要依赖对不同文化以致对每一个人时间观念的不同去理解。例如,美国人对约会迟到的理解通常在 15 分钟以内,欧洲人则在 30 分钟以内,而在南美地区,迟到两个小时也是常有的。因此,同样是迟到 30 分钟,美国人可能理解为对方缺乏诚意,欧洲人可能理解为不够重视,而在南美人看来则什么都不能代表。此外,在一些地区,准时出席各种社交活动还可能带来负面影响,例如,在菲律宾,人们在参加社交活动时一般要迟到 15 分钟,准时出席往往被理解为过于热衷。

我们可以通过向自己询问如下几个问题来了解自己的时间观念。

▷【测试】

测一测你的时间观念?

• 你认为时间是十分珍贵的吗?

• 你愿意尽快完成一件事情还是按时完成即可?

- 你喜欢一鼓作气完成工作还是慢慢地做事情？
- 你希望别人在时间观念上总是同你一样吗？
- 当其他人的时间观念与你不一致时你感到很恼火吗？
- 你是否因为对方忽视了对你的时间观念很恼火？

如果你对前3个问题做出了肯定的回答，说明你是一个时间观念很强的人，当然，这要建立在你对自己的判断很客观的基础上。如果你对后面3个问题做出了肯定的回答，就说明你不具备第二种意义上的时间观念，即你不是一个在时间上很配合其他人的人。

最近一些年来，由于信息技术的发展，城市交通道路的拥堵和生活节奏的加快，人们在时间观念上也出现了一些新变化，其中比较典型的就是软性守时。所谓软性守时，是相对于传统的守时观念而言的。传统的守时观念强调要准时到达约定的地点，而软性守时则是指在约定的时间以通信手段联络。例如，一个人与另外一个人约定在早上9点见面，但9点钟他还没有到达指定地点，这时他就可以用手机与对方联系，说明自己所在地点、迟到原因、预计达到时间，在时间要求不十分严格的会面中，这就算准时到达了。

二、非语言沟通的原则和注意事项

(一)运用非语言沟通的原则

非语言沟通在人际交往中具有重要的作用，因此，我们在使用非语言沟通形式时要遵循一些基本的原则。

1.适应性原则

不同年龄、身份、地位、性别的人在不同场合的表现是不同的，所使用的非语言沟通方式必须与整个的沟通气氛相一致。例如，政治领导人和商界领袖在会谈过程中都会尽量保持平稳的语气、语调，不会做出一些比较夸张的表情动作，否则就与其身份、场合极为不协调。反之，两个多年不见的老朋友见面后热情地拥抱、夸张的动作甚至激动的尖叫才能恰如其分地表达彼此间的喜悦之情。

2.自然原则

使用非语言沟通方式，贵在自然。各种非语言沟通形式的含义不是严格划分的，只要是自然、真情的流露，就能够为人们所接受。例如，历经一番磨难之后的欣喜,用热泪盈眶来表达是非常具有感染力的,此时如果一定用大声的狂笑来表达反倒给人不自在的感觉。

3.针对性原则

没有任何一种语言沟通方式适合于所有的沟通对象。在使用非语言沟通的过程中,要充分考虑对方的沟通习惯。有的人喜欢身体的接触,有的人喜欢眼神的交流,有的人喜欢语言的沟通,要因人而异。

4.清晰原则

很多非语言沟通方式的含义很不明确,在一般情况下,我们可以借助一些其他线索来判断它的准确含义。但是,在有些情况下,因缺乏必要的线索,使收到非语言信息的人感到丈二和尚摸不着头脑,沟通的目的没有达到,反倒会引起误解。因此,在不能确认对方能够准确解读的情况下要慎用非语言沟通形式。

5.建设性原则

很多非语言沟通方式表达的都是一些比较强烈的情感信息,难以被对方接受,其结果会引起激烈的冲突或者长久的仇恨。因此,在这些场合要本着礼貌、尊重、和解、友好的态度,克制非语言沟通信息的表达。

(二)解读非语言沟通信息的注意事项

要能正确地解读肢体语言,需要注意以下几点。

(1)非语言信息,特别是身体语言反映的通常是一种生理状况(如疼痛)或一时的心智状况(如沮丧),而不是常态的人格特征,因此,用非语言信息来判断一个刚见面的人的性格,风险很高。例如,一个人蜷着上身可能是缺乏自信也可能是一种疾病。

(2)不同的情绪,往往可能会通过类似的行为来宣泄,例如,眼神接触不佳可能代表不诚实、无聊、紧张、生气或傲慢,所以,不能仅凭某个孤立的非语言信息做出判断,而要将语言和非语言信息结合起来做出判断。

(3)"一致性"是解读非语言信息的关键。因为,尽管一个人可能会有意识地做出某个虚假的非语言动作来掩饰自己真实的想法或感受,但是他却很难伪装所有的非语言信息。因此,我们可以通过考察他所发出的一系列非语言沟通信息来判断某一非语言信息的真伪。

三、非语言沟通的策略

信息的表达由 7％语调、38％声音和 55％表情构成。我们把声音和表情都作为非语言交往的符号，那么人际交往和销售过程中信息沟通就只有 7％是由言语进行的。

(一)目光

目光接触，是人际间最能传神的非言语交往。"眉目传情"、"暗送秋波"等成语形象说明了目光在人们情感交流中的重要作用。

在销售活动中，听者应看着对方，表示关注；而讲话者不宜再迎视对方的目光，除非两人关系已密切到了可直接"以目传情"。讲话者说完最后一句话时，才将目光移到对方的眼睛。这是在表示一种询问"你认为我的话对吗？"或者暗示对方"现在该轮到你讲了"。

在人们的交往和销售过程中，彼此之间的注视还因人的地位和自信而异。推销学家在一次实验中，让两个互不相识的女大学生共同讨论问题，预先对其中一个说，她的交谈对象是个研究生，同时却告知另一个人说，她的交谈对象是个高考多次落第的中学生。观察结果，自以为自己地位高的女学生，在听和说的过程中都充满自信地不住地凝视对方，而自以为地位低的女学生说话就很少注视对方。在日常生活中能观察到，往往主动者更多地注视对方，而被动者较少迎视对方的目光。

(二)衣着

在谈判桌上，人的衣着也在传播信息，并与对方沟通。意大利影星索菲亚·罗兰说："你的衣服往往表明你是哪一类型，它代表你的个性，一个与你会面的人往往自觉地根据你的衣着来判断你的为人。"

衣着本身是不会说话的，但人们常在特定的情境中以穿某种衣着来表达心中的思想、建议和要求。在销售交往中，人们总是恰当地选择与环境、场合和对手相称的服装衣着。谈判桌上，可以说衣着是销售者"自我形象"的延伸扩展。同样一个人，穿着打扮不同，给人留下的印象也完全不同，对交往对象也会产生不同的影响。

美国有位营销专家做过一个实验,他本人以不同的打扮出现在同一地点。当他身穿西服以绅士模样出现时,无论是向他问路或问时间的人,大多彬彬有礼,而且本身看来基本上是绅士阶层的人;当他打扮成无业游民时,接近他的多半是流浪汉,或是来找火借烟的。

(三)体势

达芬·奇曾说过,精神应该通过姿势和四肢的运动来表现。同样,销售与人际交往中,人们的一举一动,都能体现特定的态度,表达特定的涵义。

销售人员的体势会流露出他的态度。身体各部分肌肉如果绷得紧紧的,可能是由于内心紧张、拘谨,在与地位高于自己的人交往中常会如此。推销专家认为,身体的放松是一种信息传播行为。身体向后倾斜15°以上是极其放松的行为。人的思想感情会从体势中反映出来,略微倾向于对方,表示热情和兴趣;微微起身,表示谦恭有礼;身体后仰,显得若无其事和轻慢;侧转身子,表示嫌恶和轻蔑;背朝对方,表示不屑理睬;拂袖离去,则是拒绝交往的表示。

我国传统文化很重视在交往中的姿态,认为这是一个人是否有教养的表现,因此素有大丈夫要"站如松,坐如钟,行如风"之说。在日本,百货商场对职员的鞠躬弯腰还有具体的标准:欢迎顾客时鞠躬30°,陪顾客选购商品时鞠躬45°,对离去的顾客鞠躬45°。

如果你在销售过程中想给对方一个良好的第一印象,那么你首先应该重视与对方见面的姿态表现,如果你和人见面时耷着脑袋、无精打采,对方就会猜想也许自己不受欢迎;如果你不正视对方、左顾右盼,对方就可能怀疑你是否有销售诚意。

(四)声调

有一次,意大利著名悲剧影星罗西应邀参加一个欢迎外宾的宴会。席间,许多客人要求他表演一段悲剧,于是他用意大利语念了一段"台词",尽管客人听不懂他的"台词"内容,然而他那动情的声调和表情,凄凉悲怆,不由使大家流下同情的泪水。可一位意大利人却忍俊不禁,跑出会场大笑不止。原来,这位悲剧明星念的根本不是什么台词,而是宴席上的菜单。

恰当而自然地运用声调,是顺利交往和销售成功的条件。一般情况下,柔和的声调表示坦率和友善,在激动时自然会有颤抖,表示同情时略为低沉。不管说什么样话,阴阳怪气的声调,就显得冷嘲热讽;用鼻音哼声往往表示傲慢、冷漠、恼怒和鄙视,是缺乏诚意的表现,会引起人不快。

（五）礼物

礼物的真正价值是不能以经济价值衡量的,其价值在于沟通了双方之间的友好情意。原始部落的礼品交换风俗的首要目的是道德,是为了在双方之间产生一种友好的感情。同时,人们通过礼品的交换,同其他部落氏族保持着社会交往。当你生日时送你一束鲜花,你会感到很高兴,与其说是花的清香,不如说是鲜花所带来的祝福和友情的温馨使你陶醉,而自己买来的鲜花就不会引起如此愉悦的感受。

在销售过程中,赠送礼物是免不了的,向对方赠送小小的礼物,可增添友谊,有利于巩固彼此的交易关系。那么大概多少钱的东西才好呢? 在大多数场合,不一定是贵重的礼物会使受礼者高兴。相反,可能因为过于贵重,反而使受礼者觉得过意不去,倒不如送点富有感情的礼物,更会使销售对象欣然接受。

（六）时间

在一些重要的场合,重要人物往往姗姗来迟,等待众人迎接,这才显得身份尊贵。然而,以迟到来抬高身份,毕竟不是一种公平的交往,这常会引起对方的不满而影响彼此之间的合作与交往。

赴会一定要准时,如果对方约你 7 时见面,你准时或提前片刻到达,体现交往的诚意。如果你 8 点钟才到,尽管你口头上表示抱歉,也必然会使对方不悦,对方会认为你不尊重他,而无形之中为销售设下障碍。

文化背景不同、社会地位不同的人的时间观念也有所不同。如德国人讲究准时、守时;如果应邀参加法国人的约会千万别提早到达,否则你会发觉此时只有你一个人到场。有位驻非洲某国的美国外交官应约准时前往该国外交部,过了 10 分钟毫无动静,他要求秘书再次通报,又过了半个小时仍没人理会他,这位外交官认为是有意怠慢和侮辱他,一怒之下拂袖而去。后来这位美国外交官才知道问题出在该国人的时间观念与美国人不同,并非有意漠视他。

（七）微笑

"相逢一笑泯恩仇",可见笑的力量。英国出版的《百国旅游手册》中指出:"访问日本的外国人必须懂得,日本人即使受到你的责备时,他仍会向你微笑,这并不说明他们无羞耻感,他们的想法是用微笑来使本来已很不愉快的事,稍微变得愉快一些。甚至,当日本人家中有人去世,你向他表示慰问,他也会微笑着向你道谢,这当然不是说日本人毫无心肝,亲人去世竟然不会哭,而是他们觉得不能因为个人的痛苦使别人感到烦恼。"

然而在国际上,日本就没有这样的风度了,1941 年 12 月,当美国人看到日本特使满脸微笑地结束会谈时,做梦也不会想到日本人会偷袭珍珠港。

微笑来自快乐,它带来快乐也创造快乐,在销售过程中,微微笑一笑,双方都从发自内心的微笑中获得这样的信息:"我是你的朋友",微笑虽然无声,但是它说出了如下许多意思:高兴、欢悦、同意、尊敬。作为一名成功的销售员,请你时时处处把"笑意写在脸上"。

四、小 结

相对语言沟通来说,非语言沟通是人际交流的一种重要辅助形式。非语言沟通包括丰富的身体语言,还包括音调语言、沉默、格式语言、空间语言和时间观念等 6 个方面,可见非语言沟通的形式非常广泛。正因为如此,非语言沟通在日常的沟通中渗透到了生活、学习和工作的每一个角落。

运用非语言沟通必须要得当,要针对特定的沟通对象、特定的沟通场景等采用特定的非语言沟通形式,以实现自然和有针对性的沟通效果。非语言沟通不仅要运用合理,更需要采用策略来提高沟通效果,这些策略的载体往往包括目光、衣着、体势、声调和礼物的合理使用。总体而言,非语言沟通是一种非常重要的辅助沟通形式。

➪【复习思考题】

1.非语言沟通有哪几种类型?

2.非语言沟通与语言沟通之间是何种关系?

3.请分析自己在非语言沟通中存在哪些问题,准备如何提升?

第六章

群体沟通 >>>> >

⊡ 本章学习重点

　　本章以介绍群体沟通的优缺点和常见形式为切入点,重点分析组织会议的准备,学习会议主席高效主持会议的技巧和积极参加会议的指导原则。

　　小王是一家公司的职员,他对公司会议有自己的一些想法,他的想法反映了许多公司会议的某些现状,值得我们思考。

　　很多公司往往由于以下原因,开会效率低下:

　　(1)公司的主管不知道何时是开会的最好时机。许多重要的会都安排在周五下午开,或者安排在事务繁忙的周一开。

　　(2)许多主管对于何时开会几乎都不征询员工的意见。这使得员工疲于奔命,甚至得延后或放弃参加其他会议。

　　(3)有些"必须到会"的员工,因为已经与重要客户有约在先,根本不能出席,这使得会议讨论很难进行。而到场的人往往并非与议题关系最密切的人,所以准备不充分或者根本来不及准备。

　　时下有一句很流行的话——"最近比较烦",对太多像小王一样的职场人士来说,这句话可以改为"开会比较烦"。开会之所以烦,用小王的话来说,就是"会议常在毫无章法的状况下进行,甚至毫无意义地延长时间,即使有决议,质量也很低",简而言之,会议效率不高。因此,寻找致使会议效率不高的原因就显得格外重要。

　　群体沟通是一种一对多或者多对多的沟通方式。会议沟通是群体沟通中最常用的一种形式。作为管理人员,经常需要参加或者组织会议。在很多组织中可能存在"三天一小会,五天一大会"这样的频频开会现象。据统计,西方发达国家的经理每天工作时间的 1/3 是与某个人单独会谈,还有 1/3 的时间是参加各种各样的群体会议。实践表明,在一个企业中,作为管理者,会议越多,说明这位管理者的职位越高;工资越高,说明这位管理者的会议越多。

会议沟通在管理者日常工作中占据如此重要的位置,这提醒管理者一定要注意进行高效会议,在组织会议时既要做到节约时间和会议成本,又要做到使会议达到预期目的,为更好地开展下一步工作奠定基础。

会议的时间就像一块海绵,很多会议的时间至少可以缩减 1/4,参会的人数可以降至原来的 60%。高效会议已经成为了众多公司所追求的目标。在西方甚至掀起了"会议革命",有的学者提出会议沟通的高效程度与企业竞争力直接相关。

一、群体沟通的优缺点

随着现代商业组织规模的扩大,以及学习型组织、团队精神的不断倡导,群体沟通也逐渐成为一种常见的沟通方式。通过群体沟通可以调动集体的智慧,得出更富有成效的方案。但是有时候在集体讨论以后也很容易发现,一两个人无需别人帮助也可以得到同样的结果。大量的时间、精力可能被浪费在毫无效率的群体沟通中。群体沟通虽然有诸多的优势,但是也因为一些本身存在的缺陷而常使其陷入毫无效率的状态。

⇨【讨论】

某服装公司决定加快工艺流程改造,并进行工艺重组。但以前在进行工艺重组时,工人的反应非常强烈,对工艺的改动持敌对态度。为了实施计划的改革,公司管理层采用了三种不同的策略:

策略一,与第一组工人采取沟通的方式,向他们解释将要实行的新标准、工艺改革的目的及这么做的必要性和必然性,然后,给他们一个反馈的期限。

策略二,告诉第二组工人有关现在工艺流程中存在的问题,然后进行讨论,得出解决的办法,最后派出代表来制定新的标准和流程。

策略三,对第三组工人,要求每个人都讨论并参与建立、实施新标准和流程,每个成员全部参与,如同一个团队一样。

结果令人惊奇。第一组工人的任务虽然最为简单,但结果他们的生产率没有任何提高,而且对管理层的敌意越来越大,在 40 天内有 17% 的工人离职;第二组工人在 14 天里恢复到了原来的生产水平,并在以后有一定程度的提高,对公司的忠诚度也很高,没有人离职;第三组工人在第二天就达到了原来的生产水平,并在一个月里提高了 17% 生产率,对公司的忠诚度也很高,没有工人离职。

讨论题:

(1)你从这个案例中可以得到什么启示?

(2)你在什么场合下要采取群体决策的方式,如果不采取群体决策的方式,而由自己做决策是否可行?

(3)根据你自己的工作体会,请谈谈群体沟通的优缺点。

(一)群体沟通的优点

上述案例结果揭示:进行了充分的群体沟通之后,员工的自我管理能力、创新能力、信息共享能力、员工参与程度和工作绩效较传统管理方式下的员工要好得多。英国管理沟通专家 Nicky Stanton 认为,群体沟通的优势主要体现在以下几个方面。

1.产生更多的承诺

如果群体参与了决策的过程,他们可以更加了解政策的性质、背景和需要,所以更能理解为什么这项政策或决定是必要的。而且由于个人参与了决策,更容易持赞成态度。因此,如果人们参与了决策过程,对决策会更多地承担义务。正如上述案例所示,越是让工人参与决策,他们就越可能贯彻决策。

2.产生更好的决策

群体共同做出的决策比个体独自做出的决策之所以更好,主要是因为:①有更多可利用的信息;②有更多更好的建议;③产生的决策更加大胆。

➪【讨论】

根据上述群体沟通的优点,考虑什么样的工作最好由群体执行?

提示:最好由群体执行的工作包括:

(1)那些要求有某些分工的工作,如项目分工、部门工作分工等。

(2)那些需要创造性的工作,如通过头脑风暴法激发创意。

(3)记忆和回忆信息非常关键的一些工作,如史料的编撰工作等。

(二)群体沟通的缺点

虽然,群体沟通有诸多的优点,但是形成这些优势的前提是"优秀"群体在"良好沟通气氛"下进行工作。而实际情况是,许多会议之所以流于形式、浪费时间,是因为与独自决策相比较,群体决策有时有缺点,而这些缺点的存在正是导致会议沟通低效率或者无效率的原因。这些缺点主要表现在以下四个方面。

1.有可能浪费时间,降低工作效率

如果以群体沟通的方式做出决策,可能会使过程变得太长:在讨论过程中由于花去过多的时间纠缠于一个问题而使议程无法完成;观点的不一致也可能给成员造成伤害;与独立思考相比较,群体沟通可能会人为地制造一些影响沟通效率的阻碍,如成员坚持讨论不相关的问题、成员花在维持群体士气或其他人际关系上的时间过多等。曾经有学者提出会议的长度是参加人数的平方,这说明很多时候为了提高工作效率,必须采取果断决策而不是使用委员会或者会议形式。

2.群体压力的存在有可能导致平庸决策的出现

由于从众心理的存在,人们会由于他人的存在而产生一种"群体压力",它影响人们去同意一个平庸的决定。群体压力不会必然引出平庸的决定,但群体的确重视妥协,妥协就会导致平庸。这也可以解释为什么真理有时会掌握在少数人手中。

3.专家和领导的存在有时候不利于问题的解决

专家和领导的存在很难使群体沟通过程以平等、民主参与式的沟通风格进行,因为这些人的特殊身份会使其他成员很难坦诚地发表自己的真实观点。更为严重的是,如果这些专家或领导以权威的身份对其他成员的观点采取压制和否定,不但不利于问题的解决,反而会恶化群体成员之间的关系。

4.有可能产生说而不做

大多数人似乎不喜欢做决定,并且很多时候避免做决定。群体沟通为大家在决策时互相推诿提供了机会。因此,有些群体愿意讨论几乎所有的问题却不解决它。难怪有人评价会议是一群"单个什么也不会做、聚在一起决定什么也不做"的人组成的;会议是一群不配合的人聚在一起,不情愿地去做"指定"的、"白费劲"的、"不必要"的事情。

(三)影响群体沟通效率的因素

群体沟通的过程是一系列非常复杂的、相互联系的因素相互作用的过程。
分析这些影响群体沟通效果的因素,有助于在群体沟通中采取相应的对策,提高沟通效率。群体沟通效率可以从群体生产率以及成员间关系满意度这两个方面进行衡量。

一般认为，影响群体沟通效率的因素包括可控因素和不可控因素两个大类。可控因素是指参与沟通的群体从成立开始到问题解决为止这个过程，成员自己可以完全设法解决的因素；不可控因素是指所有成员在正式沟通开始之前无法控制或不能完全控制的因素。

1. 可控因素

可控因素主要包括领导者的风格、参与成员的相互影响和角色定位两个方面。

(1)领导者的风格

领导者处于群体沟通效率控制的核心地位。领导者可能是由外部指定的，也可能在群体内部形成。不同的领导风格对群体、群体成员的相互作用以及群体的生产率和士气都有不同的影响。领导风格主要包括以下三种类型。

民主的风格。领导者只在必要时进行引导，工作的基本信念是成员能用自己的资源去实现自己的目标，成员从这种信任和做自己的决策中得到满足。因此，群体生产率通常相当高。在民主风格的群体沟通中往往表现出群体导向的行为，目的在于取得群体目标和群体成员的满意度。

独裁的风格。领导者认为，由于成员总是从追求自己的个人目标出发，而不是首先从群体目标出发，因此必须不断给予指导，让成员不断强化群体目标的信念，才可以达到群体沟通的目标。在独裁风格的影响下，群体沟通一般会表现出任务导向的行为，也即主要以完成任务为中心，几乎不关心成员的满意度和群体中的人际关系。

自由放任的风格。由于几乎完全不关心目标的实现，任务可能不被执行，成员的满足只来自实现个人目标而非群体目标。在这种风格下，群体沟通会表现出自我导向的行为，也即成员的目的在于达到个人目标的实现。

尽管民主的管理风格是现代管理的趋势，但是由于任务的性质、可用时间的限制、成员的个性等原因都可能要求在适当的时候采用其他的领导风格。

(2)群体成员的相互影响和角色定位

领导风格的不同将影响群体成员之间的相互影响方式。如在领导者采用高度结构化、独裁领导风格的群体中，相互影响是高度集中的；而在比较自由的群体中，成员的意见指向多方向中的一个，而不是指向领导。

在大多数的相互影响中，大多数人把注意力集中于任务的内容而忽视了过程，甚至当过程成为影响群体行动的主要原因时仍然如此。作为群体沟通的成员,对过程的敏感能使其及早判断群体的问题并有效地加以解决,因为过程存在于所有群体中,了解这些过程可以使成员为提升群体沟通效率作出贡献。

2.不可控因素

(1)群体变量

群体规模。显然,群体越大,可利用的信息、技能、才能、背景和经验就越多样化。但是,群体越大,个体参与的机会就越少。实践表明,在较大规模的群体中,权力和力量大的人支配更多的可利用时间,而实际上他们并不一定有更多的知识和经验。同时,也永远听不到那些沉默者的观点,因为他们参与太少。因此,必须在有利于参与和有一定广度的可利用的知识与经验之间对规模进行权衡。鉴于规模与凝聚力相联系,当人数增加到超过 6 个或 7 个人时,凝聚力开始下降。因此,合适的群体规模大概是在 5～7 个人之间,但 5～10 个人的规模在提供足够多样化的才能和个性去富有想象力地解决问题的同时,仍可以让人们充分表达想法。

成员的个性和目标。当一个群体形成或被组织后,成员加入时,往往会带来完全不同的态度、价值观和信念,并且这些东西融入群体过程的方式将再次影响群体参与和相互影响的程度、风格,并最终影响生产率和成员的满意度。有效的群体在成员间有高水平的和谐共存,但这并不一定意味着群体必须有态度、信念和价值观相似的成员才能有效。尽管同质群体能提高满意度,但异质群体已被证明比同质群体生产率更高。因此,在成员组成上,要考虑满意度和效率之间的平衡。

身份和角色。当一群人走到一起时,他们可能都是群体中平等的成员,但在群体其他成员的眼中,每个人又有一个以前的身份。这种身份会影响其在其他成员心目中的地位和影响力。同时,每个成员也都会认为自己来到这里是根据需要扮演一个特别的角色。另外一个重要的因素是这些成员中,有的可能在以前就建立了关系或友谊。以前进行过的交流质量和范围将影响他们在群体内的行为方式。因此,每个成员进入一个新的群体时,就应该根据自己的身份和地位考虑以下问题:

在这个群体中我是谁?扮演何种角色?其他人期盼我扮演何种角色?谁将对我的行为进行评判?

影响沟通的方式是什么?谁有可能施加影响?我是否可以施加影响?若可以,又如何影响?

我个人的目标和需要是什么?它们与群体目标和需要是否一致?若不一致,我又该采取何种对策?

（2）环境

自然位置。首先，自然位置的接近可以增加相互影响。如群体成员更可能与那些坐在附近的人结成小团体，而与桌子另一边的人发生冲突。对此有所了解的领导者在实际安排座位时，就可以让潜在对手坐在桌子的一边而不是对着坐。其次，会议的位置也会发出信号。如果会议在管理者的办公室举行，以前存在的地位关系就可能被加强；而在中立的地方举行会议，则可以减少这种关系的影响。

群体间的关系。群体或社会中的其他人对某个群体的看法会影响它的生产率、凝聚力和士气。没有人会愿意成为一个被组织中的其他人视为不重要的群体中的一员。

群体的期望。很多组织希望以自己的"特殊风格"组织会议，这些特殊方式可能包括会议议程、工作方法、报告和协调方式等。群体成员不可避免地要遵守这些规范和期望，但重要的"风格"可能是成员们所不习惯的。

（3）任务

任务的性质、困难程度和特殊要求，例如完成时间，都会影响群体成员的态度、工作方式和领导者对是否组织会议及会议的最好方式的决定。

二、群体沟通的常见形式

名义群体法、德尔菲法、电子会议法以及头脑风暴法是群体沟通中普遍使用的四种形式。

(一)名义群体法(Nominal Group Technique)

名义群体法在决策制定过程中限制讨论，所以被称为名义群体法。按照这种方法组织群体沟通，成员必须出席会议，但他们是独立思考的。这种方法一般遵循以下步骤。

（1）成员集合成一个群体，但在进行任何讨论之前，每个成员独立地写下他对问题的看法。

（2）经过一段沉默后，每个成员将自己的想法提交给群体。然后一个接一个地向大家说明自己的想法，直到每个人的想法都表达完并且被记录下来为止（通常记在一张活动挂图或黑板上）。在所有的想法都被记录下来之前不进行讨论。

（3）群体开始讨论，以便把每个想法搞清楚，并做出评价。

（4）每一个群体成员独立地把各种想法排出次序，最后的决策是综合排序最高的想法。

这种方法的主要优点在于，使群体成员正式开会但不限制每个人的独立思考。而传统的会议方式往往做不到这一点。

（二）德尔菲法（Delphi Technique）

这是一种更复杂、更耗时的方法，除了并不需要群体成员列席外，它类似于名义群体法。具体步骤包括以下方面。

（1）确定问题。通过一系列仔细设计的问卷，要求成员提供可能的解决方案。

（2）每一个成员匿名地、独立地完成第一组问卷。

（3）将第一组问卷的结果集中在一起编辑、誊写和复制。

（4）每个成员收到一本问卷结果的复制件。

（5）看过结果后，再次请成员提出他们的方案。第一轮的结果常常会激发出新的方案或改变某些人的原有观点。

（6）重复（4）、（5）两步直到取得大体一致的意见。

德尔菲法降低了群体沟通的成本，又获得了来自各个专家的反馈。当然，其缺点是太耗时间。当需要进行一个快速决策时，这种方法通常行不通。

（三）电子会议法（Electronic Meeting）

电子会议法是一种将名义群体法与计算机技术相结合的一种最新的群体决策方式。会议所需要的技术一旦成熟，操作就比较简单了。与会者围坐在一张大圆桌旁，这张桌子上除了一系列的计算机终端外别无他物。组织者将问题通过电脑显示给群体成员。成员将自己的回答输入计算机。个人评论和票数统计都会投影在会议室内的屏幕上。电子会议的主要优点是匿名、诚实和快速。成员能在不透露自己姓名的情况下传递所要表达的任何信息。它使人们在毫无顾虑的前提下充分地表达自己的想法，可以有效克服因群体沟通中存在的群体压力和专家、领导压力而带来的问题，也可以有效消除闲聊和讨论偏题。

（四）头脑风暴法（Brainstorming）

头脑风暴法可以人为地增加信息的数量，特别是新的、想象的和创造性的信息。它利用一种思想产生的过程,鼓励提出任何种类的方案设计思想,同时禁止对各种方案的任何批评。在典型的头脑风暴法中,一些人围桌而坐,群体领导者以一种明确的方式向所有参与者阐明问题,然后成员在一定的时间内自由提出尽可能多的方案,不允许任何批评,并且所有方案都被当场记录下来,留待稍后再讨论和分析。

头脑风暴法又称智力激励法、BS 法,是由美国创造学家 A. F. 奥斯本于 1939 年首次提出、1953 年正式发表的一种激发创造性思维的方法。该方法经各国创造学研究者的实践和发展,至今已经形成了一个发明技法群,如奥斯本智力激励法、默写式智力激励法、卡片式智力激励法等。在此主要介绍智力激励法,它是后几种方法的基础。

☞【资料】

默写式智力激励法和卡片式智力激励法简介

默写式智力激励法

默写式智力激励法又称"635"法。它是由德国学者荷立根据德意志民族善于沉思的性格,以及由于数人争着发言易使点子遗漏的缺点,对奥斯本智力激励法改造而创立的。具体操作方法是:召开由 6 个人参加的会议,主持人在会上阐明议题。发给与会者每人 3 张卡片,在第一个 5 分钟之内,每人针对议题在 3 张卡上各写下 1 个点子,然后传给右邻;在第二个 5 分钟内,每人从传来的卡片上得到启发,再在另外 3 张卡片上各写下 1 个点子,之后再传给右邻。这样继续下去,经过半个小时可以传递 6 次,共得 6×3×6=108 个点子。由于这种方法是 6 人参加,每人 3 张卡片,每次 5 分钟,因此得名"635"法。

卡片式智力激励法

卡片式智力激励法是由日本创造开发所所长高桥诚创立的,该方法的特点是对每个人提出的设想可以进行质询和评价。具体做法:召开由 3~8 个人参加的会议,会前宣布讨论议题,会议时间为 1 个小时。会上每人发 50 张卡片,桌上放 200 张卡片备用。在前 10 分钟内与会者独自填写卡片,每张卡片填写 1 个设想。接着用 30 分钟,按座位每人轮流宣布自己的设想,一次只能介绍 1 张卡片,然后其他与会者可以咨询。最后 20 分钟,大家可以相互评价和探讨各自的设想,从中诱发出新设想。

1. 头脑风暴法的五大原则

在通过头脑风暴法激发创意时,群体成员一定要遵守以下原则。

(1)禁止评论他人构想的好坏。

(2)最狂妄的想象是最受欢迎的。

(3)重量不重质,即为了探求最大限度的灵感,任何一种构想都可被接纳。

(4)鼓励利用别人的灵感加以想象、变化和组合等以激发更多、更新的灵感。

(5)不准参与者私下交流,以免打断别人的思维。

不断重复以上五大原则进行智力激励法的培训,可以使参与者渐渐养成弹性思维方式,涌现出更多创意。

2. 头脑风暴的实施要点

(1)关于议题的选择

首先,议题的选择应从平日悬而未决的问题着手,即议题的选择必须合乎参与者的层次和关心程度,以参与者们一直期待解决的问题为佳。当然,事先公开议题的做法也是可行的,但参加人员是否会围绕议题尽力去思考点子,是值得考虑的。因而将大的议题细化,从接近参与者关心程度的议题开始,不失为一种好的办法。

其次,议题的内涵应该明确,而不宜模棱两可、似是而非。会议开始后,主持人应该仔细阐述议题,以便参与者理解。

(2)尽量利用激发出来的灵感

按照实施头脑风暴法的原则,应尽量利用激发出来的灵感使参与者相互激励,从而引发灵感的连锁反应。应督促参与者在规定的时间内将自己的灵感写下来,并要求他们在各自发言前将内容整理清晰明了,以便记录员记录在记录板上,进而让他人看后产生更多联想,激发更多创意。

(3)主持人注意事项

①在参加者发言气氛显得相当热烈时,可能会出现许多违背五项原则的现象,如哄笑别人的意见、公开评论他人意见等情况,此时主持人应当立即制止这种情况的发生。

②当许多灵感陆续被激发出来,而参与者也呈疲惫状,灵感激发速度明显下降时,主持人可以以"每人再提2个点子就结束"之类的话语结束会议。

③为避免参与者太疲倦而产生反感,主持人应控制好时间,一般建议控制在30分钟左右。

④会议结束后,主持人表示感谢并鼓励和表扬大家。

（4）记录员注意事项

记录员应依照发言顺序标号记录点子，在发言内容含糊不清时，应向发言者确认，发言内容过长时，仅记录要点即可。字迹要清晰，确保每位参与者都能看清，记录板应简洁、整齐。

（5）注意记录的分类整理工作

会议结束后应该对所做记录进行分类整理，并加以补充，然后交与有丰富经验和专业知识的专家组进行筛选。筛选应从可行性、应用效果、经济回报率、紧急性等多个角度进行，以选择最恰当的点子。此外，由于用智力激励法产生出来的构想，大部分都只是一种提示，绝少是可以用来直接解决问题的，因此，整理、补充和完善构想这一步就显得相当重要。

（6）注意经常使用头脑风暴法

经常使用此方法，可以提高员工的创造性能力，塑造工作现场自由轻松、相互激励的氛围，从而提高工作效率，取得可喜的成绩。在整理、补充点子后，为了使构想更加具体化，仍有继续使用该法，让构想延伸、发展下去的必要。

3.头脑风暴法的适用范围

头脑风暴法适合于解决那些比较简单、严格确定的问题，比如研究产品名称、广告口号、销售方法、产品的多样化等，以及需要大量的构思、创意的行业，如广告业。

☞【案例】

头脑风暴法在盖莫里公司的成功运用

盖莫里公司是法国一家拥有300人的大中型私人企业，企业以生产电器为主。法国的电器行业竞争比较激烈，该企业的销售负责人参加了一个关于发挥员工创造力的会议后大受启发，开始在自己公司谋划成立一个创造小组。在冲破了来自公司内部的层层阻挠后，他把整个小组（约10人）安排到了乡村度假村，在之后的三天中，每人都采取了一些措施，以避免外部的电话或其他干扰。第一天全部用来训练，通过各种训练，组内人员开始相互认识，他们相互之间的关系逐渐融洽，开始还有人感到惊讶，但很快他们都进入了角色。第二天，他们开始使用智力激励法以及其他方法。他们要解决的问题有两个，在解决了第一个问题，即发明一种拥有其他产品没有的新功能的电器后，他们开始解决第二个问题，为此新产品命名。在两个问题的解决过程中，都用到了智力激励法。在为新产品命名这一问题的解决过程中，经过两个多小时的热烈讨论后，共为它取了300多个名字，主管则暂时将这些名字保存起来。从第三天开始,主管便让大家根据记忆,默写出昨天大家提出的名字。在300多个名字中,大家记住了20多个。然后主管又在这20多个名字中筛选出3个大家认为比较可行的名字。再拿这些名字去征求顾客意见,最终确定最佳名字。新产品一上市,便因其新颖的功能和朗朗上口、让人回味的名字,受到了顾客的热烈欢迎,迅速占领了大部分市场,在竞争中击败了对手。

三、小 结

人是一种社会性的动物,人的许多需求是通过群体沟通来完成和实现的,因此学会如何在一个群体中进行有效的沟通是至关重要的。群体沟通与个体沟通的区别就是需要以一对多或者多对多的形式进行沟通,这就使得沟通在达成一致方面的难度大大提高。虽然群体沟通往往会产生更好的决策和更多的承诺,但是也会很费时费力,并且产生群体压力等负面影响。

真正通过掌握群体沟通中的可控因素,了解不可控因素有利于群体沟通的开展。常见的群体沟通形式包括名义群体法、德尔菲法、电子会议法、头脑风暴法等。在掌握可控因素的基础上,根据不同的群体构成和群体沟通影响因素,选择合理的群体沟通方法是有效群体沟通和实施的关键。

⇨【复习思考题】

1. 群体沟通的关键影响因素有哪些?

2. 卡片式智力激励法应如何操作?

3. 运用群体沟通的理论对以下案例进行讨论:

1999年夏天,几百名比利时和法国消费者涌进了当地医院,他们认为由于喝了有污染的瓶子里的可口可乐,因此产生了各种各样的症状。欧盟对此迅速进行了调查,并很快得出了官方结论:查不出受害者患病的原因。

很快地,冲突出现了,在比利时、法国、卢森堡和荷兰,可口可乐被从百货店货架上取了下来,法国的一家主要的瓶装公司倒闭了。欧盟控告可口可乐公司销毁证据,而该公司平淡地对此予以否定。然后,欧盟攻击法国和比利时的健康机构,指控它们的混乱和犹豫不决。而这些机构则控诉可口可乐公司给了它们误导或不完整的信息。尽管外界观察专家怀疑，受害者正在承受与心理相关的疾病，但是欧盟拒绝接受对该事件的这种解释。可口可乐公司提出的一项调查表明，比利时大约一半的学生根本不喝可口可乐，却也有同样的症状。后来，由于意大利政府做了一项调查，表明可口可乐公司试图将竞争对手挤出竞争市场，因此该冲突进一步扩大了。像百事可乐和 Virgin 可乐这样的对手向欧盟抱怨，可口可乐采取了倾销策略，而欧盟则以在可口可乐公司欧洲办事处搜查证据作为反应。

围绕可口可乐的这一事件是跨越地域和文化界限的社会群体间冲突的例子。因为该冲突确实是以可感知的差别为基础的，所以也使情况进一步复杂化。没人能断定饮料本身是不是在生产地就被污染了，如果是这样，也没人能断定是否是它引起了消费者的疾病。因为可口可乐是全球认可的品牌，也是财富巨大的商业组织，政府官员和消费者感觉该公司的唯一目标是保持它的形象并避免损失。为了在全世界人们面前不丢脸，欧盟不得不另找途径来控告可口可乐公司使消费者患病和倾销。在此期间，可口可乐因为关闭法国的瓶装厂，损失超过1亿美元，法国工人失业，人们患病，而没人知道其中的原因。

想象一下，你被找来帮助分析、解决可口可乐公司和欧盟之间的冲突。为了进一步了解情况，可用搜索引擎搜索，也可查阅《广告周刊》、《公司》或《福布斯》等杂志寻找类似的冲突。然后，略述你的分析与为找到解决方法可能采取的措施。

第七章

双向沟通策略

≫≫≫≫ ≫

⊩ **本章学习重点**

　　本章通过介绍双向沟通过程和优缺点，明确双向沟通的重要性和必要性，重点分析了双向沟通的策略，学习如何在中层管理中应用双向沟通的策略。

　　通过学习本章，能够在沟通中充分运用双向沟通的策略，并掌握双向沟通中的实施要点。

⊩ **【引导案例】**

上门解决故障

　　经过售前和销售的共同努力，进行了一系列艰苦而紧张的谈判、投标之后，某区域重点客户××大学终于被我公司渗透进入。该校是我们在该区域首家合作的高等院校，相关决策人表示此次合作过程中的服务和设备状况对于后续采购有决定性作用。负责该校的我公司销售人员王大义得知该校正在建设一个新校区，后续采购量会非常大，所以公司的客户支持、销售部门负责人把该校定为我公司在该区域的重点示范单位，给予优先支持。销售部门向客户承诺：服务人员随叫随到；网络故障保证两天内解决；公司会针对该项目准备设备，如果核心设备出问题直接换设备，保证服务满意。公司客户支持部门指定技术能手陈高超专门负责××大学项目。

　　周末前一天，陈高超夜里刚出差回来，感到非常疲劳，领导叮咛让他在家休息一天。10点整，陈高超还没起床，就接到销售王大义的电话，语气非常着急："哥……哥们儿，××大学的网络出问题了！全校网络都瘫痪了，无法上网！他们早上打电话告诉我,后来我连续接了几个电话就把这事给耽误了。他们打电话催,我就马上给你打电话了。你现在赶紧过去,一定要替我顶住啊兄弟!"

接到电话以后陈高超感到郁闷,好不容易熬到一个周末,觉都睡不好就被吵醒了!陈高超不由抱怨起王大义:这小子平时为人一般,做事情粗枝大叶,而这家伙最坏的一个习惯就是在客服面前拍胸脯打包票,只想把东西卖出去,出了问题就由我们客服工程师帮他顶着,最可气的是上回另一个客户网络出问题,他叫我赶过去,我才晚了一点他就数落我,他算老几?不就是凭着业绩好一点,所以在公司里牛哄哄的。销售上的陪酒吃饭我也会,而且不比他差!这次有问题来找我了,还要我帮他顶?真不够意思!为什么这些难处理的事情总是要我们客服工程师去搞定啊?

陈高超给××大学艾老师打电话过去询问情况,刚一接通自报姓名以后对方就发火了,那架势仿佛要吃人:"你们设备稳定性太差了,才用半年就出问题;设备差就算了,服务也差,早上8点多打电话报故障的,过了2个小时才有人打电话回来问情况,这就是你们承诺的服务吗?什么烂公司烂服务啊!你们售后服务都是吃干饭的吗?打个电话过来都要这么长时间啊?"听到对方这样不分青红皂白的指责,陈高超心里也非常紧张,一方面不知道问题究竟有多严重;另一方面又有些生气,网络出了问题大家都着急,别的客户也没你这么大脾气,最起码要尊重我的人格嘛!你是客户没错,可是我也不是天生欠着你呀!虽然生气,但陈高超还是尽量克制,试图在电话里了解更多信息,可是对方更加不耐烦了,直接讲:"你废话少说,马上过来,到了这边什么情况你就都知道了!"

最怕遇到这种技术不行、脾气不小的客户,今天遇到这些事情陈高超感到真倒霉!

案例分析

"顾客永远是对的"是服务行业遵循的基本信条,在面对客户的投诉和抱怨时,一定要有一个良好的心态。客服人员要转换角度站在顾客的立场感同身受体会顾客遇到的实际困难并给予及时周到的服务。顾客可能出言不逊,但作为客服人员一定要根据理性沟通原则,不与顾客争执,做到对事不对人。在处理顾客投诉时可以采用双向沟通策略,多倾听,给顾客情绪降压,多询问了解事情的真实状态,最后拿出切实可行的方案。处理投诉一定要围绕消除顾客不满这个沟通目标进行,凡是有利于增加顾客满意度的方案都是应该采用的。本案例中的客服工程师更应该掌握娴熟的沟通技能与客户进行有效沟通。

一、双向沟通

沟通是每个人都应该学习的课程,提高自己的沟通技能应该上升到战略高度。每个人都应该高度重视沟通,重视沟通的主动性和双向性,只有这样,才能够进步得更快,企业才能够发展得更顺畅、更高效。

双向沟通是指发送者和接收两者之间的位置不断交换,且发送者是以协商和讨论的姿态面对接收者,信息发出以后还需及时听取反馈意见,必要时双方可进行多次重复商谈,直到双方明确和满意为止。

(一)双向沟通的形成过程

无论沟通双方是交谈、打手势或是采用更先进的沟通技术,双向沟通过程都由 8 个步骤构成。

(1)产生想法。第一步是发送者产生一个需要沟通的想法。这是一个关键的步骤,因为除非要沟通的信息是有价值的,否则所有其他步骤都是无用的。

(2)编码。第二步是将要传递的信息编码(转换)为恰当的文字、图表或其他符号,以便进行传递。这时发送者需要确定传递的方式,以便文字和符号能够以适宜传递方式的形式进行组织。

(3)传递。第三步,按选择的方式进行传递。信息传递者还要选择传递渠道、合适的传递时间,以及尝试避免沟通渠道的各种障碍或干扰,从而使信息有机会到达接收者并引起注意。

(4)接收。第四步,信息传递使他人可以接收到信息。在这一步骤中,主角变为接收者,他已准备好接收信息。如果是口头沟通,接收者就必须是一个好听众。如果接收者没有处于接收状态,信息就会丢失。

(5)解码。第五步是对信息进行解码以便信息能够被理解。发出信息的人希望接收者能够准确地理解信息。理解只能发生在接收者的头脑里。传递者可以让别人倾听,但却无法安排别人理解。是否理解由接收者决定。很多人在发出指令或进行解释时都忽视了这一点。实际上,如果对方没有理解,沟通过程就没有完成。解码过程被认为是信息真正到达对方的过程。

(6)接受。第六步,接受者收到信息并进行解码之后,就可以决定是否接受它了。当然,信息传递者是希望对方能够按预想的方式接受信息,以便各种活动能如期展开。但是,接受是有选择性、有程度的,接收者在相当程度上控制着信息是否被完全接收还是部分接收。影响接收决策的因素有:对信息准确性的知觉,信息传递者的权威和信誉以及对接收者的行为上的影响等。

(7)使用。第七步是接收者对信息的使用。接收者可以置之不理,或按照信息指示诉诸工作,或为将来存储信息,或采取其他措施。这是一个关键的行动步骤,接收者在很大程度上控制着要采取的行动。

(8)反馈。第八步是接收者告知收到信息并对信息发送者做出反应,就构成了反馈。反馈最终完成了沟通回路,因为形成了一个信息流,从发送者到接收者再回到发送者。

(二)双向沟通的优点

双向沟通具有如下的优点。

(1)信息有反馈。

(2)准确性较高。

(3)受者有参与感。

(4)有助于传、受双方的意见沟通和建立双方的感情。

(三)双向沟通的缺点

(1)两个人建立起双向沟通会使人发现彼此之间在某些方面存在着很大的分歧。当人们表露自己的不同观点,往往会变得更为极端化,采取更为极端的观点、由于害怕输掉辩论而可能造成难堪使得人们抛弃逻辑和理性,采取防御式推理。人们指责对方,有选择地收集和使用信息,设法使自己控制、压抑消极情感。防御式推理是用来回避风险和掩饰无能的,但它通常都产生意欲控制和争胜的动机。这些目的无疑会妨碍有效的沟通。

(2)认知失调。这是指当人们接触到与内在价值观、先前的决策或其他已有的信息不一致的信息时所产生的内心冲突和焦虑。由于人们对这些失调感到不舒服,他们会设法去除或减少它。也许他们会设法获得新的沟通信息,或者改变自己的解释,或者改变原有的决策,或者改变自己的价值观。人们甚至会拒绝相信不和谐的信息,或者以某种方式对其进行合理化。

(3)信息传递者必须谨慎地进行沟通,因为沟通不仅为他们提供了可能的评价依据,也是一种自我表露的有效形式。当我们说话时,不仅是我们在袒露自我,其他人也同时在对我们进行评判。沟通的这一特点迫使我们设法保全面子——试图使自己所看重的自我概念免受攻击。当别人说出了我们不希望听到的话时,我们的自尊就受到了威胁。有时,对方也会为自己说过的有伤我们自尊的话感到懊悔。虽然那些令人懊悔的话常常并非有意,但还是在接收者心中造成很痛苦的感受,使双方的关系紧张,甚至使双方绝交。单向沟通与双向沟通的比较见表7.1。

表 7.1 单向沟通与双向沟通比较

因　素	结　果
时间	双向沟通比单向沟通需要更多的时间
信息和理解的准确程度	在双向沟通中,接收者理解的信息和发送者传达的意图的准确程度大大提高
接收者和发送者置信程度	在双向沟通中,接收者和发送者都比较相信自己对信息的理解
满意	在双向沟通中,接收者和发送者都比单向沟通满意
噪声	由于与问题无关的信息较易进入沟通过程,双向沟通的噪声比单向沟通要大得多

(四)单向、双向沟通的应用范围

一个组织如果更加重视工作的快速与成员的秩序,宜用单向沟通。

例行公事、低层的命令传达,可用单向沟通。

如果要求工作的正确性高,重视成员的人际关系,则宜采用双向沟通。

处理陌生的新问题、上层组织的决策会议,双向沟通的效果较佳。

从领导者个人来讲,如果经验不足,无法当机立断,或者不愿下属指责自己无能,想保全权威,那么单向沟通是有利的。

二、双向沟通的策略

(一)企业领导者的双向沟通策略

有效的沟通,能使企业的员工互相产生信任感和认同感,并使员工建立与企业一致的价值观,愿意为企业的发展献身。沟通是企业发展和员工事业成功的重要环节。实践证明,建立有效的沟通并不是一件容易的事,因为企业与员工的关注点往往并不一致。一项针对美国 500 多家企业所做的调查表明，企业领导者最希望做的一项改变是"与员工的沟通方式"。那么，企业管理者应该如何建立有效的双向沟通呢？

(1)为员工提供多种渠道，让员工能随时提出心中的疑问。员工会对企业的许多问题产生自己的看法，如果他们的疑问不能得到及时解答，小问题就会积累成大问题，从而影响到企业的发展。企业应该为员工提供渠道，并采取匿名的方式，保证每个员工能顺畅提出意见并得到答复。丰田公司等国际大公司就设立了"讲出来"沟通热线，让员工表达他们的想法。公司保证所有的询问都能得到全面的解答。如果某问题是其他员工也感兴趣的，公司会把问题和答复一起贴在公告栏里。

(2)对员工做定期的匿名调查，了解员工对公司、管理人员以及工作、生活的看法。管理者在汇集调查结果之后，就调查结果进行讨论，分析员工的关注点，找出解决问题的办法，并积极付诸实施。另外，管理者还可以就分析结果进一步制定出提高员工敬业精神的工作方案。

(3)建立多种方式，让员工随时了解企业的情况。管理人员应该努力使企业内每一位员工都知道企业的目标、经营业绩以及前景。内部通信、录像带、经常性的讨论会等都是让员工了解企业动态的方式。如果企业有何变革，最好的沟通方式是座谈。管理人员应亲自向员工传达管理层的目标。传递信息不是一个简单的事件，而是一个提出和采纳意见的过程。很少有什么建议一提出来就立刻被大家接受，这中间包括倾听他人的意见，主张进行测试，提出新主张，再测试，直至达成协议等一系列内容。

(二)中层管理者的双向沟通策略

作为中层管理者，对下属，要发挥他们的积极主动性，有时候却不得不用命令和控制的逻辑实现团队合作；对上司，有时候要隐瞒实情，压抑个人观点，避免冲突，以提升自己忠诚和积极贡献的形象，回过头来却又郁闷不已。如果中层管理者不能进行很好的双向沟通，那么沟通难以进行、团队不能合作、相互推诿责任、问题得不到解决，会影响员工士气，甚至带来腐败。人们将取悦于上司作为加薪、获得好的工作任命和事业发展的唯一基本原则，这都导致了管理效率的下降。

(1)对下负责。管理者要建立与下属的良好关系。

(2)向下属提供他们胜任工作所需的信息，承担起帮助下属成功的责任。特别是在下属遇到挫折或其他困难时，帮助其胜任工作职责，而不是只进行责备、控制和命令。

（3）促进团队协作。保证相关的声音能够被倾听，不同的观点能够被讨论，采取措施帮助下属表达观点并实现团队目标。

（4）主动沟通。不要猜测下属在做什么，要主动询问下属的观点，并试图了解不同观点的根本原因。在采取行动前先找出不同意见，提供条件进行公开诚恳的讨论。对制定的决策做出解释。管理的有效性取决于人们能坦率地表达自己的观点，而不必担心说真话会对自己的工作、薪水、任命或职业生涯产生不利影响。

（5）建立起责任机制。要建立清晰明确的组织机构图，给负有责任的人以相应的权力。

三、小　结

双向沟通的实质就是换位思考，真正要实现双向沟通就是要从对方的立场和角度来思考沟通过程当中产生的问题。双向沟通的过程就是在不断的信息发送与反馈过程中产生积极的信息交互和相互理解，从而达到双方的参与感和积极情感的建立，进而提高沟通的效率和效果。双向沟通在企业管理中尤为重要，不论是高层管理者还是中层管理者，利用有效的双向沟通，都有利于建立积极的上下级关系，进而提高管理绩效。

▷【复习思考题】

1. 双向沟通的过程是什么？
2. 双向沟通的优缺点是什么？
3. 双向沟通的策略是什么？

下　篇
商务沟通实务

第八章

招聘与求职面试　　　　　　　>>>>　>

⤷ 本章学习重点

　　通过了解求职信息获取的正式和非正式渠道,掌握阅读招聘启事的技巧。在了解招聘面试的基本要求之后,学习并掌握参加面试之前所应做的准备工作,熟悉在面试中提高说服力的技巧。

　　除了掌握面试的准备工作之外,还要了解面试结束后的重要注意事项以及掌握撰写求职资料的方法。

　　赵某是天津某大学的本科毕业生。四年级第一学期结束后,学校让学生们自寻单位实习,赵某便联系了一家勘察设计院做文案工作。半年的实习很快就过去了,赵某觉得自己不大适合做勘察设计,于是便放弃了可能留在勘察设计院的机会,开始在茫茫的职海中寻觅。

　　求职的日子并不好过。整天看人才报或上网寻找适合自己的工作,然后寄出简历、发求职信,之后是参加一家家的面试。和很多求职者一样,对于工作的渴望使他从不放弃每一次面试机会。也正因为如此,还差点陷入一场骗局。

　　那是一家装饰设计公司。面试有点出乎他的意料,采用的是会议讨论的方式。在简单的自我介绍之后,一位主持人便切入正题——设计明星之路,这个话题似乎很有吸引力,公司对员工的职业远景规划听上去也很辉煌:第一年,基础培训期,由专家讲课,熟悉专业设计理念,以练习操作软件为主,要达到熟练运用的程度;第二年,开始正式工作,不过是在自己家中,公司通过网络把业务传给员工,按工作量计,多劳多得;第三年,和上年的工作一样,不过薪水固定为每月3000元;第四年,由公司提供场地给员工成立个人工作室。在座的十几名应聘者除了个别表示还要考虑外,大多已经开始心动,赵某想反正暂时也找不到合适的工作,在这里先干起来也好。于是,他从学校领了一份就业协议书,表示愿意与公司签约。但面试他们的小姐告诉他,不需要签署就业协议,只需要签公司提供的合同书就可以了。在他的一再坚持下,公司与赵某草签了协议,当他拿着签好的协议书回学校盖章时,学校就业部门的老师告诉他,公司的单位机构代码和信息登记号没有填写,让他回公司问清楚再来盖章。赵某带着疑惑与公司联系。公司负责人却轻描淡写地说,这个不需要,他们招人一向都是这种程序。另外,单位安排的培训马上要开始了,如果他不来参加培训,就要被取消录用资格。为了保住这份不错的工作,赵某就骗取了学校老师的信任,先盖了章。单位通知的培训日期到了,带着对新工作的憧憬,赵某兴冲冲地去参加培训。到了公司后,公司的负责人告诉他,每个员工要交5000元包括教材、食宿等在内的培训费。赵某一听傻了眼,哪有培训费要员工出的道理,并且一下子要那么多。此时,他这才意识到上当了,后悔当初签的时候过于心切,没有认真审查单位的资质,没有征求他人的意见,以致酿成大错。

在职场竞争日益激烈的时代,求职已经成为了困扰在校大学生的一大问题。在形形色色的招聘信息中如何找到适合自己的机会,在面试中又应该如何脱颖而出,如何制作一份高质量的求职应聘材料等,这都是现在的毕业生所关心的问题。

一、求职信息的获取渠道及阅读招聘启事的技巧

科学技术的发展已把我们带入了全新的信息时代。信息在人类的生活中显示出越来越重要的作用。在求职者求职的过程中,就业信息是求职的基础,谁能及时获取信息,谁就获得了求职的主动权。因此,求职者应当充分利用各种渠道、各种手段,广泛地、全面地、及时准确地收集与自己求职有关的各种信息,认真地对这些信息进行分析、筛选、整理和应用,以把握机遇、做出正确的决策。

(一)求职信息获取的正式渠道

1.人才交流中心或人才市场

近年来,我国从中央到地方都建立了不同类型的人才市场,为各类专业人才的合理流动和学生的求职择业提供了很好的场所。这种机构一般属于当地劳动部门,有的是劳动人事部门的直属机构。它们面向社会开展职介服务,其中包括

应届和历届毕业生。一般来说,从这些机构得到的人才需求信息可信度高,可靠性强。例如,位于广州火车站主楼的广东省人力资源交流市场,是依托省劳动社会保障厅支持,由专业化人力资源公司负责运作的,占地 8000 多平方米,共有 8 个招聘区,能同时容纳 600 多家企业、20000 多名求职者。

而对毕业生来说,利用这种社会职介服务机构的学生较少,更多的学生是从政府教育主管部门及毕业生就业部门获取求职信息。全国的毕业生就业主管部门是教育部,县级以上的教育和人事部门都是毕业生就业的管理机构或指导机构。随着国家机构改革的深入,无论是教育部门的就业指导机构,还是人事部门的人才交流中心,越来越多的机构为毕业生提供政策信息和用人单位的需求信息。这些信息经过整理,分单位和专业汇编成册,然后通过多种渠道发布出去。这些信息几乎涵盖了当地各行业的需求信息,因此地域性较强。对于有明确的就业地点要求的毕业生来说,这种渠道的就业信息显得尤为重要,毕业生应该特别留心人事部门每年编印的用人单位需求信息。另外,本校毕业生就业指导机构也是毕业生获取就业信息的主要渠道。整理和发布就业信息是学校毕业生就业工作部门的主要工作。学校毕业生就业工作部门同上级主管部门和社会各界保持着广泛而密切的联系,而且经过多年的工作实践,与有关部门或单位长年合作,已形成良好、稳定的关系。这些用人单位的信息经过学校毕业生就业工作部门的筛选和分类,其可靠性高、信息量大,且针对性强。

2. 双选会或人才交流大会

各地、市或其他部门举办的主要面向本地区的用人单位和求职者的供需见面会及定期举办的人才市场招聘会,都在较短的时间内汇集了众多用人单位和大量的需求信息,因而时效性很强。

对于毕业生来说,由各级政府主办、高校单独或联合举办的毕业生供需见面洽谈会针对性更强。这种招聘会以学校为主场地,用人单位进场设点,毕业生可以在最短的时间内获取最大量的招聘信息,并与大量用人单位进行面对面的接触。与社会上公开进行的人才招聘会相比,这种招聘会场内人员成分单纯,参与竞争的都是各校的应届毕业生,费用相对较低。但是这种招聘会的弊端就是场内人数太多,往往造成场面混乱,而交流时间也有限,在沟通上会存在一定的问题。现在,各地举办的人才市场招聘会也越来越重视高校毕业生这一极具潜力的市场,纷纷举办毕业生专场招聘会。

3. 各大媒体

求职者可以通过广播、电视、互联网、报纸、杂志等媒介获取招聘信息。传统媒体历来关注高校毕业生的就业情况。一些用人单位的简介、需求信息、招聘启事等都会在当地主要媒体上登载、播报,或在报纸专栏上登载,或在广播电视台和电视台举办的招聘信息专题节目上播出。教育部全国高校学生信息咨询与就业指导中心主办的《中国大学生就业》杂志和各地主办的《人才市场报》等专门报刊集中了较系统的人才供求信息。有的报纸也刊登招聘广告,如《羊城晚报》、《北京日报》、《新民晚报》、《光明日报》以及一些地方性报刊等。

互联网上资源的丰富性是不言而喻的,在信息传播速度日渐加快的今天,越来越多的用人单位,如高等院校和其他一些企事业单位,在互联网上倾注了大量的技术、资金和人力,与毕业生就业相关的网站,如 91student、91job、51job、中华英才网等也如雨后春笋般涌现出来。一些网站以就业政策查询为主,一些网站以提供就业需求信息为主,还有一些网站为毕业生介绍求职经验,提供就业指导,分析职业生涯规划。甚至部分地区和单位把招聘会放在网上进行,如一年一度的国家公务员招考,都是在网上报名、网上审核、网上确认的。这种渠道具有信息透明度高、方便快捷、费用低廉等特点,其发挥的作用也越来越大。

(二)求职信息获取的非正式渠道

除了通过以上几种正式渠道可以获取求职信息外,人际关系渠道也非常重要。通过与亲戚、朋友、师长、校友等人的交流,可收集隐性用人信息。这种通过社会关系网获取的信息,一般来讲效果比较好,就业成功率也较高。主要包括以下几个方面。

1.来自亲朋好友的求职信息

毕业生的家长和亲朋好友分布在社会的各个领域的不同工作岗位上,他们十分了解各自工作的单位,并与社会有着较广泛的接触。本单位哪个部门要招人,待遇如何,甚至相关单位的用人需求信息,家人和亲友们都可以直接告知毕业生本人。通过他们了解社会需求信息,针对性会更强,从他们那里获取的信息,往往也比较准确、直接。况且,他们对用人单位和求职者双方都比较了解,因此,一般来讲,参考这种信息求职的成功率是很高的。在求职过程中,同学之间的信息共享很重要。每个毕业生的信息渠道不同,求职的目的有差异,对待信息实用性的看法也不一样。有的同学可能掌握了较多信息,经过筛选后,有些单位不属于他考虑的范围,相关信息对自己无用,但可能对其他同学十分有用。遇到这种情况,千万不要抓住这些信息不放,主动输出对他人有用的信息,不仅对他人有帮助,同时也增加了与他人交流信息的机会。通过信息交流、信息共享,达到互利的目的。因此,应该倡导同学之间交流信息,做到信息共享。

2. 访问院系领导、老师和已经参加工作的校友

院系领导、老师直接与毕业生接触,对毕业生的情况比较了解。而且他们当年的同学、同事大多在相关行业和单位中工作,社会接触面较广。在实际工作中,一些院系领导、老师经常受其同学、好友的委托,为单位推荐合适的毕业生。此外,一些校友对母校怀有深厚的感情,而且熟悉学校的地理和人文环境,可以很方便地了解毕业生的情况。当其单位需要毕业生时,他们自然首先考虑的是回母校挑选人才。以这种形式提供的就业需求信息占总信息量的很大一部分。

3. "道听途说"

除了以上几种"亲缘"、"学缘"社会网络渠道外,还有其他一些"门路"可以利用,如"地缘"、"业缘"。有好久没有联系的老乡、故人,偶尔问候一声,也许能给你提供一点有用的线索;每个人都有自己的专业和爱好,有可能参加了一些俱乐部、团体组织等,在与你的队友们交流的过程中有可能探听到一些你需要的求职信息。另外,登门拜访你所感兴趣的公司的大门,无论他们是否有空缺职位,这种求职方式也有一定的成功率;通过毕业实习和社会实践等机会可获取信息,这种方式全面、准确且成功率高。如果该单位某些岗位缺人,而实习生表现良好又能适应这一岗位的工作时,毕业生就极有可能被实习单位优先录用。还有一些毕业生是在实习中表现突出,被实习、实践单位推荐到其他相关单位的。

▷【案例】

通畅渠道　抢占先机

某毕业班大四下学期一开学便被安排在外地实习两个月(3—4月),正当班上其他同学整装待发、摩拳擦掌之时,小王却不动声色地忙开了。他首先去了一趟班主任老师家,拜托班主任如有合适的单位,请帮忙推荐推荐,并留下了自己的两份自荐材料。然后他专门跑了一趟院领导办公室,将自己的自荐材料及联系方式又留给了负责推荐工作的领导和老师,请他们有重要信息及时告知自己。接下来,他走访了自己最要好的一位低年级朋友,拜托这位学弟定期到学校就业信息栏看看,将有关的重要性信息及时通报给他。最后,他又到校就业指导中心走了一趟,查询了一下即将未来两个月中各地人才交流会的信息,他选择了一条离自己实习地较近的交流会的信息并做了详细的记录,准备到时抽空去看看。做完了以上工作,小王安安心心地前往外地实习去了。恰逢3—4月是用人单位来校考察、招聘的高峰期,在实习期间,小王所在的学院多次将重要招聘、面试信息通知他;班主任老师在他未及时赶回面试时,还专门为他投送了材料并向用人单位介绍了

他的基本情况；他的那位学弟也为他提供了几条重要线索；同时他自己也多次打电话主动与学校、学院和班主任联系，询问有关情况。这样，尽管小王人在外地实习，却总是比班上其他同学消息更灵通，不断接到用人单位的面试通知，选择的机会颇多。实习刚结束，小王的工作单位也顺利敲定。

（三）阅读招聘启事的技巧

收集到的需求信息，应结合自己的实际，加以筛选处理，掌握一定的阅读技巧，有目的、有针对性地进行排列、整理和分析，只有这样才能使需求信息具有准确性、科学性和有效性，使之更好地为自己的求职服务。

1. 根据就业方向、地点，有针对性地关注媒体信息

毕业生应该根据所学专业和欲从事行业方向选择、利用媒体信息。在全面、细致分析的基础上，毕业生可以结合自身的实际情况，如专业特长、能力、兴趣和就业期望等，选择和自己所学专业相近的就业信息加以利用。时常有这样两种情况出现：毕业生一味强调就业信息与所学专业完全一致而不看单位的实际需要，这样的求职很难成功；或根本不管就业信息与所学专业是否相关而只看用人单位经济效益的好坏，即使求职者侥幸在求职中取得"成功"，在未来的发展中他也会逐渐表露出自己的弱势，发展后劲也是不足的。这两个极端都是很不明智的，毕业生应该尽量避免。

2. 区分"优先条款"与"绝对条款"，从"优先录用"中寻找突破点

招聘启事一般会明确提出招聘条件中的硬性指标，我们称之为"绝对条款"。有不少招聘单位进行初选时，基本上只看一些硬性指标。有些单位会使用一些级别较低的助理人员根据这些"绝对条款"首先处理简历。"绝对条款"一般包括学历学位证书、英语或计算机等级证书、户口、专业背景、学校声誉、在校成绩、政治面貌等。而"优先条款"则是在多个求职者的"绝对条款"同时满足的情况下择优录用的条件，如是优秀毕业生、担任过学生干部、沟通能力强、具备双语教学能力等。在就业压力比较大的情况下，特别是在应聘较热门的行业或较好的用人单位的时候，竞争者通常比较多且都比较优秀。这种情况下，求职者就应该在"优先条款"中寻找突破点，这样才能提高成功率。很多招聘启事都注明了"具备某某条件某某能力者，优先录用"，如果求职者对该单位感兴趣，应该比照其"优先条款"，修改简历和求职信，突出自己拥有这些用人单位需要的条件，在面试中求职者也应该注意提到和表现这些能力。

3. 熟记招聘启事中的内容

对于招聘启事中关于招聘条件与招聘程序的信息一定要熟记。招聘条件主要是对求职者户籍、学历、学位、学习成绩和专业能力的要求；对求职者政治思想、道德品质方面的要求；对求职者职业技能方面的特殊要求；对求职者职业兴趣、职业能力、职业性格等心理特点方面的要求等。招聘程序方面的信息主要包括招聘数量，报名手续，面试和考核的时间、地点和内容，联系人的姓名和联系方式等。熟记招聘条件可以通过比照看自己适不适合应聘该职位，若不适合应立即转而关注其他信息，以免浪费时间和精力。熟记招聘程序，求职者便可以安排、调整好自己的时间并为应聘做好充分准备，以免因错过时间、弄错地点或因准备不足而错失良机。

4. 不对招聘启事中与你关系不大的问题刨根问底

对于重要的信息，如关于单位的信息、关于工作或岗位的信息、关于招聘条件的信息及关于招聘程序的信息，一定要注意刨根问底，这样你才能在随后进行的面试中处于主动，让主考官在面试时拿你当"自己人"，在情感上首先予以接纳。但是对于招聘启事中与你关系不大的问题，如招聘启事中明显是为了给单位做广告的信息等，切记不要刨根问底，否则一来可能会引起用人单位的反感，二来会浪费求职者的时间和精力。故一定要分清楚重要信息和非重要信息。

二、面 试

所谓面试，就是由用人单位安排的对求职者的当面考试。面试是选聘人才的重要方法和步骤，它比笔试具有更大的灵活性和综合性，它不仅可以考核应聘者的知识水平，而且可以面对面观察求职者的身材、体态、仪表、气质，还可以直接了解应聘者的口才、应变能力和某些特殊技能等。所以，面试已成为用人单位选择人才的普遍方法。对于求职者来说，面试无疑是一次重要的机会，应很好地把握。

(一)面试前的准备

面试前的准备，应该是求职者平时生活中就要注意的问题，如养成良好的生活习惯、文明礼貌、注意社会交际礼仪、积累知识等。对于大学生来说，进入大学后就应该注意。在全面学习好自己的专业知识和提高能力的基础上，要尽可能地扩大知识面,进行交叉学科学习。大学生平时就要有意识地加强语言表达能力的训练,养成与陌生人自如交谈的习惯,多参加集体活动,课堂讨论大胆发言,这有助于讲话能力的训练,提高自己的组织能力和协调应变能力。

在参加面试前再进行一些必要的准备,对取得面试的成功是必不可少的。

1. 了解用人单位

所谓"知己知彼,百战不殆",主考官提问的出发点,往往与用人单位有关。因此,面试前应尽可能多地了解用人单位。另外,了解招聘具体岗位对知识技能的要求也有利于有针对性地展示自己的特长。

2. 收集背景信息

对用人单位的性质、地址、业务范围、经营业绩、发展前景、应聘岗位职务及所需的专业知识和技能等要有一个全面的了解。单位的性质不同,对求职者面试的侧重点也会不同。如果是公务员面试,内容和要求与企业相差很大。公务员侧重于时事、政治、经济、管理、服务意识等方面。如果是企业面试,招聘人员一般认为:面试时,主要是了解求职者对公司了解多少,其素质怎样,如果求职者能很详细地回答出公司的历史、现状、主要产品,他们会高兴,认为求职者很重视自己的公司,对自己也有信心。同时,还应通过熟人、朋友或有关部门了解当天对你进行面试的考官的有关情况及面试的方式、过程以及面试时间安排,索取可能提供给你的任何说明材料。

3. 信息来源渠道

关于用人单位的信息大体来源于以下几个方面:

一是通过社会关系向亲朋好友或向他们的亲朋好友间接打听,很可能其中有人就在该用人单位工作或很熟悉相关行业,这样获得的信息较可靠。二是借助于大众传播媒介,如利用书籍、杂志、广播、电视、互联网等来收集信息、积累资料,特别是在寻找小公司的信息时,使用互联网的搜索引擎要比收集印刷资料更好。三是收集相关印刷资料,如目标单位可能会有关于其业务、发展方向的书面材料及其领导发表谈话的文本,此外单位一般还会发放介绍自己的小册子或年度报告等。若是查找大公司的信息,印刷材料提供的信息会更全面、更准确,而对于不起眼的小公司则使用其他方法可能会更好。四是到人才交流中心和毕业生就业指导中心去了解情况,这种信息来源一般较权威,但不一定会有你需要的。五是直接去用人单位了解情况。

⇨【案例】

了解组织　赢得成功

　　某电器集团招聘现场,一家沿海城市的家用电器公司是以质量第一享誉海内外的著名企业,他们在北京招聘应届毕业生时总要问及一个问题:"你对我公司有何了解?"回答了解不多或不了解的人很快就被"淘汰出局",那些对公司有深入了解的毕业生备受青睐。一位受到考官连连赞许的考生是这样回答的:"贵公司最大的特点就是高度重视质量,用质量去占领市场,用质量去获得信誉,用质量赢得市场高价位,用质量去进行国际竞争。贵公司老板曾因此应邀去美国哈佛大学授课。我本人性格内向,对任何事情都谨慎认真,一丝不苟,符合贵公司的企业文化要求,我愿为贵公司的发展贡献微薄之力。"这名毕业生能够较熟练地讲述对用人单位的详细了解,极大地缩短了面试官与其之间的心理距离,给人以"未进厂门,已是厂里人"的亲切感觉,这样的毕业生能不受欢迎吗?

　　对短处、人生目标、择业倾向有清醒认识,认真阅读你所收集到的所有信息并牢记它们,尽量使自己的能力与工作要求相适应。招聘者往往以询问求职者的有关情况作为面试的切入点。因此面试前准备一个简短的自我介绍是必要的,以免到时在主试者的询问下反应迟钝、张口结舌。因为在很短的时间内将自己较完整地介绍给陌生人并不是一件容易的事,而且还要简繁得当、谈吐流利,有备而来才不至于手足无措。

　　4.准备回答问题

　　面试前不经过角色模拟,便无法达到最佳的效果,因此求职者应事先模拟可能被询问的问题,对这些可能遇到的问题进行准备。这样有助于认清自己真正的想法,有助于在面试的现场能够清晰地进行自我表达。

　　(1)面试中实质性的 5 个问题

　　大量有关求职的书中经常会列出一大串招聘者在面试中可能会询问的问题,比如:

　　谈谈你自己的情况。

　　你为什么申请这个工作?

　　你对这个工作和这家公司有什么了解?

　　你怎样描述自己?

　　你的主要特长是什么?

你最大的缺点是什么？

你最喜欢什么类型的工作？

工作之外，你有什么兴趣？

你的什么成就最使你满意？

在原来的工作中，你的最大错误是什么？

你为什么离开原来的工作？

你受到的教育和有关经验与这个工作有什么联系？

你5年后将有什么打算？

你的生活目标是什么？

在这一系列招聘者可能会问到的问题中，实际上只有5个你需要牢记的基本问题，其他问题几乎都可以通过变换基本问题的形式而得到。这5个基本问题是在任何情况下，招聘者都十分想知道的：

①"你为什么到这儿来？"

②"你能为我做什么？"即"如果我聘用了你，你会成为我的累赘还是能帮助我解决问题？你有什么技能？你对我们关心的主题和领域有什么了解？"

③"你是什么样的人？"即"你是否随和？是否与我们的价值观一致？"

④"你与其他1万个具有同样技能的人有何区别？"即"你是否比其他人拥有更好的工作习惯，上班早，下班晚，工作细致，进求效率？"

⑤"我能否雇得起你？"即"如果我们决定聘用你，你想要多少钱？我们需要根据预算，并且在低于主管人的工资的条件下决定你的薪水。"

（2）最有可能问应届毕业生的15个问题及解析

①"请介绍一下你自己。"这个问题看似简单，但回答时，不能从出生到毕业平铺直叙。因为用人单位主要是想通过你对这个问题的回答来判断你的概括能力和表达能力。因此，你必须以精练的语言，简明扼要地介绍自己在校期间学习并掌握的知识和技能、取得的成绩，并表示自己的资格和能力能为用人单位作出贡献。叙述时应根据你想应聘的职位扬长避短，尽量突出自己的强项，淡化自己的弱点，要强调自己的专业忠诚度。

②"你在学校学了哪些课程，成绩如何？"回答这个问题不能面面俱到，应该把学习的主要课程，如主要的基础课、专业基础课、专业课等，特别是与应聘的工作有关的课程要讲出来，并稍作介绍。这个问题也是在考查你在学校学习的好坏、对学校学习所持的态度和将来的职业意向等。

③"你是否有出国、考研的打算？"有的单位希望你将来继续学习深造，有的单位则希望你安心工作。因此，回答这个问题时，可以表明你有进一步深造的愿

望,但必须表示将以工作为重,如需要可以在工作中学习,不一定非要脱产深造。

④"你有什么特长和爱好?"对这个问题要据实回答,有什么特长就讲什么特长,有什么爱好就讲什么爱好,不要无中生有,也不要过分谦虚。因为爱好广泛、多才多艺的人,才是备受用人单位青睐的人。

⑤"你如何评价你的大学生活及室友?"这个问题主要是在考查你处理人际关系的能力,有的毕业生会在不经意间流露出对他人的一些不满和抱怨,这会给面试官一个不好的印象,他们也会就此判断你的团队合作能力不好,而这一点正是所有的用人单位都非常重视的。

⑥"你懂何种语言,熟悉程度如何?"这主要是考查你具有的语言能力是否符合某种工作的要求,一定要据实回答。

⑦"你担任过何种社会工作,组织或者参加过什么社会活动?"这主要是考查毕业生的动手能力及组织协调能力和工作积极性。

⑧"你为什么应聘本单位?"回答这个问题要从工作条件、工作性质如何有利于发挥自己的才能,有利于为单位、为社会多作贡献的角度来回答,一定要以事业和发展为主题。不能讲因工资高、福利好才来的,否则会给对方以目光短浅的印象。

⑨"你找工作时考虑因素主要是什么?"该问题与上一个问题类似,要从发展的角度回答。

⑩"你了解我们单位吗?"这个问题主要是想考察你对单位关注的原因和程度,有的甚至在暗示该单位的福利待遇不高,或工作很辛苦,以试探你是否有心理准备。对这个问题的回答应该坦诚,不要胡编乱造,并要表明自己看重的是工作和今后的发展,而不是福利待遇、工作条件等。

⑪"如果单位的安排与你的愿望不一致,你是否愿意服从?"这有可能是暗示你应聘的职位已经招满了而你又比较优秀,不想放弃你,也有可能是考验你的组织纪律性和忠诚度。

⑫"如果工作安排与你的专业无关,你怎样考虑?"这是在考察你对专业、工作和再学习三者之间关系的看法。

⑬"如果本单位与另一个单位要同时聘用你,你如何选择?"这是在考查你是否忠诚。

⑭"谈谈你的家庭。"和睦的家庭对于培养一个人的健康心理和人格有密切的关系,而且和家人和睦相处、关系融洽也体现出毕业生的健全人格,以及关心他人、与人相处的能力。一个和亲人关系紧张的毕业生会在工作中有很多无形的压力。

⑮"你还有什么想问的?"这实际上是告诉你没有提及但有意义的事情,你应把握住机会,通过提问或表态来强化对方对你的印象,表现出你对这个单位、这个职位的兴趣和关心,但你的发言不要离题,更不能长篇大论,回答完这个问题就应该主动称谢告辞。

(3)对面试中"陷阱"问题的分析

①"你有哪些缺点?"回答这个问题要避免陷入过分谦虚和过分自信的陷阱。有的同学会说"我的缺点就是散漫、不善于表达、性格比较急躁"等,也许这样说只是为了表明你有足够的自知之明,敢于剖析自我,但这会让对方认为你有待完善,怀疑你驾驭工作和处理人际关系的能力。也有的同学连连摇头说没有,甚至有人反问:"您说呢? 您能给我指出来吗?"

遇到这种情况,应该既不掩饰回避,也不要太直截了当,可以联系大学生的共同弱点,比如缺乏实践经验、社会阅历等,再结合本专业的发展趋势说说对自己知识结构、专业知识的挑战,讲讲自己正在克服和能够改正的弱点,谈谈理想与现实中的差距,讲那些表面是缺点但对某项工作有益的个性,比如"我很丑,但我很温柔"、"我很笨,但是我很忠于职守",这样既体现了谦虚好学的美德又正面回答了这一难题。因此,最明智的做法是,明谈缺点,实论优点。

②"你希望获得多少工资?"对求职者而言,在用人单位拿出一个底价之前自报薪金价位,永远都不是一个明智的选择。这样容易进入两个误区:你可能感觉特好,以你的资历和能力抬高身价,结果吓跑了本来很不错的单位;也可能因你不谙行情,进入用人单位后才发现自己把自己给降价处理了。

让对方先说出一个数字,既可避免因自己开出没有把握的高价而错失良机,又能避免开价过低造成的遗憾。正确的办法是,在对方谈到一个确定的数字之后,再根据自身的资历及人才市场上的薪金行情进行客观分析,在此基础上合理出价。这样价位不会出人太大,合作的概率也就增加了。

③"依你现在的水平,恐怕能找到比我们更好的单位吧。"如果你回答"YES",那么说明你这个人也许脚踏两只船,"身在曹营心在汉";如果你回"NO",又说明你对自己缺少自信或者你的能力有问题。面试官设定的这两个答案,任何一种都不能让对方满意,这时候就需要用模糊语言来回答。

这类问题可以先用"不能一概而论"作为开头,然后回答:"或许我能从别的单位得到比贵单位更好的待遇,但别的单位或许在人才培养方面不如贵单位,机会也不如贵单位多,我想,珍惜已有的最为重要。"这个问题实际上是面试官考察你看中了该单位的什么以及你是否适合在这里工作。

④"你如何看待事业和家庭?"对男人而言,似乎这从来都不是问题。从传统

定位来说,家庭是男人的港湾、女人的城堡。双重角色的困惑,使女人既失去了温柔,又难以坚强。所以与其打肿脸充胖子硬强调你不会因家庭事务影响工作,但不如坦然承认,你知道家庭对职业女性意味着什么,而且,你既不准备追求完美,也不可能做到完美,但会尽力去做好。这样,一来表明你知道择业后面临的压力,二来也可以让对方确认你作为职业女性的素质。你能清醒地认识精明强干的职业生涯与相夫教子的贤妻良母之间的矛盾和冲突,就说明你对此有足够的心理准备,不会因没有预见困难而在问题来临时出现顾此失彼的现象。

➪【案例】

精心准备　巧答难题

　　临近毕业,一家地市级日报社招聘采编人员。在入围面试的 10 个人中,无论是从学历还是所学专业来看,我都处于下风,唯一的一点优势就是我有从业经验——在学校主办过校报。

　　接到面试通知后我把收集到的该日报社的厚厚一摞报纸重新翻了一遍,琢磨它办报的风格、特色、定位及其主要的专栏等,做到心中有数,我还记下了一串常在报纸上出现的编辑、记者的名字。

　　参加面试时,评委竟然有 8 个。第一个问题是常规性的自我介绍。第二个问题是"你经常看我们的报纸吗? 你对我们的报纸有多少了解"。我便把自己对这个报社的认识,包括其办报的风格、特色、定位等全部说了出来。最后我说:"我还了解咱们报社许多编辑、记者的行文风格。例如××老师写得简洁明了,××老师文风清新自然。虽然我与他们并不相识,但文如其人,我经常读他们的文章,也算与他们相识了。"我当时注意到,许多评委露出了会心的微笑。后来我才了解到,我提到的许多老师就是当时在场的评委。

　　第三个问题是"谈谈你应聘的优势与不足"。我说:"我的优势是有过两年的办报经验,并且深爱着报业这一行。我的缺点是拿起一张报纸,总是情不自禁地给人家挑错,甚至有时上厕所,也忍不住捡起地上的烂报纸看。"听到这里,评委们不约而同地笑了。面试结束的时候,我把自己主办的校报挑出了几份分给各位评委,请他们翻一翻,提出宝贵意见,并说:"权当给我们学校做个广告。"评委们又笑了。最终,我幸运地被录取了。

(二)参加面试

　　面试的方法和技巧可以说因人而异、千姿百态、种类奇多,而其中最为关键的是,在参加面试时,衣着打扮要整洁、大方、得体,要注意非语言交流以及提高自己在面试中的说服力。

1.衣着打扮

▷【案例】

最初的七秒钟

1993年夏,美国一家跨国公司来华寻找代理人,某猎头公司向他们推荐了一位年轻有为的女强人。在见面那天,该女士精心挑选了一套面料较薄、色彩轻柔的大摆连衣裙前往,美方代表一见面,顿时露出不悦之色,因为对方不愿让一个"小女孩"来负责自己公司的业务。

这一事例告诉我们,若想在应聘中面试成功,必须注意自己的外表和衣着,要在最初的七秒钟给对方留下美好的印象。

心理学研究表明,在应聘面试的最初七秒钟里,应聘者的外表,尤其是衣着,会给对方留下深刻的印象,并将在很大程度上决定你最终能否被录用。对方可能并不是有意识地总结或分析这种印象的合理性、准确性、科学性,但这种最初七秒钟的第一印象往往"先入为主",人们往往将后来有悖于第一印象的信息加以否定,而将与第一印象一致的信息储存起来。

衣着和仪表往往表现一个人的气质、性格和风度,还能体现一个人的文化素质和审美鉴赏力,因此得体的打扮不仅体现了求职者朝气蓬勃的精神面貌,表示了求职者的诚意,还有有意无意地反映着一个人的修养。而仪表往往左右着招聘者的第一印象,所以面试前应注意自己的着装打扮。例如,国家机关要求整洁、端庄,涉外单位要求漂亮、明快,工矿企业要求朴素、大方,等等。就一般情况而言,应聘时应该衣着整洁而端庄,打扮稳重而得体。

2.重视非语言沟通

非语言沟通是指通过不属于语言的所有方法来交换意见和情感的过程,它具有补充、替代、调节和强调语言信息的功能。大学生在进行面试的过程中,掌握好非语言沟通的技巧,对于补充自己的语言表达能力,建立良好形象起着重要的作用。

3.目光接触

眼睛是心灵的窗户,它能表达用语言难以说明的情感。而且用目光接触的不同方式传递了不同信息,目光接触有利于双方语言同步。黑格尔曾指出,眼睛是最能充分流露灵魂的器官,是内心生活和情感主体性的集中点。在面试中,运用眼神进行交流时,一是要保持与主试人的目光接触。目光上的接触表示自己对对方所说的内容感兴趣,希望听到对方的教诲,更为重要的是显示了对主试人的尊重。二是注意目光接触的时间性。一般来说,谈话刚开始时和结束时目光接触的时间应多一些,中间视情况而定,这样既能引起主试人的重视,又可以稳定自己的情绪,消除紧张心理,更好地发挥自己的水平。三是注意眼神变化。在面试中不要始终以一种眼神去看主试人,要随面试的内容交叉运用多种眼神,从而使主试人认为你一直都注意他的内容,给他留下较好的印象。在交谈中,眼光要避免飘忽不定或左顾右盼,以免给主试人留下心不在焉或没有礼貌的印象。

4. 面部表情

面部表情可以传递复杂的思想和情感信息,是人的内心情感的外在表现,也是传递思想信念的桥梁,它往往是交往双方最经常也是最集中观察的地方。心理学家梅拉比曾总结出一个公式:感情表达＝7％言辞＋38％声音＋55％面部表情,由此可以看出,面部表情在表达自己情感时的重要作用。面试中,当主试人在介绍用人单位的基本情况和基本要求时,应试者应表现出感兴趣的表情,从而使对方心情舒畅地侃侃而谈。在向主试人介绍本人的基本情况和工作意愿时,应表露出诚恳的态度和希望能得到对方指导的渴望神情。在交流中,面部应尽量微笑,这样会让主试人感到热情和亲切,也可以让毕业生在就业选择中赢得用人单位的好感和信任。

5. 姿态姿势

姿态姿势属于身体动作的一部分,强调的是全身不断的、协调的变化,它在非语言沟通中极为重要。比如在面试中,根据言谈的内容,运用手势、身姿等辅助语言,有利于更完美地表达自己的思想情感,起到有声语言不能起到的作用。运用姿势语言要注意:一是在交谈过程中,身体要略向前倾,表明你对对方的谈话很注意,很有兴趣。二是要注意采用开放式姿势,尤其是在坐下交谈时,双脚适当放开,但跨度不宜过大,而且双手也应该采用开放姿势,以表示你积极的态度和直率的性格。三是注意在沟通中保持面对面的体位,可以使对方感到被尊重,也便于自己随时观察对方的面部表情,根据对方发出的非语言信息,调整自己的语言和非语言动作。不恰当的非语言沟通会给对方留下不良印象,比如手势过于频繁,会给人以手舞足蹈、略显轻浮之感;侧身面对对方表示轻蔑、不尊重。谈话时的小动作,如压指节、搔脑勺、理头发,都是不文明的举动,应引起毕业生的足够重视,切不可忽视这些细节问题,以免"一着不慎,满盘皆输"。

(三)面试中提高说服力的方法

1.自信,不自卑

☞【案例】

自信是关键

1960 年美国总统大选时,肯尼迪和尼克松进行了一场轰动全国的电视辩论。辩论之前,许多政治分析家都认为肯尼迪处于劣势。他年轻,名望不高,是个天主教徒,波士顿口音又太重。但是,在电视屏幕上,人们看到的是一个心平气和、说话爽快、举止轻松的人,且面容诚实而自信。而在他身旁坐着的尼克松,看上去却一脸风霜,显得拘泥、紧张而不自在,正是这次辩论改变了许多人的看法,肯尼迪以其"自信"在美国大众面前成功地推销了自己。

善于表现自信的人,往往比自卑者更受人欢迎,自信而不骄傲的学生往往比缺乏自信的学生容易求职。一些大学生总是对于求职一事忧心忡忡,缺乏自信心。明明是自己中意的职业,可一看到求职者众多,就打起退堂鼓来,连试一下的勇气都没有。求职者要靠自己去"自我介绍,自我选择,自我推销"。明明在平时是个挺善言谈的小伙子或姑娘,可一到招聘者面前,就变得面红耳赤、手足无措,回答招聘者的简单问题也表现得惊慌失措、语无伦次。这些都是求职者缺乏自信的表现。一个人缺乏自信,说明他对自己缺乏正确、全面的认识,以致在应该有信心的地方也表现得缩手缩脚。作为一名求职者,应当正确认识自己的能力,认识到自己在专业技能方面所独到的长处,认识到某些工作岗位或许更适合你,这时你应当勇敢地参与竞争。

2.推销不过头

求职者要相信自己,但不能夸大自己的能力。有些人认为自我推销,就是要把自己往好里说,符合不符合实际,录取以后再说,这是不可取的。因为用人单位不仅仅根据自身的介绍就决定录用与否,而是要经过一定的调查和一系列的考察,如笔试、试用期等。如果发现自我介绍中含有自吹自擂因素,就绝不会录用。强调个人应提高自信心,但自信心同自吹自擂、言过其实完全是两码事。有自信心,就会恰到好处地表现自己的长处,吹嘘实际上是心虚的表现。

3.重"硬"不轻"软"

面试过程中,要重视向主试人展示自己的"硬件",如学历学位证书、英语和计算机证书、各种奖励证书、科研成果等,这些"硬件"表明了求职者过去所付出的努力和取得的成绩,以及求职者在过去有能力做到且比很多人做得更好,故在正常情况下可推知求职者现在和将来也有这种潜能。求职者的"软件"一般是指求职者本身所具有的能力、技能、品性、性格等。这些"软件"的获取不是求职者一时兴起"临时抱抱佛脚"就能解决的,更多的是靠平时的锻炼和积累,养成良好的习惯。在面试中,求职者不仅要向主试人展示自己的"硬件",更应让主试人知道你所具备的"软件"正好适合该单位的需要。"软件"的展示不光是口述就能解决的,更应在整个面试过程中,从你的言语、行为、姿势、态度、精神面貌中——展现。

⇨【案例】

三句半话显能力

某校市场营销系毕业生小马前去应聘推销员。一早他就准备好求职信以及能证明他大学期间辉煌历史的各种证书,满怀信心地去面试了。他左转右转寻至某大厦某层某号房。敲门,推门进去后看到 3 个男子正跷起二郎腿,斜躺在沙发上吞云吐雾地闲聊。

"请问这是某公司的招聘办公室吗?"小马很礼貌地问。

"你搞错了,这不是某公司的招聘办公室。"一个男子侧着身答道。

小马一愣,转身看看房号,又走了进来:"对不起,招聘启事上写的应该是这里。"

"哦,现在还没到面试的时间呢。"另一个男子答道。

"那我可以坐在这里跟你们一起聊聊天吗?"小马问道。

"别等了,要聘的人已经满了。"又一个男子说。

"可是招聘启事上的截止时间是明天。请务必听听我的自我介绍,给我一个机会,我会给你们一个惊喜。"小马坚持用简短的语言把自己的情况及工作设想说完。

"行!"那三个男子相视一笑。

小马就这样通过三句半话被录用了。而在他之前,却有数十名应聘者被这三句话打发走了。原来他们的三句半话考的是推销员应该具备的判断力、自信心、融洽性和锲而不舍的推销素质。

(四)结束面试

为了避免一些不该出现的情况,面试后应该注意以下几个问题。

1. 及时退出考场

当主考官宣布面试结束后,求职者应有礼貌地道谢,及时退出考场,不要再补充几句,也不要再提什么问题,如果你认为确有必要的话,可以事后写信说明或回访,不能再考试后拖泥带水,影响其他人的面试。

2. 不要过早打听面试结果

在一般情况下,考官组每天面试结束后都要进行讨论和投票,然后由人事部门汇总,最后确定录用人员名单,在这个过程可能要等3~5天甚至更长的时间,求职者在这段时间内一定要耐心等候,切不可到处打听,更不要托人"刺探",急于求成往往会适得其反。

3. 学会感谢

面试结束后,即使对方表示不予录用,也应通过各种途径表示感谢。如果是电话相约面试的,可再打一个电话表示感谢;如果是托熟人相约面试的,可通过熟人表示感谢;如果是写信相约面试的,则可再写一封简短热情的信表示感谢,使自己的求职善始善终。要注意,面试后表示感谢是十分重要的,它能显示你的个人修养。因为据调查,10个求职者中有9个往往不会在面试结束后表示感谢,如果你没有忽略这个细节,则显得"鹤立鸡群",格外突出,说不定会使对方改变初衷,也说不定还有补缺的机会。

4. 做好两手准备

参加面试往往是自己被单位挑选的时候,或被录取,或被淘汰,无论结果如何,都要有所准备。面试后的一段时间内最好不要到外地出差或游玩,当必须外出时最好向招聘单位事先说明,以表示你的诚意。

5. 要表现积极热情,让用人单位知道你非常有诚意

虽然面试后不能过早地打听面试结果,但也不是说面试后你就不闻不问不管,只等别人通知了。特别是在竞争激烈的情况下,而你的"硬件"、"软件"又和别人差不多,在适当的时候主动联系该单位,表示出热情和诚意,那么成功多半是属于你的。

⇨【案例】

应聘房地产公司之后

某大型房地产公司欲招聘部门经理,这家公司规模大、资金雄厚、待遇优厚,招聘广告在报上登出后,立刻收到了几百份应聘材料。经材料筛选、初试、复试、领导会商,A和B脱颖而出,他们被告知在一个星期内等通知。

对比两个人的情况,从"软件"来看,A和B实力相当,难分高低;从"硬

件"来看,A有一点占优势,他应聘的职位恰好是大学所学的专业,且具备此专业丰富的工作经验;而B却只有经验,学的是相关专业。

如果你是A或B,你怎么做?

在等候通知期间,A信心十足,只静候通知。B则主动与该公司人事主管通过两次电话。第一次电话中,B对该公司提供给自己面试的机会诚恳地表示谢意,并感谢人事主管的关照和帮助,祝他工作愉快、顺心!第二次电话中,B说明该公司对自己有强烈的吸引力,表达了经慎重考虑后十分想为公司效劳的愿望!每次都只是寥寥数语,但言辞恳切。一星期后,B接到了录取通知。

三、求职过程中书面材料的准备

择业的过程是一个求职者与用人单位相互认识、相互了解、相互认可的过程。作为毕业生,要实现自身就业的愿望,就必须在了解、认识对方的同时,利用各种途径和方法来准确地宣传自己、展示自己、推销自己,让用人单位充分地认识自己、了解自己,从而选择自己。能否成功地进行自我推荐在很大程度上决定了自己是否能够获得进一步面试的机会。实际上,用人单位主要是通过你准备的书面材料来确定是否把你作为可能的人选,以致是否进一步与你接触,书面材料主要包括简历和求职信。

(一)个人简历的撰写

简历,又称履历,它是说明一个人的身份、学业、工作经历及能力等的书面材料。简历所介绍的是个人的自然情况,学习、工作情况,一份一两页的简历,就是一个人过去的简明历史。

简历是求职时给人的第一印象,也是展示求职者素质的一块"门面"。简历的主要目的就在于尽可能地使用人单位对你产生兴趣,使人才交流中心和介绍部门信任或赞赏你,看到简历,就想把你推荐给用人单位。就此意义来说,一份卓有成效的个人简历是开启事业之门的钥匙。

1.制作简历的注意事项

(1)篇幅短小精美、简洁大方。写个人简历时要站在审阅者的立场上来考虑,以简洁、概括的文字表述出对方希望了解的内容。不能认为简历越长越好,越细越好,如果所写的内容过多过长,审阅者没有那么多时间去读,反而会产生厌恶感,让人认为申请者的概括能力差,工作能力肯定也不会强。

为了提高审阅者对个人简历的注意力,应把简历做得精美一些,以便让他从简历中获得更多有关的信息。但精美的基础是简洁大方,因为简洁大方的简历较受审阅者欢迎。因此,最好不要用彩色纸打印简历,也最好不要用传真机用纸打印;字体应统一,不用斜体、隶书、行楷、琥珀体等;印刷应精良,整页文字疏密有致,清楚大方,四周留有一定的空白。

为使审阅者能领会简历中所传递的信息,对需要引起对方注意的主要内容常用黑体字做小标题。在简历中常用黑体字做小标题的内容有个人资料、个人兴趣、社会实践经历、求职意向等。

(2)实事求是,内容真实可信。应实事求是地填写个人简历,不能为了获得面试机会而在个人简历上弄虚作假,编造事实,以抬高自己的身价。因为争取面试机会并非最终目的,最终目的是要获得工作,如果因作假取得面试机会,但当用人单位查阅个人档案,明确不实之处后,这样的毕业生极有可能被退回学校。

(3)避免书面差错,字斟句酌。简历完成后,可以采用文字处理软件中的"拼写检查"功能进行复查,或者请一位朋友帮你通览整份简历,看看有没有漏掉的小错误,避免涂改和错别字,要注意调整格式,选择适当的字号和字体,使版面整洁、美观,做到反复修改后再定稿打印。准备简历时不要试图在打印纸上省钱,一定要使用优质纸张,比如专门的简历用纸。

(4)应届毕业生在简历中应注意强调最近的教育和培训,尤其是与所申请工作最直接相关的课程和实践活动。

(5)简历中最好不要写上对薪水的要求,除非用人单位特别注明。

2.简历的一般格式

(1)标题。标题的位置要写在简历正文的顶端,居中书写,字号和字体可随意设计。一般情况下,标题可直接写成"求职简历"或"个人简历"。有些求职者在简历标题设计上突出了求职目标和个人姓名,如×××关于一位经验丰富的园林设计师的求职书。

(2)个人基本情况。个人基本情况主要包括姓名、性别、出生年月、学历、联系地址、电话号码等。这一部分写得过简或过繁都是不可取的。过于简略,招聘者对求职者的基本情况知之甚少,这不利于通过最初的筛选;过于详细,甚至将个人的许多隐私全盘托出,也可能带来负面影响;而个人的联系方式则尽可能写得详细些。把个人资料放在简历的最上面,主要是为了方便用人单位与求职者及时取得联系。

（3）求职目标。求职目标表明了应聘的类型。无论是刚刚毕业的高等院校学生，还是另谋职业者，确定求职目标一定要结合自己的实际情况，根据自己所学专业和经验特长去选择，切不可好高骛远。对于特别热门、应聘人员较多的职业要慎重选择。求职目标一般比较简练，不超过40个字，可以是具体的工作。

（4）教育背景。对于一名刚刚毕业的学生，工作经历有限，受教育情况就显得特别重要，可以把它放在"工作经历"之前，以突出优势。教育背景主要包括所就读的学校、专业、获得的学位、主要课程、主要研究领域、研究成果、荣誉情况等。介绍受教育背景时，要注意其与所申请职位的关联程度。

（5）技能、特长。求职者所具备的素质、能力与特长是招聘者们非常关心的。应注明你具备哪些素质、能力，如计算机水平、外语能力、人际交往能力、道德品质、团队协作精神等。在介绍自己的特点时，个人的兴趣和爱好是否要写明，取决于所应聘工作的性质。爱好和兴趣与工作有关，不妨多写几点，一般情况下还是不要详谈个人爱好，以免画蛇添足。表述时尽量用事实说话，使招聘者产生充分的信任，语气要坚定、积极、有力。

（6）工作经历。这部分包括入学前的主要工作经历和在校期间开展勤工助学、义务工作、参加各种各样的团体组织、实习经历和实习单位的评价等，要写明曾从事某项工作的起止时间、就职单位的名称、职位、具体的任务和职责、主要成就等。一定要突出那些与求职目标相关的工作，这些工作可以是本职的，也可以是兼职的或业余的。这部分内容要写得详细些，用人单位要通过这些经历考查你的团队精神、组织协调能力等。

（7）英文简历。如果应聘外贸企业、大的跨国公司，一定要附上英文简历。

↳【案例】

某应届毕业生的求职简历

个人简历					
姓名：	张三	性别：	女	民族：	汉
籍贯：	××	出生年月：	1980年3月	婚姻状况：	未婚
身高：	162cm	健康状况：	良好	学历：	应届硕士
专业：	统计学	研究方向：	经济统计	政治面貌：	党员
职务：	研究生会女生部副部长			身份证：	

求职意向	应聘职位：	统计工程师	期望工作地点：	北京

联系方式

联系地址：	中南财经政法大学		邮编：	430060
E-mail：	fly@163.com		电话：	430064

外语水平

英语：	国家六级	日语：	初级

计算机水平

国家二级： 能熟练应用各种统计软件；熟悉网络操作

教育背景

1997.9—2001.7,河北经贸大学统计学专业,获经济学学士学位

2001.9—2004.7,中南财经政法大学统计学专业,获经济学硕士学位

参加学术科研活动及成果

◆中国电信(武汉地区)2003 年大客户满意度调查分析报告(本人完成调查问卷的数据化处理、数据录入、数据分析,撰写报告)

◆湖北省人口普查办课题:湖北农村剩余劳动力转移与农业可持续发展的问题研究,获一等奖

◆湖北省第二次基本单位普查课题:湖北民营企业科技企业创新与可持续发展问题研究,获二等奖

◆国家级课题:注册会计师行业调查、评估行业系列调查分析(本人完成调查问卷的数据化处理、数据库结构建立、数据录入以及调查数据分析)

工作实践与实习
2001.3—2001.5,在河北省石家庄市统计局核算处实习
2002.9—2003.1,在湖北经济学院执教(经济计量学课程)

奖励情况
1997—1998 学年度:校优秀学生三等奖学金
1999—2000 学年度:校优秀学生二等奖学金

主修课程

英语	科学社会主义	微观经济学	宏观经济学	会计学专题
时间序列分析	计量经济学	抽样调查	统计决策	国民经济统计
市场调查与分析	统计分析软件	多元统计分析	随机过程	

3.简历成功要诀

(1)求职目标清晰明确。所有内容都应有利于你所应聘的职位,无关的甚至妨碍你应聘的内容不要叙述。招聘人员可能仅仅只是扫视你的简历,然后花 30秒决定是否面试你,所以一张纸效果最好。如果你有很长的职业经历,一张纸写不下,请试着写出最近 5～7 年的经历或组织出一张最有说服力的简历。

(2)突出过人之处。同一个专业的毕业生,千篇一律的求职材料,泛泛的自我介绍,体现不出个人的专长和个性,在竞争激烈的供需见面会上,用人单位会觉得个个都差不多,很难拍板。所以,毕业生在材料中应把自己最突出的优势和最能吸引人的长处充分表现出来。与众不同的优势,正是你的闪光点,是你在竞争中取得成功的保证。比如,曾被评为省三好学生,参加全国电子设计比赛得过奖,在全省演讲比赛中得过奖,曾是校运动队主力队员,在校卡拉 OK 大赛上得过名次等。

(3)用事实和数字说明强项。每个人都有自己值得骄傲的经历和技能,不要只写上你"善于沟通"或"富有团队精神",招聘人员会对这些空洞的字眼熟视无睹。他们想要的是用什么证据证明你的实力,证明你以前的成就以及你从以前的工作中得到了什么益处,包括你为其节约了多少钱、多少时间以及你有什么创新等。请注意,强调以前的事件一定要写上事实和数字,如组织了公司人员调整、削减了无用的员工、每年节约 55 万元或是举例说明你曾经如何说服别人、如何与一个和你意见相反的人成功合作等,这样才有说服力并给人深刻印象。

(4)自信但不自夸。有些毕业生为了给招聘单位一个好印象,尽快落实一个理想的工作单位,在求职材料的自我介绍中添油加醋、夸夸其谈,这种做法的结果往往是适得其反。因此,应掌握好写求职材料的基本要素,实事求是,扬长避短,自信而恰如其分地介绍自己,自吹自擂、胡编乱造的毕业生即使被用人单位录取,一旦败露,用人单位也会毫不犹豫地将其退回学校。

(二)求职信的撰写

求职信也称自荐信,它通过表述求职的意向和对自身能力的概述,引起用人单位的重视或兴趣。求职信不是简历,而是自我的表白,归根到底是为了突显你对某一企业或职位的极大热忱。求职信集介绍、自我推销和下一步行动建议于一身,总结并归纳简历,并重点突出在背景材料中与应聘公司最有关系的内容。一份好的求职信能体现你清晰的思路和良好的表达能力,换句话说,它体现了你的沟通交际能力和你的性格特征。一般来说,打开自荐材料,首先看到的便是求职信。所以,求职信无论在文体上还是在内容上都必须给阅读者留下好印象。

1.求职信的基本格式

(1)标题。标题是自荐信的标志和称谓,要求醒目、简洁、高雅。要用较大字体在用纸上方标注"自荐信"三个字,显得大方、美观。

(2)称呼。称呼是对招聘单位或收件人的称呼,在第一行顶格书写,以表示尊敬、有礼貌。如用人单位明确,可直接写上单位名称,前面可用"尊敬的"加以修饰,后以领导职务或统称"领导"落笔;如单位不明确,则用统称"尊敬的单位领导"领起,最好不要冠以最高领导职务,这样容易引起第一读者的反感,反而难达目的。总之,称呼要准确,视其身份而定,不可乱用。

(3)正文。正文是自荐信的核心,开头应表示向对方的问候。主体部分一般包括简介、自荐目的、条件展示、愿望决心和结语五项内容。

简介是个人概况的说明,包括自荐人的姓名、性别、民族、年龄、籍贯、政治面貌、文化程度、校系专业、家庭住址、任职情况等,要针对自荐目的作简单说明,无需冗长、繁琐。

自荐目的要写清信息来源、求职意向、工作目标等项目，要写得明确具体，但要把握分寸、简明扼要，既不能要求过高又不能模棱两可，给人自负或自卑的不良印象。

条件展示是自荐信的关键内容，主要应写清自己的才能和特长。要针对所应聘工作的应知应会去写，充分展示求职的条件，从基本条件和特殊条件两个方面解决凭什么求职的问题。

愿望决心部分要表示加盟对方组织的热切愿望，展望单位的美好前景，期望得到认可和接纳，自然恳切，不卑不亢。

结语一般在正文之后按书信格式写上祝语或"此致敬礼"、"恭候佳音"之类的话语。

（4）落款。落款处要写上"自荐人×××"的字样，并标注规范体公元纪年和月、日。随文要说明回函的联系方式、邮政编码、地址、信箱号、电话等。署名处要留下空白，由求职人亲自签名，以示郑重和敬意。

（5）附录。寄送自荐信的同时也会寄送一些有效证件、文章复制件以及简历、近期照片等需要说明的材料。

2.动笔前考虑的要点

（1）你对此单位了解多少，你对他们的产品或服务、任务、企业文化、目标、宗旨等了解多少，以及这一切与你自己的背景、价值观和目标的关联程度如何。

（2）用人单位需要什么。在你希望得到的职位中什么样的技能、知识和经历是最重要的，以及他们需要你具备什么条件。

（3）你应为用人单位提供3～5个优点或优势，如果你是针对某个具体的职位而写此信，那么所列的你的优点应该就是招聘启事上提到的；如果你不是针对具体的职位的话，就按通常的所需知识和经历来考虑。

（4）把你的经历与此职位挂钩。你可以列举几个具体的你已获得的成就，以证明你给用人单位提供的优点及优势恰好就是该职位需要的。

3.求职信的主要内容

（1）说明个人的基本情况和招聘信息的来源。首先在正文中简明扼要地介绍自己，重点是介绍自己与应聘岗位有关的学历、经历、成就等，让招聘单位对求职者一开始就产生兴趣，但详细的个人简历应作为附录。其次说明招聘信息的来源，比如"昨日在《××晚报》上看到贵公司的招聘启事，获悉贵公司正在招聘市场营销员，故冒昧地与信应聘市场营销员一职"。这样写不仅师出有名，而且还可以让招聘单位感觉到招聘启事的影响和作用。

（2）说明你应聘的岗位和能胜任本岗位工作的各种能力。用人单位往往为多个岗位招聘人才,因此要写清楚所应聘的工作岗位。如果不知道对方需要什么样的人才,可以说明自己希望申请哪一类的工作岗位。说明个人胜任某项工作的条件是自荐信的核心部分,主要是向对方说明自己的知识、经验和专业技能,要突出自己适合于所聘岗位的特长和个性,不落俗套,达到吸引和打动对方的目的。

(3)介绍自己的潜能。向对方介绍自己曾经担任过的各种社会工作及取得的成绩,预示着自己有管理方面的才能,有发展的潜力。如介绍自己刚从国外留学归来,则预示着自己的外语熟练,并熟悉国外环境,将来有可能开拓海外市场。

(4)表示希望得到答复或面试的机会。对用人单位在百忙中批阅了自己的求职信要表示谢意,并希望该单位能考虑自己的求职愿望,最后请求答复。

⊱【案例】

中文求职信范例

尊敬的先生/小姐:

您好! 看到贵公司网站上的招聘启事,本人欲申请网络维护工程师的职位,我自信符合贵公司的要求。

今年 7 年,我将从清华大学毕业。我的硕士研究生专业是计算机开发及应用,论文内容是研究 Linux 系统在网络服务器上的应用。这不仅使我系统地掌握了网络设计及维护方面的技术,同时又使我对当今网络的发展有了深刻的认识。

在大学期间,我多次获得各项奖学金,而且发表过多篇论文。我还担任过班长、团支书,具有很强的组织和协调能力。较强的事业心和责任感使我能够面对任何困难和挑战。

互联网促进了整个世界的发展,我愿为中国互联网和贵公司的发展作出自己的贡献。

随信附有我的简历。诚恳地希望能有机会与您面谈,再次感谢!

此致

敬礼!

学生:×××

×年×月×日

(三)英文求职信的写作

现在许多单位都希望应聘者有比较扎实的英文基础,特别是外企和涉外业务比较多的单位。一份漂亮的英文求职信会给用人单位留下良好的印象。

1. 开头

英文求职信的开头一般应说明写信原因和目的。例如：

In answer to your advertisement in _____ for _____ .

或者

With reference to your advertisement in _____ for _____ .

或者下面列举两个完整的句子：

In applying for the position of sales manager，I offer my qualifications，which I believe will meet your exacting requirements；

In your advertisement for an accountant，you indicated that you require the services of a competent person，with through training in the field of cost accounting. Please consider me an applicant for the position. Here are my reasons for believing I am qualified for this work.

2. 自我介绍

自我介绍一般介绍自己的学历、专业、性格等基本情况。一般句式如下：

I was graduated from _____ in _____ .

My major is Management of E-commerce.

3. 申请原因

一定要突出自己适合该单位或该工作岗位，符合其公司形象或价值观等。一般可用"suit for _____"或"fulfill _____"来表达。例如：

I am confident that my experience and references will show you that I can fulfill the particular requirements of your bookkeeping position. （我相信我的经验和推荐人可以告诉您，我能够符合贵公司簿记员一职的特定需要。）

4. 证明能力

要用事实来证明自己有能力胜任该工作，一般句式有：

I have receive special training for _____ .

I got certification for _____ .

例如：

I feel quite certain that as a result of the course in filing which I completed at the Crosby School of Business，I can install and operate File system for your organization. （我相信在克洛斯比商学院修完了这门课后，我能够替贵公司设置并且操作一套档案分类系统。）

5. 结尾

虎头蛇尾是求职中最忌讳的事,所以一定要注意英文求职信的结尾用语。风格应干净利落,态度要坦诚、充满 自信,语气应积极向上、满怀期望。例如:

I would be very happy to work under your supervision if it is possible;

If my application has convinced you of my ability to satisfy you, I should welcome the opportunity to talk with you, so that you may judge my personal qualifications further;

May I have the opportunity to discuss this matter further with you? My telephone is 5619781. You can reach me between nine and five o'clock during the day.

6. 署名

署名一般用:Sincerely yours 或 Respectfully yours.

▷【案例】

英文求职信实例及分析

608 Green-grass Building

Pigeons Community Road

West Riverside District

Tianjin 300071

July 20，2005

Jane Wang

Personnel Resources Department

Sinotrans Beijing Station

12Xinyuan Street

Beijing 100027

Dear Ms. Jane Wang：

I am very interested in your advertisement for a Network Engineer in Beijing Youth Daily July 11，2005. I would like to apply for this position.

I earned my Bachelor of Science degree from the Electronic Engineering Department of Tianjin University in 2002. After that I worked in the Computer Center of the Technical Development Center of Tianjin as Application Programmer for nearly two years. Since I left the center, I have been working as Web Developer with General Electronic Medical Systems.

Working in these two positions，I have gained valuable experience in PC software and hardware，knowledge of programming，remote administration，mail systems and networking hardware. Now I wish to develop my career in a foreign enterprise in the field of network technology.

I know the importance of teamwork and cooperation，and I can always cooperate with my colleagues and customers very closely.

I would be most happy if you could favor me with an opportunity for an interview. My telephone number is 010-64495577.

Looking forward to hearing from you.

Yours sincerely,

Li Lu

案例分析

这封求职信正文的第一段直接说明写信目的：申请网络工程师一职，同时说明了登载这一招聘广告的报纸和时间。

第二段简述自己的学历、工作经历和工作能力。申请人获得了天津大学工程系学士学位后，当过编程员和网络开发员，具有计算机软件、硬件、编程、远距离管理、邮件系统及网络硬件等方面的知识和经验。

第三段介绍自己的性格，特别是合作精神。

最后，请求得到面试的机会，并告诉对方联系方式。

四、小　结

本章共分为三节，第一节主要介绍求职信息的获取渠道及阅读招聘启事的技巧，其中求职信息的获取渠道分为正式渠道和非正式渠道，阅读招聘启事时要根据就业方向、地点有针对性地关注媒体信息，要善于从"优先条款"中寻找突破口，要熟记招聘启事中的内容，不对其中与你关系不大的问题刨根问底。第二节主要介绍求职中的面试。面试前要做的准备包括从可靠信息渠道收集目标单位的信息，全面了解自己，熟悉面试中的常问问题及难题的破解；面试过程中，要注意穿着打扮，重视非语言交流，尽量提高自己在面试中的说服力；面试结束后的行为要妥当。第三节介绍了求职过程中书面材料的准备；个人简历撰写的注意事项、一般格式及成功要诀；求职信的书写格式、动笔前应考虑的事项以及主要内容;英文求职信的写作格式与范例。

⤷【复习思考题】

1.求职信息的获取渠道一般有哪些？请分类列出并举例说明。

2.阅读招聘启事时,一般应注意哪些事项？

3.面试之前一般应做哪些准备？

4.接到用人单位的面试通知后,应如何收集该单位的相关信息？应重点了解哪些信息？

5.你认为用人单位在面试中最有可能问的问题有哪些？应该如何回答？

6.你遇到过用人单位问到你比较尴尬的或者其他"陷阱"问题吗？你是如何处理的？

7.参加面试时穿衣打扮方面应注意什么？

8.什么是非语言交流？应从哪几个方面予以重视？

9.如何提高在面试中的说服力？

10.面试结束后有哪些方面需要注意？

11.一份成功的个人简历应具备哪些要素？

12.个人简历的一般格式是怎样的？试制作一份个人简历。

13.个人简历与求职信的关系如何？

14.求职信主要包括哪些主要内容？

15.请列出英文求职信的一般格式。

16.案例分析。

职业选择

小李是某大学金融专业的优秀毕业生,她在学校学习期间每年均获得奖学金,毕业时小李在年级德智体综合评估中稳居前三名。小李的父母都是工人,亲戚朋友当中也没有人能够为小李推荐工作单位,所以,小李十分相信学校的就业信息网。她经常查看学校就业信息网上的招聘启事。

由此,她选择了中国农业银行总行和一家国外独资企业作为自己应聘的对象,积极地投递了自荐信和履历表。由于这两家单位都是广大毕业生非常向往的就业单位,前去应聘的毕业生人数很多。面对众多的应聘者,两家单位均采用笔试加面试的考核方法进行筛选。都说女生就业难,没想到小李一路过关斩将。其他的毕业生均感到能够入围其中一家单位最后一轮的面试已经很不容易了,小李却都坚持到了最后一关。考核后时间不长,这两家单位在同一周之内都向她伸出了橄榄枝。

取谁舍谁？小李没有立刻决断，而是广泛征求父母、老师和同学们的意见，她得到的建设性意见基本分为两种：一种意见认为去外资企业工作利大于弊。其根据是，外资企业有利于个人的发展，工资待遇高，流动比较容易，出国留学比较方便；不利的只是工作不努力的话，容易被"炒鱿鱼"。另一种意见认为去银行工作利大于弊。其根据是，女生适合从事比较稳定的工作，银行工作风险不大，劳动强度不高，待遇虽然没有外企高，但是内部福利并不少；不利的只是工作合同年限较长，不方便出国留学和适时的流动。

小李结合各方面的忠告与建议，分析了自己的性格特点、两家单位用人的标准和自己将来的发展走向，在两家用人单位的最后答复期限内，选择了中国农业银行总行，婉言谢绝了那家独资企业的邀请。

问题：

（1）除了从父母、亲戚朋友以及学校的就业指导中心处获取求职信息外，你认为还有哪些渠道可以获取求职信息？

（2）请你帮小李写一封针对中国农业银行的求职信，要求格式正确、针对性强、目标明确、优点突出。

（3）都说女生找工作难，如果你是小李，面对面试考官提出的"你认为男生可能会比你更能胜任此项工作吗"的问题，你该如何回答？

（4）如果你是小李，面对两家优秀单位的邀请你将如何抉择？为什么？

第九章

视图沟通与演讲

▷▷▷ ▷

▷ 本章学习重点

　　本章重点阐述了视图沟通的主要特点和要求，包括沟通信息的类型、特点、原则、统计和非统计信息的视图沟通形式，视图沟通的灵活运用，以及演讲过程中的技巧等。

　　通过学习本章，应了解视图沟通的主要特点，各种图式的制作和要求，并能够将视图和演讲有机地结合起来进行演示，实现生动、灵活、直观和高效的沟通。

一、视图沟通概述

（一）沟通信息的主要类型

　　采用什么样的视图沟通手段在很大程度上是由所表达的信息的性质和形式决定的。根据信息是否包含统计数据，我们可以将信息分为统计信息和非统计信息。

　　1.统计信息

　　统计信息是指以统计数字形态存在的信息，也就是人们日常生活中讲的数字或定量信息。

　　定量研究一般是为了对特定研究对象的总体得出统计结果而进行的。在定量研究中，信息都是用某种数字来表示的。在对这些数字进行处理、分析时，首先要明确这些信息资料是依据何种尺度进行测定的。因为，不同性质的统计数字，所能够采用的视图沟通手段也是不同的。

史蒂文斯将定量研究的测量尺度分为四种类型，即名义尺度、顺序尺度、间距尺度和比例尺度。

（1）名义尺度所使用的数值，用于表现它是否属于同一个人或物，例如，我们可以用0来代表女性，用1来代表男性，在名义尺度中数值的大小，或者使用什么样的数值是无关紧要的，只要用不同的数值来代表不同类型的事物就可以了。例如，在上面的例子里我们也可以用0来代表男性，用1来代表女性，甚至可以用0和10或者1和5都没关系。名义尺度的特点是，对它的数值不能进行加、减、乘、除任何一种运算，只能采用表格、条形图、曲线图、饼形图进行简单的对比举例和展示，无法进行进一步的数据加工和展示。

（2）顺序尺度所使用的各种数值，代表研究对象的特定顺序。同名义尺度一样，顺序尺度的数值也是不能进行加、减、乘、除运算的，并且，用于表明顺序的数值，其顺序是不能改变的。例如，社会阶层中的上上层、中上层、中层、中下层、下下层等分别可以标定为"5、4、3、2、1"，也可以标定为"3、2.5、2、1.5、1"，这些数值可以改变，但是各个数值之间的大小关系不能改变。例如，代表上上层的数值必须比代表中上层的数值大一些。在对这类数据的展示过程中，信息的使用和加工者必须注意不同类型数据之间的顺序关系，否则就会导致数据展示的混乱。

（3）间距尺度所使用的数值，不仅表示测定对象所具有的量的多少，还表示它们大小的程度即间隔的大小。不过，这种尺度中的原点是可以任意设置的，这种任意设置并不意味着该数的量为"无"。例如，0℃为绝对温度273K，华氏32℉。名义尺度和顺序尺度的数值不能进行加、减、乘、除，但是间距尺度的数值是可以进行加减运算的。在这类数据的展示中，由于数据是可以进行加减运算的，因此，可以将数据的和与差进行展示，例如，采用浮动条形图、累计条形图等。

（4）比例尺度的意义是绝对的，即它的原点意味着"无"，比例尺度可以进行加、减、乘、除运算。我们常见的比例尺度包括长度、重量、时间等。这类数据的展示是很灵活的，可以根据不同需要采用各种合适的视图手段。

2.非统计信息

所谓非统计信息是指不包含统计数字的信息，也可以称为定性信息。非统计信息多半是一些抽象的内容。

在表述非统计信息时采用视图沟通手段，主要是为了使信息更加生动、有序和提高人们的注意力。关于这部分内容我们将在下文作详细的介绍。

(二)数据的视图展示和文本表述的对比

无论是采用视图形式还是文本形式都可以传递数据信息,但两者之间的特点是不一样的。

1. 文本表述数据的特点

文本表述数据的优点表现在以下几个方面。

(1)文本表述在顺序和方式方面有比较多的选择,对资料的种类、数量和质量要求不高。采用文本形式表述数据,虽然也要根据数据之间的关系确定一定的顺序,但顺序方面的选择余地还是很大的。在表述方式上,可以采取集中表述的方式,如"1996年至2000年销售额分别为120万元、130万元、135万元、145万元、152万元",也可以采取分别表述的方法,如"1996年销售额120万元,1997年销售额130万元"等。

文本表述对数据的数量要求不高,即使单独的一个数据也可以采用文本表述;同时对数据的精确度要求也不高,使用者可以使用一些表示约略的词汇,如"大约",或者"根据某某的估计"等一些准确度比较低的词汇表示数据。

(2)文本表述比较适用于深度的分析。进行归纳、推理是文本形式的突出特点,可以通过环环相扣的分析推理,引导阅读者理解比较复杂的事物关系。

(3)文本表述的资料既可以进行书面阅读,也可以用语音的形式朗读出来。文本表述的这一特点使得其可以用于远距离的语音交流,而图表形式则不适合远距离的语音交流,例如,两个人在电话中谈论一幅画就很不容易。

文本表述的缺点则表现为:不够直观、不适合传递大量的数据信息、不方便查阅数据等。

2. 视图展示数据的特点

(1)视图沟通的优势。与文本表达方式相比,试图沟通具有如下一些明显的优势。

可以快速吸引阅读者的注意力。普通文本形式最大的缺点就是形式比较枯燥、呆板,不容易吸引阅读者的注意力。造成这种情况的主要原因在于文本方式的信息读取是通过阅读词句和段落实现的,要获得一个完整的信息表达,必须阅读彼此相关的一系列文字,在这个过程完成之前,读者头脑中无法建立完整的信息图像。而视图沟通形式可以在一个很短的时间内吸引读者阅读的注意力。

可以提高人们的注意力,降低注意力的衰减度。与文本形式相比,视图沟通形式不仅可以迅速引起阅读者的注意,而且有助于提高阅读者的注意力水平。

心理学研究表明,人们的注意力水平是十分有限的。在进行高强度阅读的过程中很容易产生疲劳感。在阅读视觉形象比较相似的文字材料时,更容易产生视觉疲劳。相比之下,视图沟通形式在视觉形象上的变化比较大、形式活泼,可以有效消除或抑制视觉疲劳的产生,提高阅读者在长时间阅读过程中的注意力水平。

易于理解。视图沟通除了采用文字材料外,大量使用图片材料,即使是文字材料,也采用不同的字体、颜色、字号变换使用。这样的表现形式,会大大降低对阅读者阅读能力的要求,提高阅读材料的可理解性。正是由于这个原因,在儿童读物中视图材料的比重明显高于成年人和专业读物中视图材料的比重。在成年人和专业读物中,视图材料的使用也会大大提高阅读者的理解能力。

有助于提供迅速、及时的信息。与文本信息需要逐字逐句阅读不同,视图信息可以通过一个完整的视图手段,在很短的时间甚至一瞬间将全部信息以直观的形式展现在阅读者的面前。因此,在那些对沟通时间有明确要求的场合,视图沟通手段往往被优先采用,如操作指南、交通标志、程序说明、结构剖析等。

适合传递反映整体趋势的信息。有些时候,阅读者需要直观地了解事物发展变化的趋势,此时通过一些图表就可以将其表现出来,如曲线图、条形图、饼形图都可以用来反映趋势的变化。

有助于读者理解各种事物之间的关系。视图沟通中的表格、复式曲线图、复式条形图、结构图等视图形式能够比较简洁、直观地表现出相关事物之间的对比关系。

能够方便阅读者查找和使用特定信息。在视图沟通形式中,各种数据或信息是按照一定的规律排列的,这就使得特定数据或信息的查找非常方便。

(2)视图沟通的劣势。尽管具有多方面的优势,视图沟通形式也存在如下的不足之处。

有时不容易读懂。视图沟通形式是通过简洁的图示来表达信息的,图示的结构暗示着各种数据或信息之间的关系。如果视觉沟通材料的准备者没有受过专门的训练,会导致视图材料内容安排不当或者标志不清,有时就会使阅读者面对材料时感到一头雾水、不知所云。不仅材料准备者的能力影响到视图沟通的效果,而且材料使用者的专业技能也会影响到视图沟通的效果。视图沟通手段的使用是有一定规律的,如果阅读者对这些规律一无所知,也会感到阅读起来困难。

缺少分析。视图沟通手段主要是通过图示和表格来传递信息的,这些表达形式虽然看起来比较直观,但同时也存在信息不够明确、准确的问题。例如,一组数据或信息以表格或条形图的形式来表达对比关系,但准确的结论则需要阅读者自己加以判断,不同的阅读者得出的结论会存在很大差异。此外,视图沟通手段不利于对资料进行深入的分析,揭示资料背后所蕴涵的丰富内容。

(三)视图沟通的原则

在视图沟通工具的使用过程中必须遵循两个基本的原则,即辅助性原则和直观性原则。

1.辅助性原则

所谓辅助性原则,即所采用的视图沟通手段对所要表达的信息是有帮助的。视图信息只有在有明确需要的情况下才能够发挥其效力,也就是在其优点得到比较大的体现,而缺点又得到有效控制的情况下,视图沟通才具有明显的优势。在技术性不强、非定量或非常简单的材料中过多地使用视图信息,会给人一种眼花缭乱、不知所云的感觉。

有些人使用视图沟通形式主要是为了获得"漂亮"的视觉效果,另一些人则在不同的情况下固定地采用一种或几种视图表现形式,这些并不能真正发挥视图沟通工具的作用。正确的做法是应根据需要确定是否采用视图沟通手段并根据具体情况选择合适的视图表现形式。

2.直观性原则

所谓直观性原则,是说采用视图沟通手段要能够相对直观地表达信息,而不要将表达过程变得更加复杂。在图表的设计过程中,使用者不仅要根据资料的内容和接收者的情况选择恰当的图表形式,而且要确定图表的复杂程度。在实践中有些图表不够直观,是由于图表设计中的问题导致的,例如,图表的格式不规范,缺乏必要的标题、标志和文字说明,或者字体、颜色、字号设计得不合理,或者图示方式不合理。

二、视觉辅助手段的作用和使用原则

(一)视觉辅助手段及其类型

视觉辅助手段是指在演示和演讲过程中用于向听众传递可视信息的各种设备或用具。

视觉辅助手段在我们的日常工作、学习、生活中是无所不在的,我们可以很容易地举出一些例子。对于大多数中国人来讲,接触最早的视觉辅助手段就是课堂上使用的黑板、白板;各种模型和实物往往是同学们记忆最深刻的;公司里开会几乎必不可少的白板或投影仪;产品介绍会上常常使用的音像设备;等等。

此外,人们常见的视觉辅助手段还有翻纸板、磁板、粘板、钉板、沟槽板、幻灯机、录像机等。

(二)视觉辅助手段的作用

与普通的书面文字或口头语言相比,视觉辅助手段具有直观、生动等很多优势,具体体现在以下几个方面。

(1)生动、真实、赏心悦目的视觉信息可以迅速吸引接收者的注意力。

(2)直观的视觉信息可以大大简化对信息的描述。

(3)视觉信息可以使得呆板的文字、口头资料变得生动、活泼,使人加深印象,减轻疲劳感。

(4)视觉信息可以在极短的时间内给予接收者整体的认识和观感。

(5)视觉手段能够使事物之间的对比更加鲜明。

(6)视觉手段能够更有效地表达空间信息。

但视觉辅助手段也不是万能的,也存在一定缺陷,主要表现在:对一些视觉信息如果缺少解释或指导,人们很难看懂;视觉信息善于表达表面、直观的信息而对于深入、抽象的信息却难以表达。

(三)视觉辅助手段的使用原则

为了充分发挥视觉辅助手段的优势,克服其劣势,在使用视觉辅助手段的过程中我们要遵循两个基本的原则,即直观性和辅助性。

1.直观性

我们在演示、介绍、演讲过程中使用视觉辅助手段的主要目的是克服语言的模糊性、概括性、抽象性。因此,如果使用的视觉辅助手段同样不直观,就没有必要使用了。在使用视觉辅助手段进行演示时,要尽量避免完全采用文字资料,尽量增加图片、图表、动画、视频资料。如果必须使用文字材料,也要注意文字的书写风格。当然,也不是说所有图片、视频资料都意味着直观,这要取决于演示的内容,有些过于凌乱、复杂的视频和图片资料反倒给人不清晰的感觉。

2.辅助性

辅助性是指所采用的视觉辅助手段对语言材料能够起到辅助、补充作用。在演示、介绍过程中,如果大量使用与所表达的主题没有直接联系的视频资料或其他视觉辅助手段,或者所使用的视觉辅助手段的数量已经超出了接收者所能接受的范围,就不具备辅助性了。特别是在使用两种以上的视觉辅助手段时,要考虑接收者在不同辅助手段之间转移注意力的问题,不能顾此失彼。

三、展示统计信息的视图沟通和灵活运用

统计信息可以分为连续信息和非连续信息,这两类信息的视图展示手段有所不同。

(一)表述连续统计信息的视图沟通形式

表述连续信息的视图形式主要有曲线图和直方图。

1. 曲线图

曲线图是表述连续信息最常见的形式。曲线图分为简单曲线图、复合曲线图、分隔的复合曲线图等不同形式。

(1)简单曲线图。顾名思义,简单曲线图是最简单的曲线图形式,它通过一个二维坐标系中的一条连续的曲线来反映事物发展变化的趋势。例如,如果我们在一个以时间为横坐标(0～12分钟),摄氏温度为纵坐标的二维坐标系中标出每一个时刻的温度,就构成了图9.1中的简单曲线图。

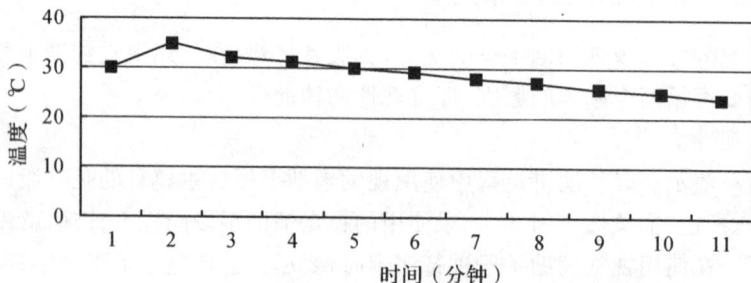

图 9.1　简单曲线

(2)复合曲线图。所谓复合曲线图,就是在一个二维坐标系中,画出一条以上连续的曲线来反映事物发展变化的趋势以及它们之间的对比关系。例如,我们将某地某年夏至日和冬至日各时刻的气温描绘在一个二维坐标系中,就形成了一个复合曲线图。这个图示不仅可以显示夏至日和冬至日各时刻的气温,还

可以让我们对该地一年中不同季节温度的变化形成一个直观的认识。见图9.2。

某地夏至日和冬至日各时刻气温

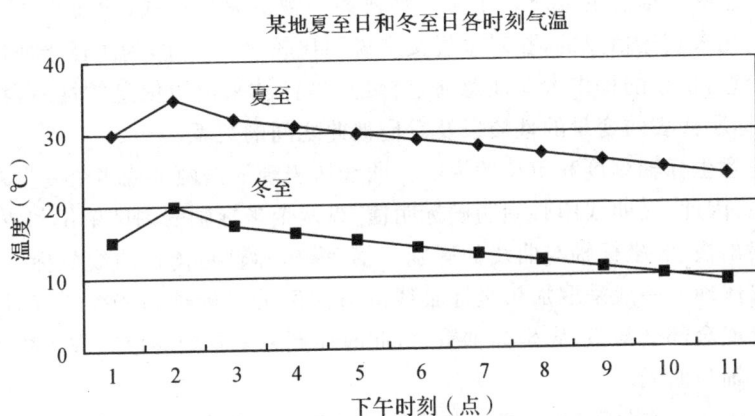

图9.2 复合曲线

（3）分隔的复合曲线图。分隔的复合曲线图与复合曲线图有些相似，也是在一个二维坐标系中，画出一条以上连续的曲线来反映事物发展变化的趋势以及它们之间的对比关系，所不同的是分隔的复合曲线图用阴影来突出不同曲线之间数值的差异。例如，我们将某地某年夏至日和冬至日各时刻的气温描绘在一个二维坐标系中形成一个复合曲线图，然后将两条曲线之间的区域以斜线或颜色涂上阴影，就形成了分隔的复合曲线图。与前面的复合曲线图相比，这个分隔的复合曲线图可以显示某地在夏至日和冬至日各时刻的气温差的大小。见图9.3。

某地夏至日和冬至日各时刻气温

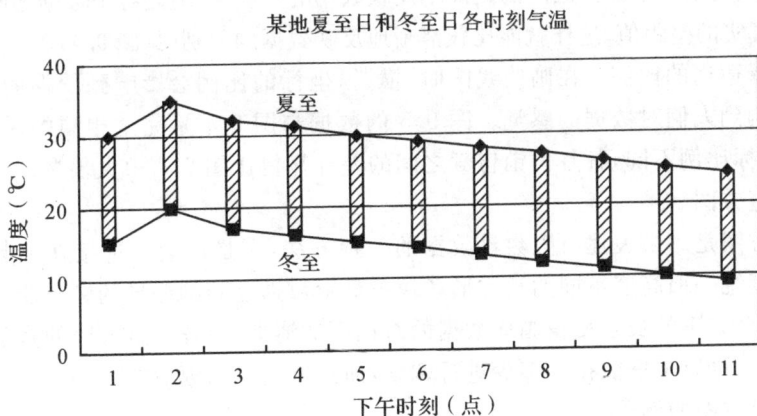

图9.3 分隔的复合曲线

（4）制作曲线图时的注意事项。在制作曲线图时，要注意以下几个方面的问题。

要注意阐明信息的性质。作为一种典型的视图表现形式，曲线是通过线条的起伏变化来表述信息的，相对来说文字说明比较少。因此，为了便于使用者准确理解信息，信息的提供者要注意通过标题、坐标轴来说明信息的性质，特别是横、纵坐标所代表的变量的性质以及它们彼此之间的关系。

要注意坐标轴刻度和单位的说明。曲线所表现的是两个或多个变量之间的数量关系，因此，在曲线中必须明确标明横、纵两个坐标轴的刻度单位和数量。

要突出横、纵坐标轴与曲线的区别。横、纵坐标轴是衡量曲线的标尺，必须加以突出体现。一般采取加粗坐标轴线的方法区分坐标轴和曲线。有时，曲线的一部分或全部会与横、纵坐标轴重合，此时还要采取不同颜色或虚实线等方法区分坐标轴与曲线。

纵坐标轴必须设置"0"值点。曲线的横轴是作为区分变量来使用的，因此可以不是数值，而纵坐标则不同，它是作为衡量变量来使用的，必须是数值。为了通过坐标值的高度准确地反映数值之间的差异，纵坐标必须设置"0"值点。不过，在本章开头我们就介绍过，统计信息分为名义尺度、顺序尺度、间距尺度和比例尺度，因此对名义尺度、顺序尺度、间距尺度和比例尺度的要求也不完全一样。一般来说，间距尺度对"0"值点的要求是最高的，因为这类数据可以通过除法显示数据之间的倍数关系。在实际运用过程中可能会遇到这样一种情况，即多个数据的绝对值都比较大但彼此之间的差异却很小，这时，如果严格按照数据的比例来确定各个数据点的位置，其差距就会显得很不明显。此时，我们可以采用假"0"值点方式，即从"0"值点到第一个数据之间的距离不反映数据的真实值，但是各个数据之间的差距反映真实的差距值，这样就能比较清晰地反映数据的差别（见图 9.4）。

选择适当的比例。在画曲线图时，横、纵坐标的比例会影响到图形的形状，从而影响到人们对数据的感觉。图 9.5 的数据与图 9.4 是完全相同的，但由于横、纵坐标比例不同，各月份销售额之间的差异显得比图 9.4 中大很多。

2.直方图

直方图是用来表述有限数量数据的一种方法，它是用紧密连接在一起的一个个宽度统一但高度不同的长方形条块来显示数据之间的差异的。与曲线图相比，一个个方正的长条使得画面数据的对比更加清晰、整齐。直方图的宽度是没有意义的，可以根据数据的多少进行调整，而高度则显示数值的大小。图 9.6 就是一个直方图的例子。

某企业2003年各月份销售额

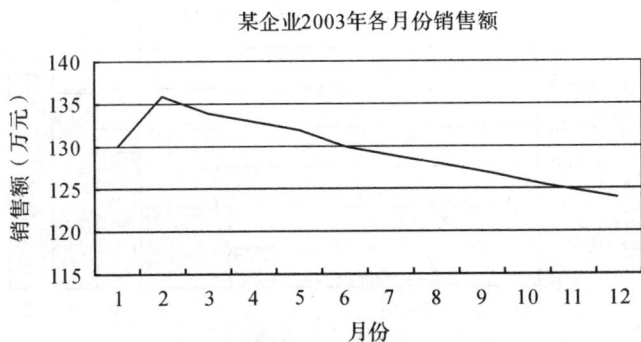

图 9.4　设置假"0"值点的曲线

某企业2003年各月份销售额

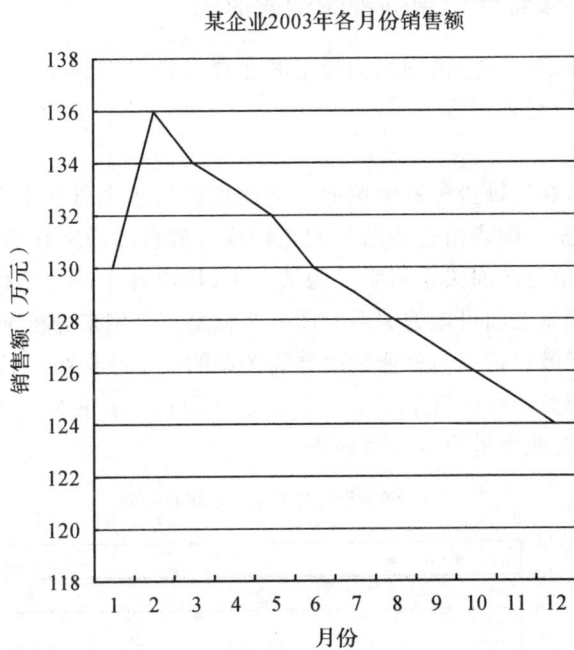

图 9.5　比例变化的曲线

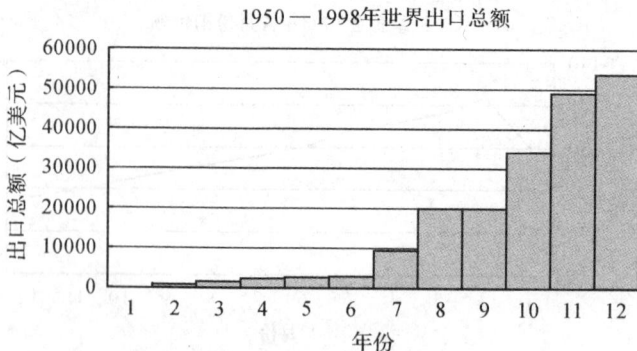

1950—1998年世界出口总额

图 9.6　直方

(二)表述非连续统计信息的视图沟通形式

表述非连续统计信息的视图沟通形式主要有散点图、条形图、饼形图、图标视图、产品图和统计地图等。

1. 散点图

散点图是指在二维坐标系中按照一定比例标出各个点的组合,点与点之间不用线来连接,整个图表由这些散布的点构成。散点图通常在考虑统计相关性时使用,即在对信息之间关系不明了的情况下,标出各个散点的位置,通过直观的位置图分析变量之间可能的关系。图 9.7 就是一个用来分析某一地区就业人口中劳动力的受教育情况与就业情况之间关系的一个散点图。通过图形我们可以很容易地发现劳动者的就学年限与失业率之间存在着明显的负相关,随着就学年限的增加,失业率呈明显下降趋势。

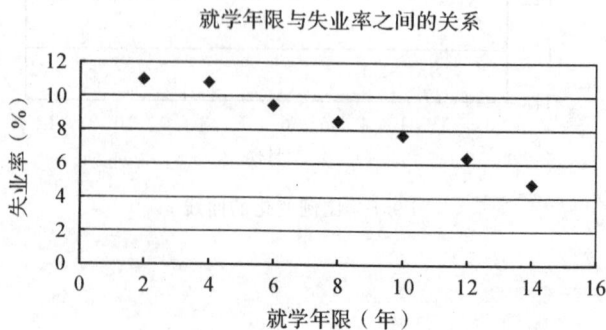

就学年限与失业率之间的关系

图 9.7　散点

2. 条形图

条形图是用来表示事物之间对比或发展趋势的一种非常常见的视图形式。

它用同样宽度但长度不同、平行排列的一系列条形来显示不同数据之间的对比。数据是通过条形的长度来体现的。条形图具有对比鲜明、整齐、简洁的基本特点。在快速传递模糊数量指标方面,条形图具有非常大的优势。为了强调信息的独立性,条形间需要分隔开,而不像直方图那样紧贴在一起。

　　按照基本画法的不同,条形图可以分为单式条形图、累计条形图、单式分段条形图、复式条形图等多种形式。

　　(1)单式条形图。单式条形图是最简单的一种条形图,其主要用途是用来对比同一指标在不同情况下的某一性状或者不同对象的同一指标。见图9.8。

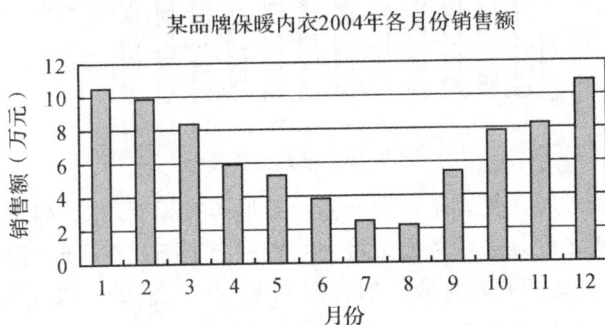

某品牌保暖内衣2004年各月份销售额

图 9.8　单式条形

　　(2)累计条形图。累计条形图除具有单式条形图的功能之外,还可以对每一个数据的内部组成进行显示,也就是可以同时从两个维度比较数据。例如,通过累计条形图,我们可以对一个公司各个月份的销售情况有所了解,同时,又对每个月份的销售构成有所了解。例如,图 9.9 既显示了某公司 1—12 月份的每月销售额,同时也显示了各个月份甲、乙、丙三个项目的销售构成比例情况。

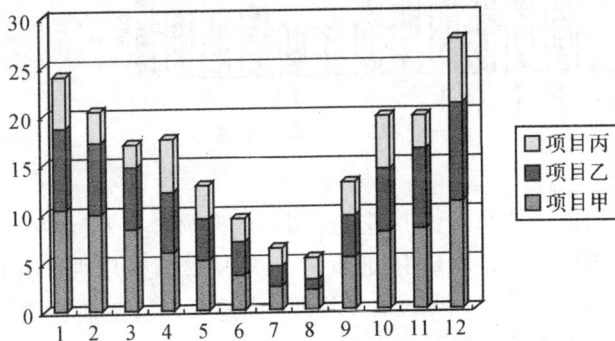

图 9.9　累计条形

（3）单式分段条形图。单式分段条形图是累计条形图的一种特殊形式，即每组数据的累计值都相同。在实际运用中，单式分段条形图最常见的用法是分析每组数据的百分比构成。见图9.10。

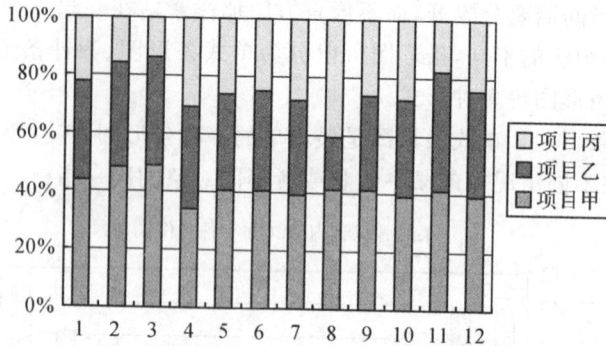

图9.10 单式分段条形

（4）复式条形图。复式条形图与累计条形图有相似之处，都是从两个维度来比较数据，不同之处是累计条形图将一组数据上下叠放在一起，而复式条形图则是把一组数据紧密地并列排放。如在图9.11中，我们既可以比较同一月份甲、乙、丙三个项目的销售情况，也可以比较甲、乙、丙三个项目中任何一个项目在不同月份的销售情况。

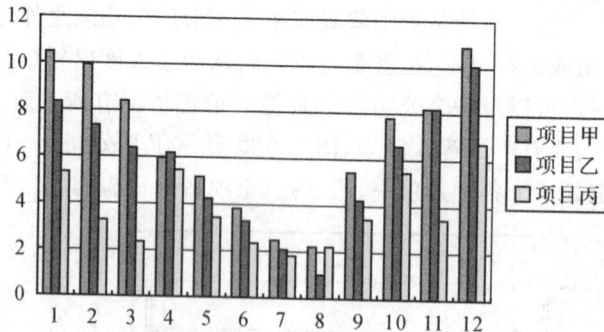

图9.11 复式条形

3.饼形图

饼形图是用一个切割为若干部分的圆形或椭圆形来表示各个部分所代表的百分比。饼形图最大的特点是生动、直观。图9.12就采用饼形图形式显示了某地职工年收入的分布情况。通过这个图形，我们可以清楚地看到不同收入水平的职工在全部职工中所占的百分比。

某地职工年收入分布情况

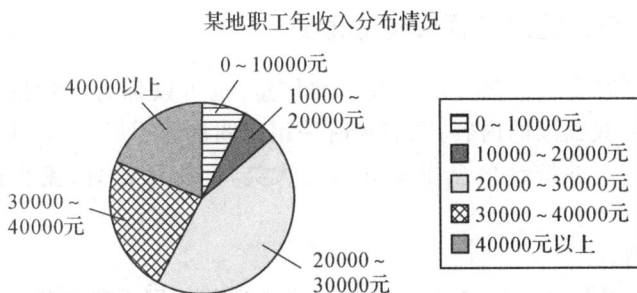

图 9.12　饼形

4.图标视图、产品图和统计地图

(1)图标视图是指通过若干个相同的简化图标来表述事物数量的一种视图形式。具体做法是首先画出所要描述的事物的简化图标,确定每一个图标所代表的事物的数量,根据所要表达的事物的数量,计算出图标的数量,按照一定形式将这些图标排列或堆积起来。

与其他视图形式相比,图标视图最大的特点是形象、直观,易于辨认和理解。

在使用图标视图时要注意以下几点:①图标本身要能够反映所代表事物的突出特征,让人一眼就能辨认出来;②图标不是图形,只要反映事物的基本特征、易于辨认即可,不必设计得太复杂,增加阅读者的负担;③图标视图主要用于简单的数量对比,不适用于表达大量、复杂、精确的数据;④图标视图是通过图标的数量而不是图标的大小来表达大小不同的数据的。

(2)产品图是一种比图标视图更加简单的视图交流形式,它是利用一个事物不同部分来表示不同的食物和数量,各个部分的比例大小与要表达的数据的比例大小大体一致。例如,我们可以画出一匹马,分别用马的头、躯干、四肢和尾巴表示不同的数量。产品图的主要优点是生动形象,容易调动阅读者的兴趣;不足之处是不够严密、准确,因此产品图通常出现在供儿童阅读的材料中。

(3)统计地图与产品图有相似之处,它是由带有阴影、影线或填充不同颜色的多个图形所构成的组合图形。每个图形的大小代表被统计对象的数量比例,而阴影、影线或不同颜色则代表不同的性状。

统计地图的优点是直观、鲜明,使人一目了然。如果所使用的图形本身就代表某些特定事物,则效果更为明显。例如,我们要表现一个国家不同地区的收入情况,就可以按照收入高低将各地区分类,并在一张地图上按照收入的高低填充不同的颜色,这样就可以非常直观地表达相关信息。

(三)表述非统计信息的视图沟通形式

非统计信息是指不包含统计数字的信息,也可以称为定性信息。非统计信息大多是一些抽象的内容,在表述时采用视图沟通手段,能够使信息更加生动、清晰、有序。非统计信息主要分为三大类,即指示信息、流程信息和结构信息。

1. 指示信息

指示信息是指利用标记、象征性标记和卡通等视图手段向相关人员传达的某种提示或警示信息。比较常见的指示信息包括各类交通标志、各类安全警示标志和其他一般性标志等。

人们之所以采用各类指示信息,有以下几个原因:①有时文字表述占用太多的空间,同时占用阅读者较多的阅读时间,例如,对于高速行驶的司机来说查看交通指示或说明的时间可能非常短暂,这时使用简洁的交通标志更为有效;②指示信息标志可以跨越语言的阻碍,例如,使用简洁、直观、标准化的交通标志可以使各国旅游者迅速了解和掌握所在国家的交通规则和标志,不受语言的限制;③指示信息标志比起文字信息更加直观、醒目,更容易达到警示、禁止的目的,例如,指示危险信息的标志、指示禁止吸烟的标志等。

2. 流程信息

流程信息是表示事物之间前后顺序关系的信息,如办理某一事情过程中前后相继的各个步骤。文字信息和流程图示都可以用来传达流程信息,但相比之下流程图更加直观、清晰。

流程图一般包括两个组成要素:一个是操作单元,一个是顺序符号。所谓操作单元,是指要执行的一个步骤,如检查、记录、反馈。表示操作单元最常见的方法是在一个长方形或圆弧形的空间内用文字写明操作的内容。如果在一个流程图内几种不同的操作反复出现,也可以考虑为每一种操作流程设计一个特殊的符号,如圆圈、正方形、三角形、菱形、箭头等。

顺序符号表明各个操作单元之间的前后顺序关系,一般用各种箭头符号表示,如单箭头、双箭头、空心箭头等。

3. 结构信息

结构信息是表明一个事物内部的结构或者不同事物之间的关系的一种信息。用来表示结构信息的视图手段主要有两类:一类是结构剖面图,另一类是家族树。

结构剖面图是表明一个事物内部各个组成部分之间的位置关系的图示,包括平面结构剖面图和立体结构剖面图,如一座建筑物某一层的平面示意图。

家族树则是表明事物之间的指挥、隶属、分类关系的图示。常见的家族树包括组织结构图和信息树等类型。

组织结构图是表明组织内部各个不同部门、岗位、人员之间关系的一种图示。按照画法的不同,组织结构图可以分为垂直型组织结构图、水平型组织结构图和环形组织结构图。

垂直型组织结构图是最常见的一种组织结构图,在这种图形中不同部门、岗位、人员按照职位的高低自上而下依次垂直排列,彼此之间用实线或虚线连接,一般用直线表示隶属、指挥关系,用虚线代表咨询、参谋、指导关系。见图 9.13。

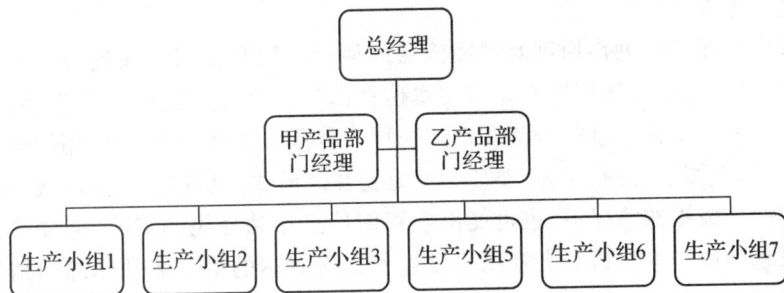

图 9.13　垂直型组织结构

水平型组织结构图的画法与垂直型组织结构图相似,主要区别是将不同部门、岗位、人员按照职位的高低自左而右水平依次排列,彼此之间同样用实线或虚线连接,用直线表示隶属、指挥关系,用虚线表示咨询、参谋、指导关系。

环形组织结构图则是将不同部门、岗位、人员按照职位的高低从中心向四周依次辐射排列。

信息树在画法上与组织结构图没有太大区别,只不过表明的不再是命令、指挥关系,而是信息在外延上的从属关系。

并不是在所有的情况下都需要使用视图信息,所以,我们需要对是否使用视图信息作出判断。同时,即使在使用视图信息的情况下,也存在使用是否得当的问题。本节主要针对这两个问题作一些讨论。

四、视图沟通的灵活运用

(一)视图沟通和文本沟通的配合使用

在第一节中我们就视图沟通与文本沟通的区别作了一些介绍,也阐述了使用视图手段的辅助性和直观性原则。下面我们就视图沟通与文本沟通之间的关系作进一步探讨。

视图沟通的辅助性原则对视图沟通的使用范围和使用方式进行了约束,在一般的信息表达中,我们通常是以文本信息作为表达的主要形式,只有当信息比较复杂或者为了使信息的查阅和理解变得更容易一些时,才同时使用视图信息。因此,使用视图信息的一个重要原则就是要在之前或之后进行必要的文字说明。

在一些极端的情况下,也可能出现视图信息单独使用的情况,但要注意,只有在信息的使用者对这一类视图手段以及其所表达的信息非常熟悉的情况下,才可以单独使用。

(二)视图沟通的使用技巧

视图信息只是一种信息表现形式,并不是所有的视图都可以直接、清晰、简明地表现出所要表达的信息。这里我们有必要对数据和信息做出区分。

在大多数情况下,我们是将信息与数据混同理解和使用的,这样做是不准确的。数据也称资料,是指关于事实的若干片段,而数据通常以观察记录的形式出现。只有当数据具有某种影响人们看法或行为的能力时,我们才将其称为信息。因此,严格说来,直接表现在各种视图沟通手段中的统计信息和非统计信息只能称之为数据,而通过对视图手段的分析和利用得到的结论才能称为信息。例如,如果我们将某公司历年的销售额通过条形图展示出来,这只是数据的表达,而通过对这些直观数据的判断所得出的销售额变动的趋势才是我们关注的焦点。

对于同样的数据资料,采用同种或不同视图沟通手段所给予人们的直观判断结论是不同的。例如,在前面关于曲线图使用的介绍中,我们在画曲线图时,横、纵坐标的比例会影响到图形的形状,从而影响到人们对数据的感觉。图 9.5 的数据与图 9.4 是完全相同的,但由于横、纵坐标比例不同,图 9.5 中各月份销售额之间的差异显得要比图 9.4 中大很多。图 9.5 给人的感觉是各个月份的销售额变化很大,而图 9.4 给人的感觉是各个月份的销售额变化不大。

由于各种视图手段具有各自的特点,所要通过特定数据表达的特定信息也不同,因此对于视图沟通中的技巧很难一概而论。下面我们举例作一些说明。

数据材料:一家报刊零售公司同时在居民小区和商业网点经营报刊零售业务。为了了解两种类型的报刊亭在销售方面的差异情况,公司随机选取了 5 个设在居民小区的报刊亭和 5 个设在商业网点的报刊亭,依次编号为 A 至 J,其销售额分别为 17、41、22、19、44、48、29、58、28、53(万元)。其中,A、C、D、G、I 为居民小区报刊亭,其余为商业网点报刊亭。

下面我们用不同方法将上述数据表达出来。

首先,我们采用表格的方式,但表格的形式有所不同。

不难看出,使用表 9.1 所传递的信息量与文本叙述没有多大区别,反倒占用了更大的篇幅。

表 9.1

报刊亭	销售额(万元)
A	17
B	41
C	22
D	19
E	44
F	48
G	29
H	58
I	28
J	53

使用表 9.2 所传达的信息要比表 9.1 多一些,分别将居民小区报刊亭和商业网点报刊亭放置在不同的列,便于区分,但整个表格显得非常杂乱,也不方便了解两种报刊亭销售额上的差异。

表 9.2

报刊亭	销售额（万元）	
	居民小区报刊亭	商业网点报刊亭
A	17	
B		41
C	22	
D	19	
E		44
F		48
G	29	
H		58
I	28	
J		53

　　与表9.2相比，表9.3不仅将居民小区报刊亭和商业网点报刊亭放置在不同的列，而且在行的排列上分别把居民小区报刊亭和商业网点报刊亭的数据上下分开，明显比表9.2有序、清晰，但在空间上显得浪费，而且对比不够直接。

表 9.3

报刊亭	销售额（万元）	
	居民小区报刊亭	商业网点报刊亭
A	17	
D	19	
C	22	
I	28	
G	29	
B		41
E		44
F		48
J		53
H		58

与表9.3相比,表9.4不仅分类清晰、对比明显,而且没有冗余的感觉,每组数据都是由小到大排列。通过表9.4,稍微细心一点的阅读者都能够发现每一行右边的数值都比左边大,即商业网点报刊亭的销售额要大一些。

表 9.4

居民小区报刊亭		商业网点报刊亭	
报刊亭	销售额(万元)	报刊亭	销售额(万元)
A	17	B	41
D	19	E	44
C	22	F	48
I	28	J	53
G	29	H	58

五、演讲的技巧

(一)演说家的由来

很多人都听过引人入胜的演说,并且非常渴望自己有一天也能成为一名演说家。这样的想法能否实现呢? 这就需要我们仔细分析优秀演说家的特征。

1.优秀演说家的特征

演说家究竟为什么能吸引人们呢? 分析起来,优秀演说家大体有以下特征。

(1)坚定的自信心。一个优秀的演讲者面对众多的听众会表现出坚定的自信心。正是这种自信,使他们能够游刃有余地自由组织整个演讲过程,并使听众对他们发出的信息毫不怀疑。

(2)热情洋溢的语调和神情。优秀的演讲者所传递给听众的绝对不只是演讲主题所包含的信息,还有他们的热情与活力,以及那种在眉宇间和举手投足时所传递的情感。

(3)错落有致的安排。优秀的演讲者总是能够很好地处理紧张与放松、严肃与诙谐、严谨与通俗之间的关系,让听众的注意力很自然地随着演讲的进程而转移。

（4）清晰流利的语言。优秀的演讲者能够用准确、精练的语言向听众传达所演讲的信息。

2. 优秀演说家是训练的结果

上面提到的各项特征，没有哪一项是一个人天生就具有的，都是历经磨炼形成的。很多伟大的演说家都曾有过拙劣的表演。例如，如果你仔细观察著名的英国铁娘子玛格丽特·撒切尔从议员、首相到退休后的演讲录像带就不难发现，前后有很大的不同，是专门的训练改变了她的举止、声音和表达方式。

热情洋溢的语调和神情往往源自自信和经验。公开的演讲不同于私人的对话，前者比后者要夸张许多。一开始进行演讲的人会对演讲的神态、语气非常不适应，就像刚开始在摄影机前表演的演员一样。时间长了，就会逐渐适应。

错落有致的安排多半是由于精心准备和经验的积累，两者不可或缺。例如，人们的注意力和情绪的变化是有规律的，长时间、高强度的信息传递会让人感到疲劳和厌倦，因此，事先或临时安排一段轻松的插曲，可以缓解听众的疲劳感。

清晰流利的语言是学习和积累的结果。我们每个人都是从牙牙学语中掌握了基本的词汇，所不同的是有一些人在成年以后仍然不断地学习新的词汇和表达方式。以汉语为例，尽管两三千字的基本词汇就可以满足日常生活需要了，但要生动、准确地表达则可能需要上万的词汇。

学习和训练是成为优秀演讲者的必由之路。

⤷【案例】

胡先生的演讲恐惧症

胡先生是一家IT企业的人事总监。这是一家规模不大但成长迅速的企业。大学毕业不久，胡先生与几个大学时要好的同学一起创立了这家企业。由于胡先生本身并非学技术出身，所以，在企业创立初期主要与其他人一起从事内部的一般管理工作。随着企业规模的扩大、人员的流动和人员培训的日益频繁，公司决定成立专门的人力资源部，由胡先生担任人力资源总监。

在胡先生担任人力资源总监的早期，由于企业员工总量和每年新招聘的员工人数不多，胡先生主要采取一对一交谈的方式进行工作。随着公司规模的迅速扩大，这样的工作方式已经很难适应公司发展的需求了。

现在胡先生频繁出现在各大高校，要面对成百上千的学生介绍企业的业务、前景和对员工的要求。即使在企业内部，胡先生的工作方式也在发生变化。IT 业是年轻的行业,其员工主体也是年轻人。尽管胡先生的年龄在增长,但公司员工的平均年龄变化不大。为了使那些越来越有个性,但容忍、克制、合作能力略显不足的员工学会合作、团队协作,胡先生必须经常面对很多人讲话。

逐渐地,胡先生自己也明显感到工作职责的变化。但是,从小到大,胡先生最惧怕的就是面对一大群人讲话,每当面对一大群人讲话时,他都会感到紧张、口干舌燥、肠胃痉挛、心跳加速、额头冒汗。

最近一段时间以来,胡先生一直在思考是否离开该企业。这是个非常痛苦的选择。胡先生知道,公司的发展前景非常好,他与其他创业伙伴之间的融洽关系在其他企业恐怕也是找不到的。但现在的工作又使胡先生感觉不适应。但他也清楚地知道不跨过这一关是不行的。

胡先生处于痛苦的思索中……

思考题:

(1)你认为胡先生是否应该离开该公司?

(2)你认为胡先生有可能提高他的公众演讲技能吗?

(二)演讲与私人谈话的区别

很多人之所以惧怕面对众人演讲,很大程度上是因为他们感到演讲与私人谈话之间的不同,且没有找到解决的办法。我们也常常碰到一些人宣称演讲与讲话没什么不一样的,这些人其实还没认识到演讲的特殊性,如果让他们面对众人讲话,未必有好的效果。演讲与私人谈话的主要区别在于以下几个方面。

1.演讲者本人成为众人关注的焦点

私人谈话的关注点主要在于谈话的内容,而演讲的关注点不仅是演讲的内容,演讲者本人也成为众人关注的焦点。在私人谈话中,交谈者即使不喜欢通常也不会评价对方的外貌、穿着、言行、举止;而在演讲中,演讲者的任何一个细节都可能成为听众的评论对象,而且可能会毫无顾忌地说出来。

2.听众对演讲内容的要求往往超过私人谈话

在演讲中,公众首先会对演讲者的演讲资格有一定的要求。即使演讲者具备某种资格,听众也常常对其气质、口才、演讲的内容、临场发挥等有更高的要求。

3.要求演讲者始终牢牢把握住听众的注意力

私人谈话追求的只是双方信息的沟通程度,而演讲所追求的却不只是信息的传达,还包括对听众的说服力和感染力。即使演讲的内容很清晰,如果不能制造出现场群体的某种共鸣效应,演讲也很难达到预期目标。

(三)演讲前的准备

为了达到演讲的目标,演讲者在演讲之前必须进行细致的准备工作。该准备工作主要包括以下几项。

1.明确演讲目标和演讲的类型

演讲的目标通常分为介绍情况、解释原因、说服激励和娱乐招待等几种。演讲的目标不同,则演讲的重点也不同,所要求的演讲类型也不一样。

介绍情况的演讲可使用比较平实的语言,忌讳过度夸张,但是使用的语言一定要准确、简练,思路清晰。情况介绍成功与否的关键是能否找到合适的表达顺序,如时间、空间、逻辑关系,同时还要选择恰当的例子。

解释原因的演讲要求非常准确的语言、丰富的表达方式、清晰的逻辑思路。

说服激励的演讲在语言上要求具有比较强的感染力,辞藻要华丽、激昂,并且综合运用多种具有比较直观的、有感官冲击力的视听手段。

娱乐招待性的演讲则强调新奇、轻松、紧凑和能引起听众共鸣。

2.了解听众的特征

不同类型听众的沟通习惯有所不同。例如,学者们比较强调论据的准确性和逻辑上的严谨性,不容易被演讲者所左右,往往要等演讲结束才做出表示,所以就会出现演讲过程鸦雀无声、演讲结束掌声雷鸣的情况;而青少年和儿童则更加注意直观的信息和感受,对于论据的准确性和逻辑上的严密性注意较少。因此,在演讲之前,首先要弄清演讲对象的特征和他们对演讲者的期待是什么。

3.准备演讲内容

准备演讲内容是演讲前最主要的也是最花费时间的一件事情了。

准备演讲内容包括两个方面:一是理清演讲思路,二是准备具体的材料。思想是沟通的灵魂,没有思想的演讲只是材料和辞藻的简单堆砌;材料是思想的载体,没有载体,思想就成了虚无缥缈的东西。

对于演讲的特殊性,演讲素材一定要具备权威性和专业性。一般性的演讲可以引用古今中外名人名言、著名事例,专业性的演讲应以引用权威资料为宜。

4.设计演讲提纲

演讲提纲是显示演讲思路和内容的框架,一般包括开场白、正文和结束语三部分。如果允许提问,还要准备回答提问的方式和资料。

5.制作演讲材料

除娱乐招待类型的演讲外,大部分演讲是采取口头语言与视觉展示相结合的方式,演讲者要根据演讲的进度准备相应的幻灯片和视频资料等。

6.安排场地、设备

场地是影响演讲效果的重要因素,包括座位安排、门窗、灯光、讲台等。

演讲场地的座位安排以半圆形为最佳,这样能够保证每个听众都与演讲者保持比较近的距离。

演讲场地最好具有自动换风系统,尽量避免直接开窗户,以杜绝噪音和风。

整个演讲场地的灯光要明亮,但要避免把强光直接打在演讲者脸上。

演讲的讲台本身不要太大,但要占据比较大的空间,在演讲者与听众之间形成4米左右的距离。如果演讲时间比较长,可以准备一杯清水,用透明玻璃杯盛装,放在讲台右上角。演讲者通常站立演讲,所以不需要准备座椅。为了避免挡住屏幕或影响台幕的视觉效果,一些正式的大型演讲可以把讲台放在靠近听众左侧的地方。

演讲中使用的设备主要包括灯光、音响、投影仪及其他多媒体播放设备等。

7.演讲前的练习

在正式演讲之前,演讲者通常需要进行一些练习,如果有可能,在演讲场地进行练习效果会更好一些。

练习的第一步是熟悉和记忆演讲内容。演讲中最忌讳的就是照本宣科,如果听众事先已经拿到演讲稿或提纲,直接念稿子必然导致演讲失败。如果可能,最好能脱稿演讲,此时一页纸的演讲提纲恰好可以在需要时起到提示的作用。

根据练习过程的情况,演讲者也可以对原来确定的演讲场地、座位安排、设备安排等做出调整。

(四)演讲的开场白

"万事开头难",演讲也是如此。演讲的开场白要迅速抓住听众的注意力,形成一个小的高潮。

1.演讲开始阶段的注意事项

演讲开始阶段最重要的就是迅速给听众留下良好的第一印象,要做到这点需注意以下几点。

(1)演讲开始要迅速。有些人由于不自信,经常会在开始上讲台时手足无措地耽搁数秒乃至数分钟以调整心态。不要忘了,一旦演讲者出现在讲台上,听众对他的要求就只有一条——开口讲话。

(2)不要忘记客套的开场白,但一定要精练。例行的客套永远处于这样一种状态,少了不合适,长了又招人烦。讲客套话的时候一定要放慢语速,抬高声调,否则会给人不真诚的感觉,但话要少。

(3)开场白一定要短小精悍。开场白的目的仅仅是吸引听众的注意力和给听众留下良好印象。演讲的主要目的则要靠后面正文部分来实现。

(4)开场白要有足够的新颖性。吸引听众最好的手段就是提供给他们料想不到的话题或结论,形成听觉上的震撼力。为了达到新颖的效果,开场白可以适当轻松、幽默一些,而随着演讲的进行逐步涉及一些严谨的内容。

(5)即使出现了错误也不要道歉。在私人沟通中,出现了错误及时改正是很好的习惯,但演讲有所不同。不论讲演者的服装、动作、语言出现了什么问题,都不要道歉,因为这样会使听众的注意力放在这上面,留下不良印象。

服装、动作上的错误改过来就可以了,不要声张,改正过程中最好不要停止讲话,以免分散听众的注意力。

语言上的错误要区分情况,除非非常正式的场合,无关紧要的小错误干脆不要纠正;重要的错误也不要说明讲错了,只需要将正确的内容再讲一遍。

(6)避免过早地出现大的高潮。高潮过后必然进入平淡,听众注意力也会分散。演讲的最高潮一定要放在后面接近结束的部分。

2.演讲开场白的方式

演讲开场白的典型方式有如下几种。

(1)开门见山,直奔主题。这种开场白的方式主要适用于正式的演讲或话题凝重的演讲。由于听众对演讲过程和内容都十分重视,在演讲开始前就会把注意力放在演讲人身上。

(2)介绍演讲内容和提要。这种开场白的方式适合于听众对演讲内容不熟悉的情况,通过介绍演讲内容和提要可以使听众更好地理解演讲内容。

(3)意向推测。有些时候,听众急迫地希望通过听演讲获得对某些问题的解答,这时他们的注意力过分集中和迫切,必须想办法使他们的心情放松下来。此时,演讲者可以揣测的口吻直接提出听众关心的问题并给出简要或模棱两可的答案,这样,既可以使听众放松心情,又可以吊起听众的胃口。

(4)非正式的话题。非正式的话题主要可以起到拉近演讲者与听众心理距离的作用,减少商业色彩,于无形之中讲出演讲者的身份、经历、观点等。例如,一个企业领导人在一个项目启动仪式上可以这样开始讲话:"5年以前,我到美国考察的时候,偶然接触到了一家公司的智能通信系统,我当时就想,如果能将这一系统引入中国,将大大提高企业的运营效率并方便与国内外企业的沟通。经过大家的共同的努力,这一愿望终于要实现了。"

(5)引证名人名言。名人名言在演讲中具有非常重要的作用。名人名言往往是历经岁月锤炼流传下来的,其价值和正确性比较容易被听众认可和接受。采用名人名言,可以缩短听众接受演讲者的时间。不过,需要注意的是尽量少引用那些妇孺皆知的名人名言,要挖掘一些较少见的名人名言。

(6)引证事例或数据。引证事例或数据既可以迅速给听众就演讲主题留下一个初步的印象,又可以加深听众的直觉感受。一些经过精心挑选的数据还可以给听众留下心灵震撼的效果。

(7)引用笑话、趣闻轶事、时事故事等轻松话题。引用笑话、趣闻轶事、时事故事等轻松话题可以迅速吸引听众的注意力,提高演讲的娱乐性。不过,要注意的是,要准确找到笑话、趣闻轶事、时事故事与演讲主题之间的联系切入点,讲完故事后迅速切入正题。

(8)提出耸人听闻的问题或断言。这种方法的优点同样是可以迅速吸引听众的注意力,并为后面的演讲留下悬念。一般来说,采用这种做法都要在文字上面做一些文章。例如,一位培训师或教师可以以"教育是对金钱和时间最大的浪费"这样一个论断开始演讲,继而通过一系列的事例说明不正确的教育有多大的危害,进而引出真正的主题"不适当的教育是对金钱和时间最大的浪费"。

(五)演讲的结束语

演讲的结束语同开场白一样重要。如果说开场白决定了一开始留给听众什么印象的话,结束语就决定了演讲结束后留给听众什么样的记忆和影响。

1.结束演讲时要注意的问题

演讲接近结束时要注意以下事项。

(1)严格约束话题的范围。演讲者最容易犯的错误是,经过千辛万苦终于使听众对于某个问题有了基本的了解和认同,却在接近结束的时候提出了一系列有关演讲主题和结论的缺陷和不足之处,使刚刚明白的听众重新糊涂起来。

实际上,关于讲演主题和结论的缺陷与不足往往不适合讲给刚刚接触某个话题的听众,即便这些缺陷与不足对听众来说是重要的,也应在后续的演讲中再作进一步的解说。

(2)严格控制时间和进度。在演讲接近结束时,听众往往已经有即将结束的预感,一些心急的听众甚至已经做出准备离开的姿态,在这个时候一定要言简意赅,严格按照事先安排的时间结束。

(3)避免简单的词语重复。在结束阶段,往往需要对前面的分析和结论作一个最终的总结。在总结时一要注意不要反复解释某些细节,二要注意避免词汇和结论的简单重复。

(4)要注意调动听众的情绪。进入结束阶段,演讲的最高潮已经过去,听众的情绪处于消退状态,要及时、适度地掀起一个小的高潮,以使演讲结束时获得良好的气氛效果。

2.演讲结束语的方式

演讲的结束语与开场白既有相同的地方也有不同的地方。相同之处在于目的都是为了吸引听众的注意力,不同之处在于开始时听众对演讲主题知之甚少,而结束时他们对演讲主题已经有了比较多的了解。

结束演讲的典型方式有以下几种。

(1)归纳总结。归纳总结适合于比较正式的话题或者侧重知识性的演讲,这种方式适合工作演讲。

(2)引证名人名言。此时引证名人名言的目的一是进一步印证结论,二是让听众获得一个关于演讲主题的深刻记忆,毕竟对名人名言的记忆要比普通语言深刻得多。

(3)提出选择。演讲者可以在演讲结束时提出不同的意向供听众选择,不过,演讲者在提出选择时要带有一定的呼吁或谴责倾向。例如,一个关于环保的演讲可以以这样的方式结束:"各位朋友,今天的我们必须在保护地球、珍爱环境以求得人与自然和谐共存,与继续破坏性地利用地球资源并最终与地球共同毁灭之间做出明确的选择!"

(4)提出问题。提出问题也是结束演讲时常用的方法。其做法是讲完一般知识的介绍后,举出一个具体的小例子,请听众根据演讲的内容去分析这一问题。用提出问题的方式结束演讲有助于听众延续对演讲主题的关注并激发兴趣。需要注意的是,问题与演讲主题之间要有明显的关联关系,否则就会使听众陷入一片雾水。

(5)引用故事或趣闻轶事。与开场白不同的是,这时引用故事或趣闻轶事不只是为了活跃气氛,同时也是提醒听众自己所演讲的内容与听众的生活密切相关。这种方法一般适合于严肃的知识性介绍。

(6)提出倡议或激励性的口号。这种方法适合于以说服为目标的演讲,通过在结尾提出倡议或激励性的口号,有助于使听众将演讲的主张变为行动。

(7)提出担心或谴责。采用这种方法是在演讲说服的基础上,进一步号召听众采取某种行动。与提出倡议或激励性口号不同的是,这种方法本身隐含着至少对部分听众的不信任或者激将法,因此,在使用时要细心观察听众的心态或反应,以免引起听众的反感。

六、小　结

　　视图沟通是一种非常重要的非语言沟通，通过视图沟通可以更加直观和有效地阐明沟通的重点。虽然不同图式的视图沟通的侧重点有所不同，但是视图沟通主要仍然是起到辅助的作用，并且要体现直观的特点。因此，视图沟通常常被作为一种辅助的沟通形式加以使用。

　　演讲作为一种口头沟通的形式，与私人谈话具有显著的区别，演讲往往需要引起众人的关注，而且演讲者在气质、口才和内容上往往需要更加超群。因此，一个优秀的演讲者要有一个很好的开场白，同时在演讲的过程中和结束的时候要能够紧紧把握住听众的心。

⇨【复习思考题】

　　1. 视图展示有哪几种类型？请分类列出并举例说明。

　　2. 视图沟通过程中其他形式的沟通应该如何处理？

　　3. 演讲的过程中每一个环节应该注意哪些？

　　4. 应该如何提出问题？

第十章

会议沟通

>>> >

📖 **本章学习重点**

　　本章重点阐述了影响会议群体沟通的主要因素,包括群体规模、成员因素、任务因素、领导风格、群体的相互影响和角色以及环境因素,还分析了会议的流程、会议的组织以及会议沟通的技巧。

　　通过学习本章,应了解会议沟通的安排,既能够作为主持者顺利组织会议,也能够作为与会者顺利参加会议,要掌握发言的技巧、记录的技巧等会议沟通的方法,实现高效的会议沟通。

一、影响会议群体沟通的主要因素

　　从会议的定义我们知道,会议是群体间相互交流信息的一种形式。群体是会议最重要的构成因素,群体沟通的成果是一系列非常复杂的、相互联系的因素共同作用的结果。因此,对这些影响群体沟通效果的因素进行分析,有助于我们在群体沟通过程中采取相应的对策,以提高沟通效率。

(一)群体规模

　　群体的规模大小对群体活动方式和效果有重要的影响。较小规模的群体具有对指示和领导的理解要求较少、信息较缺乏以及成员表达思想少且较少变化的特点。大的群体较之小群体,可利用的信息、技能、才能、背景和经验更多样化,群体成员也显示出较高的满意程度,但随着群体规模的不断扩大,就可能阻断了某些成员的参与机会,从而在群体的领导权上产生问题。另一方面,随着群体规模的扩大,个人为群体作出贡献的机会也减少了。在群体中,作出过突出贡献或参与积极的成员可能具有较大的影响,对群体毫无贡献而又不积极参与群体活动的成员,其影响也就微乎其微,这使得经常作出贡献者与其他人之间的鸿沟越来越大,领导者不得不花费更多的时间在成员的协调上。而且,虽然群体完成任务所花费的时间因成员的增加而减少,但由于涉及的人数增多,交际沟通方式变得更加"机械化",群体成员间的相互作用、相互影响减少。内向的成员受到了更多的约制,而可能的不同意见者因为害怕被视为"异端"而更不愿意讲话。因此,必须在有利于参与和有一定广度的可利用的知识和经验这两者之间取得规模的平衡。一般来说,5~7人的群体规模是令人乐观的,这种规模比较适合大多数人的社会需求和工作需要。

(二)成员因素

由于群体成员在个性、态度、信仰、价值观等各方面都有所不同,因此当人们加入一个群体时,这些因素就会影响群体参与和相互影响的程度、风格,并最终影响成员间的满意度以及沟通的效率。因此在成员的组成上,一般应考虑满意度和效率之间的平衡。当加入个体与群体之间具有较大的同质性时,成员之间的满意度就能提高;而当群体成员之间具有较大的异质性时,群体就能得到较高的沟通效率。此外,成员在加入群体之前的身份可能也会影响该成员在其他成员中的地位和影响力,进而影响他们在群体内的行为方式。

(三)任务因素

任务的性质、困难度和特殊要求,对于群体成员的态度、工作方式以及领导者对组织会议最佳方式的决定具有很大影响。我们知道,会议的任务一般包括分享信息、交换观点,说服和推荐行动,产生创意和解决问题,做出决策、选择方案并计划行动等四类。其中,为了分享信息的群体沟通,对于成员有较严格的控制,而为了解决问题的群体沟通,其成员间则有较高的相互影响和较低的结构性。因此,对于不同的任务,要求成员扮演不同的角色。

(四)领导风格

领导者是群体沟通绩效控制的核心,不同的领导风格对于群体沟通具有不同的影响。

1.民主型领导风格

民主型领导风格的领导者只在必要时对成员进行引导,其工作的基本信念是:成员能用自己的资源实现自己的目标,成员从这些信任和自行决策中得到满足。因此,在民主型领导者的带领下,群体沟通的效率相当高。在民主风格的群体沟通中,一般表现出群体导向的行为,目的在于取得群体目标和群体成员的满意度。

2.独裁型领导风格

独裁型领导者认为,群体要达到目标就必须不断地给予指导,要不断地给成员强化群体目标的信念,因为成员总是从追求自己个人目标出发,而不是首先从群体目标出发。在独裁风格的群体沟通中,一般表现出任务导向的行为,目的在于完成任务,几乎从不关心成员的满意度和群体中的人际关系。

3.自由放任型领导风格

在自由放任型的群体沟通中,由于领导者及成员不太关心目标的实现,群体的任务可能不能被执行,成员的满足来自于实现个人目标,而非群体目标。在此类领导风格的群体沟通中,一般表现为自我导向的行为,目的在于实现个人的目标。

(五)群体的相互影响和角色

从群体角色和行为分析看,群体成员,包括领导之间的相互影响有两个主要组成部分:内容和过程。内容部分涉及有关主题的内容或群体将要进行的工作;过程部分则涉及群体在工作时发生在成员之间和每个成员面对的问题。群体过程涉及士气、气氛、影响、参与、冲突、领导斗争、竞争和协调等问题。

在大多数的相互影响中,大多数人把注意力集中于任务的内容而忽视了过程,甚至当过程成为群体行动的主要原因时仍然如此。作为群体沟通的成员,对过程的敏感能及早帮助成员发现群体的问题并有效地加以解决。因为过程存在于所有群体,了解这些过程可以使你成为群体中更有价值、更有效率的成员。

(六)环境因素

环境因素包括以下两个方面。

一是自然位置。首先,自然位置的接近可以增加相互影响。比如,在一间大房间里开会,若每个人都感到"邻居"与自己之间有相当距离,就会降低群体凝聚力;把领导或主席与其他人分开的座位安排也会妨碍相互间的影响,容易助长领导者独断专行的领导风格,从而降低凝聚力。其次,会议的位置安排也会对群体沟通的效果产生影响。如果会议是在管理者办公室举行，可以加强以前存在的地位关系；如果在中立的地方举行，则可以减少原来关系的影响。最后，各种设施的分享，也有助于群体的一致和凝聚力。

二是人为环境的影响。如群体外部人员对群体的评价和看法，以及群体成员对该群体的态度等。没有人愿意成为一个不被认同或重视的群体的一员。

二、会议流程

会议的有效与否取决于会议的组织，因此为了使会议有成效，就必须做好以下三个阶段的工作：会前准备、会议期间的控制以及会后工作。

(一)会前准备

1.明确会议的必要性

会议往往占用人们很多的时间，因此除非必要，否则应尽量避免开会。确认会议的必要性可以从以下两个方面考虑：一是确定开会之前，充分考虑会议议题的性质和特点。若是不经多方讨论协商就难以解决的问题，那就有必要召开会议；如果通过其他方式能使问题更有效地获得解决，那就尽量不要开会。二是会议成本的估计。会议的成本包括与会者的时间、会议设施的租用费用、场地费、食宿费、材料费等，还包括机会成本，即这些与会者若不参加会议，他们能做些什么，利用参加会议的时间能为公司创造哪些价值。在确定会议之前，须认真考虑上述所有成本，确保每一次会议的召开都是必要的。

2.确定会议议题与目标

一般来说，企业中常见的举行会议的原因有两类：一是讨论工作中所出现的问题；二是分析将来工作中可能会发生的问题。会议的议题就是为了解决这两类问题。明确了会议的议题和必要性之后，就应当设置一个具体的并且经过努力能够达到的目标，如实现协议或策划方案等。一般来说，良好的会议目标应符合以下三项要求。

（1）书面确认会议的目标

用书面方式写下会议目标，可以带来三点效果：一是有助于澄清目标内涵；二是书面目标较不容易被遗忘；三是当目标种类繁多时，以书面方式写下目标，比较容易区分与调和它们之间的潜在矛盾。

（2）会议目标必须兼顾挑战性和可实现性

可实现性是指会议的目标经过努力可以实现，但是可实现并不意味着会议目标应该是容易实现的。事实上，一种适度的、不能轻易实现的目标，对目标的追求者来说才具有挑战性。这也就是说，会议目标不但应具有可实现性，同时还要具有挑战性。

（3）会议目标必须具体且可以衡量

只有明确的、具体的目标才可以充当行动的指南，否则，与会人员不知道目标实现的尺度，这样的目标就难以起到激励的效果。

3.确定会议场所

确定会议地点一般要遵循交通方便的原则，尽可能选择离与会者工作或居住较近的地方，以保障与会者能方便及时地赶到；会场应该能够适应会议的级别和与会者的身份，不能太简陋，当然也不能太奢侈，应符合经济适用的原则；会场应大小适宜，有良好的通风条件；会场的照明情况也很重要，光线明亮会使人精神振作，提高会议效率。此外，会场的环境应宁静而无干扰。

开会前，应根据会议的种类、内容，选择不同的会场布置。一般来说，会场内应具有以下一些相关设施：黑板、粉笔，以便与会人员书写；电源、荧幕、投影仪、幻灯设备，可以展示会议的一些背景和议程大纲；扩音设备，这点在大型会议中尤为重要，倘若与会者听不清主持人的发言，那将是一次失败的会议；录音设备，可以录下会议进行的实况；会议的有关资料，包括宣传材料和参考文件；如果与会者相互之间不熟悉，可适当考虑在与会者的桌上放上各自的身份牌。此外，还有其他一些基本的条件，如桌椅、茶水等。

倘若举行的是较大型的外部会议，还要考虑外来与会者的饮食、住宿问题，以及来回的飞机票、车船票预订等问题。

4.安排会议时间

会议时间安排包括两点：一是会议举行的时间；二是会议的时间长短。

首先应准确选择会议召开时间。会议召开时间的选择要考虑到与会者的工作时间及协调。一般来说，早上及星期二、星期三比较适合召开重要会议；如果希望就某一问题迅速达成协议，最好把会议时间安排在下班前一个小时。

会议的长短应控制在两个小时内，各个议题的时间分配视需要而定，一般要考虑在既定时间内让与会者有时间充分表达自己的观点。如遇特殊情况，可预留机动时间。

5.确定与会人员

与会人员包括会议主席、会议成员以及会议工作人员（如会议秘书、记录员等)。在有效的会议管理中,决定与会者群体的规模和构成是非常重要的。会议可能由于太多或太少的人员参加或不恰当的人员构成而流于失败。

一般来说,有关决策制定和关键问题解决的会议适宜人数为 5 人;问题识别或头脑风暴的会议适宜人数为 10 人;研讨班和培训班适宜人数为 15 人;信息研讨会适宜人数为 30 人;正式报告会的人数不限。

与会人员的构成上,应考虑以下三个方面的要素。

(1)同质性和异质性的平衡

一个团队如果内部成员之间具有很强的同质性,即成员之间具有相似的背景、性格、知识和价值观,那么成员之间就会较少冲突和分歧,但会议成果也许会因为成员之间思维相似而缺乏创新,显得平淡无奇和缺乏想象力。相反,如果团队成员之间具有很大的异质性,那么成员之间的冲突和分歧就会增多,但可能出现新奇的想法。然而不能排除的是,成员之间由于思维具有很大差异,也可能使得会议的决策无法达成一致,导致会议一无所获。因此,应根据会议的目的有效平衡与会人员的结构。

(2)竞争性和合作性的平衡

当与会成员为一个共同目标奋斗而对他人采取合作态度时,团队讨论的方式比个人决策更有效,有助于激发全体成员去打拼和获取竞争的胜利,并且会带来更高的成员满意度。更进一步地说,合作团队显示出更有效的人际关系、更彻底的劳动分工、更高的参与度和更好的绩效。

(3)任务导向和过程导向的平衡

一般来说,侧重于任务的与会者致力于工作,他们不怎么容忍开玩笑或有关情感和友谊的讨论,能有效完成任务但满意度较低;而侧重于过程的与会者强调团结精神和参与合作,他们对成员感情和满意度比较敏感,甚至不惜牺牲任务来满足成员的愉悦。如果这两类与会者在构成上能够互相平衡,会议将更高效。

6. 制定会议议程

会议议程应当表明需要讨论的业务事项的顺序,即按会上将要讨论的问题的重要性和类别依次排序,并限定各项内容商议的时间。会议的议程包括会议的宗旨、日期、时间、地点;与会者的姓名;例行公事的讨论;比较难解决或有争议的问题;其他事务;下次会议的日期;会议的总结和休会时间。

🔗【案例】

微型案例

会议议程实例

M计算公司一号项目检查会议

日期:1994年12月4日,星期五

时间:14:30~15:45

地点:B大厦第二会议室

会议目的:研究一号项目进展情况

议程:

公司第四季度销售情况;

上次会议记录;

上次会议记录中提出的问题;

杜敏做关于CPU进展报告;

史强做关于CASE设计进展报告;

李辉做关于软件进展报告;

下次会议日期、时间、地点。

附件:

软件进展报告,第7号;

CASE设计进展报告,第2号;

关于软件问题的短文。

议程的安排一般应遵循以下两条原则:按照轻重缓急安排事项的处理顺序,即紧要的事项先安排在议程的前端处理,次要的事项排在议程后端处理。这样做可以使紧要事项在会议时间不足时被优先解决,次要事项则可以安排在下次会议。在会议开始阶段,成员精神饱满,思维也更集中,更容易产生创新的建议。在次要议题数量较少,而主要议题需要花费较多时间时,也可以选择将次要议题先予以解决,余下的时间则用来解决比较费时的事项。

每一个议题的处理时间明确标示出来,这样,会议组织者就可以合理分配和节省与会者的时间,比如,让某些人只参加与他们有关的某些特定议案的讨论,议案讨论完后,这些与会者就可以退场,剩下的议题再由其他特定的人员参与讨论。这样各人处理各自相关的议题,就能节省很多时间。

常见的会议议程包含以下7个步骤。

（1）回顾。会议开始时，要先回顾一下议程和准备完成的任务，以及前次会议以来取得的进步。这有助于与会者确切地知道期望是什么，并鼓励他们集中心思于手上的任务，也使得会议的时间控制进行得更为容易。

（2）介绍。有些会议，与会者之间并不熟悉，这就需要做些必要的介绍。比如，会议主席就与会者进行介绍或者与会者之间相互做自我介绍。这样可以使与会者相互熟悉起来，使彼此在一起感到舒畅。特别是在考虑争议性较大的话题时，创造良好的气氛就更为重要。

（3）制定规则。在会议开始时为其构建框架有助于会议按轨道运行。会议主席应明确哪些和多少参加者在预期之中，议程又允许哪些变动，时间框架是怎么样的等。另外，决策制定模式也应确定下来。比如，是与会者一致同意才能达成结论，还是按少数服从多数原则，还是每人一票制？

（4）报告。在会议的前面阶段，由预先指定的报告人做报告。这有助于保持对任务的责任感，减少报告的忧虑，确保报告不会被拖到会议末尾。

（5）演示。为了保持与会者的兴趣，会议的信息可以采用多种媒体方式向与会者展示，如手册、投影仪、幻灯片、图表、录像、黑板图解等，这有助于保持与会者兴趣和提高信息展示的效率。一般而言，与会者应该能够在会议上动用至少两种知觉形式，如看和听。

（6）参与。与会者皆平等参与会议，但这并不意味着人人都必须做相同数量的发言。拥有较多信息的人以及对某一话题有特别兴趣的人可以多参与发言，同时要有意识地鼓励那些有见地但不愿示人的成员参与更多的讨论。

（7）总结。结束会议时，要总结所达成的决议、分派的任务、所取得的成绩、讨论的主要观点以及从该次会议中学到了什么，审核要在下次会议报告的行动项目，明确会议记录和下次会议的议程何时下发以及该如何筹备等问题。要使与会者感受到花时间参加会议是有收获、有成就感的。

7. 发放会议举办通知

会议通知要及时发出。原则上，会议通知要以文字形式进行。通知的内容包括会议名称；会议召开以及结束的预定时间；会议场所（附导向图）；会议目标；会议议题；对方答复是否出席的期限；主办者及联络地址、电话；会议有无停车场和其他事项（如有无会议资料、有无就餐安排等）。发通知时，要把请对方答复是否出席的明信片一并发出。有些人可能对这种约定最后期限的方式比较反感，而不愿意回复允诺。在这种情况下，组织者可以在最后期限前打电话向各位受邀人征询一下，以确定他们是否参加会议。

(二)会议期间的控制

1. 明确与会者角色

在确定好与会者的人数和结构后,会议组织者必须明确与会者的角色安排。与会者一般可以分为会议主席、会议成员和会议工作人员(如会议秘书、记录员等)三类。

(1)会议主席

会议主席的行为包括主持、制约、仲裁、控制以及领导等。一般而言,会议主席可以分为社会领导型主席和决策型主席。社会领导型主席的主要作用是做出决定,控制会议,应付"隐秘议程",引导会议和促进讨论等。决策型主席的主要作用在于促进讨论,引导会议,控制会议,应付"隐秘议程"以及做出决策等。

总的来说,主席的职责包括会议控制、过程引导、促进讨论、应付"隐秘议程"和做出决定 5 个方面。

①会议控制。会议控制的方式和组织取决于会议的目的。会议控制应当着眼于建立行为标准,以这些标准衡量会议结果,并在必要时进行调整。领导者为了对群体沟通的最终表现负责,必须从标准和结果来控制会议的过程。有效的会议主持人应遵循五个基本原则:决定讨论主题;明确讨论范围;确保人们的发言不偏离主题,且每个人都享有发言的机会;尽可能做到公正,尽全力避免与会者的争论;确保其他成员了解会议进展情况。

②过程引导。无论会议主席的领导风格如何,他们必须能够发起会议,并确保主题和问题的讨论以良好的秩序肆行。有些成员习惯于在真正了解清楚问题之前武断地下结论,这个时候,作为会议主席,就应该对这样的行为加以引导,以保证他们在充分了解问题背景的前提下做出合理的决策建议。为能够保证会议在良好的秩序下进行,会议主席需要明确四个步骤:

对会议的主题和要讨论的问题应清楚地加以说明,如有必要,可在会议的间隔期间重复强调。

引导和鼓励会议成员开发和交换建议,在取得解决问题的建议之前,收集并解释依据。

评价不同方案并列出可选方案,预测每个方案的可能结果及可行,包括方案涉及的时间、成本、资源、政治因素等要素。

选择行动计划,即决定"5W1H"——"谁"、"为何"、"何事"、"何地"、"何时"、"怎样做",并确保每个人都明确自己的责任。主席应确保与会者不偏离这个程序,有时可能需要提出新的建议、澄清上述内容、做小结或提请对可能结果的注意。

③促进讨论。在沟通过程中,会议主席要及时根据会议的进度和谈论的话题,围绕主题适时运用提问技巧,提出恰当的问题以激励与会者。适合的提问方式不但有助于激励与会成员,也是控制会议的有效手段。比如,在适当的时候打断那些滔滔不绝的人,为其他没有更多机会发言或不愿意发言的人提供机会。

④应付"隐秘议程"。大多数与会者来到这个群体,往往会带着自己个人的目标,尼克·斯坦顿把这种现象称为"隐秘议程"。"隐秘议程"具有以下特征:成员个体想引起别人的特别注意;设法保护自己所代表的群体的利益;利用会议贬低对手;掩盖过去错误中表现出来的无能;结成特别的非正式联盟,或者把会议作为个人消遣或追求个人成就的舞台。

主席还应努力保持讨论的话题集中,不使其演变成为与会者之间的个人冲突。必须妥善处理群体成员中的"隐秘议程"、竞争和偏激的发言,否则,人际关系和情绪问题将会转移群体的注意力,而影响会议任务的完成。为了促使与会者关注事实和建议,要求他们列举概括性论断的实例是一个有效的方法。但是,可能需要协助做维持群体的工作。从现有研究结果看,由群体自己产生的领导者更善于维持群体成员间的关系,并对成员进行有效的激励。

⑤做出决定。当群体要做出结论时,可以采用多种方式,如采取正式投票表决的方式,采取其他成员一致同意或普遍同意的方法去得出结论(如相互协商),或恰如其分地引出解决问题的最佳方案。

(2)会议成员

一次会议要取得成功,离不开与会者的配合和积极参与,只有与会者能对主席的行为做出反应时,会议才有可能获得成功。为此,与会者应明确自己的职责。

作为与会者,首要责任就是树立对会议的积极态度,敞开思想,抒发观点,并认真听取别人的意见。会议是管理和监督的一种重要工具,如果大家都能认真参与,会议会对每个人都有价值。为了能提供好的建议,与会者还应该明确会议的目的,充分贮备与会议主题有关的信息与资料,以便贡献出有创造性的思想。在发言时,要尽量做到说话清楚、简洁,不要滔滔不绝,应为别人的发言提供时间;鼓励别人表达其想法,同时全神贯注地倾听别人的谈话;当别人的观点与自己有冲突时,要控制自己的情绪,不要发生争吵,从客观的角度与人协商。

(3)会议记录人员

会议记录人员的主要职责是对会议进行的情况做出正式记录。会议秘书可以是专门的记录人员,也可以是与会者之一。会议记录人员要求具有清楚快速的书写能力,熟悉会议内容,并且具有会议主题的相关知识,立场要中立。会议记录人员需要整理的资料包括参加会议的人员,包括缺席人数;会议的时间和地点;会议的议程;与会者的意见;最终的决议等。这些信息可以为将来会议决策的执行和备查提供依据。

2.成员介绍

好的开端等于成功的一半。会议开始顺利能为会议的成功举行打下良好的基础。会议开始时,主席应尽力吸引与会者的兴趣,满足与会者的需求。有时会议成员之间并不相识,这就需要做些必要的介绍。常用的介绍方法有:

(1)自我介绍。与会者相互之间分别做一下简短的自我介绍,说明自己的姓名、身份、背景情况等。这种介绍可以是按一定次序进行的,也可以是随意的、无序的。自我介绍时,通常应起立、脱帽。

(2)互相介绍。这种介绍将自我介绍与他人介绍结合起来,通常按照座位的次序或按事前编排好的次序进行。

(3)主席介绍。由会议主席分别一一介绍参加会议的人员情况,这一方法适用于主席对与会者的姓名、身份比较熟悉的情况。介绍到哪一位与会者时,被介绍者应起立、脱帽向大家点头示意。

(4)名片介绍。这种介绍是通过与会者相互递交名片进行。名片通常印有姓名、身份等内容,呈长方形,长 9～10 厘米,宽 5～6 厘米,男子的可略大些,女子的可略小些。名片的颜色可以是白色、米黄色、浅灰色或浅蓝色,在左上角常用较小的字体写明身份、职务等。名片正中用较大的字体印出姓名,左下角和右下角可印出地址、邮编、住址、电话等。

在介绍了与会者的情况之后,应设法使会议进入正题。其方式有两种:一种是比较正式的会议,可以由主席或其他重要人物的正式讲话开始;另一种是非正规的、非正式的场合,可由主席用一个与会议主题有关的故事或幽默玩笑引入正题。

3.讨论

讨论主题事关会议能否顺利进行和能否取得好的结果,而这些与会议主席有着很大的关系,会议主席负责控制会议的进程。会议开始后,会议主席应向与会者宣布会议的主题和目的,让大家明确讨论的方向。在介绍完主题和目的后,主席要根据会议议程顺序提出每个项目,然后征求与会者的意见。在讨论阶段,会议主席要适当安排时间,确保每个人都有表述自己意见的机会,如果发生与议题无关或深入到不必要的细节上时,应及时引导到议题本身。如果会议上出现各种不同的见解,主持人应根据自己的理解将各种观点加以概括。每个议题的讨论都要遵守预定的时间，尽量避免拖延，以免破坏会议的进程。在每个问题讨论结束后，会议主席还应对问题的讨论结果加以概括，以便实现共识或做出决策。在会议结束时，会议主席应对已取得的结果进行概括。对于部分问题如确有必要作进一步讨论，可以安排在下一次会议进行讨论。如有必要，还需确定下次会议的议题和时间。

(三)会后工作

会议结束并不意味着会议组织者的工作已全部完成。一般来说，比较大型的正式会议结束之后，组织者应将会议的决议和感谢信寄给每一位与会者，感谢他们在会议上所作出的贡献。此外，对于给予会议支持的各方也应该寄出感谢函以示感谢，这样有利于双方长期的友好合作。

租借的设备和场地的及时退回，也是组织者在会议结束后的工作之一。有些会议的演讲者需要支付演讲报酬，这时组织者就应当尽快将报酬和感谢信送到他们手中。如果与会者将一些物品遗忘在会场，与失主联系也是组织者的任务之一。

为了贯彻会议精神，执行会议决议，组织者应尽快整理好会议记录、会议纪要和会议简报，如有必要，可将会议记录或会议简报下发至与会者及其他有关人员。会议记录的内容要准确，会议中所形成的决策要突出承担任务的责任人姓名、时间及验收标准，并表明下次会议的日期和时间。

三、会议的沟通技巧

(一)会议主席的技巧

会议主席处在会议控制的核心地位，因此，会议主席对会议控制的技巧，对会议的结果具有重要影响。会议是多人进行交际沟通的场合，在开始时即营造出一种良好的或适宜的会议氛围对其顺利开展是十分重要的，这就要主席具有较熟练的技巧和丰富的主持会议经验。具体可应用以下技巧。

1.造成"我群感"

造成"我群感"也就是想方设法使与会者对会议群体有一种强烈的归属感。"我群感"对于调动与会者的积极性，引导其承担职责，增强会议内聚力，实现会议目标都具有良好的效果。要造成"我群感",主席可以在讲话中重复使用"我们"、"我们的"、"我们这次会议"等术语,便与会者产生"我们是一个整体"的感觉;同时,应尽量避免使用"你们"这样的称呼。另外,还可以使用特殊的会议标志,如会议代表出席证、会标等,以造成会议群体与非会议群体之间的界限。

2.分析与会者的目的

对所有与会者参加会议的目的进行深入细致的研究,并对不同的目的加以分组和归类。主席在掌握会议进程时,要注意这些目的是否达到。只有使会议既达到了组织者的目的,也达到了全体与会者的目的,会议才可能获得较大的成功。

3.把握会议目标

会议主席应处理好会议的显在目标与潜在目标的关系,会议的显在目标一般是主席在会议开始时明确、清楚地向全体与会者宣布的目标;会议的潜在目标是会议未公开宣布,但在实际上却随着会议的进行而逐渐达到的目标。对于显在目标与潜在目标,会议主席应始终保持清醒的头脑并灵活处理,创造良好的会议气氛。此外,会议主席还应在会议中尽快实现近期目标和较易达到的目标。会议的目标有近期的、较易达到的和远期的、较难实现的之分。主席在安排会议时,应使近期的、较易达到的目标尽快实现。

4.利用与会者的经验、专长

虽然会议开始时,与会者对于会议的情况还不甚了解,但每个成员都有自己特殊的学识、文化、阅历和经验。主席应尽力调动这些潜在因素的功能,使之充分发挥作用。

5.对与会者的错误采取宽容态度

会议成员有时会有不适当的言谈举止。对此,主席不宜采取激烈的批评态度,而应尽量宽容。不适当的批评会破坏会议的气氛,使整个会议中的人际关系紧张,从而不利于会议目标的实现。随着会议的进行,应相信他们会有所修正和改进。

6.讨论

这是与会者进行交流沟通的主要形式,而会议主席的基本责任之一就是鼓励和促进讨论。对于要讨论的问题,应允许各种不同的意见充分表达出来,不要在讨论之前就规定某种答案,应注意让每个成员都有发表意见的机会。讨论中虽然常有主要发言者,但要注意不要让会议的发言机会被某几个人垄断,必要时可以限定发言时间。有时,为了保证与会者都有机会发表意见,可以适当限制参加人数或分成小组讨论。分组有两种方式:一种是将专业、素质、年龄相近的人分在一起；另一种是将专业、素质、年龄不同的人分在一起。前一种方式有助于使讨论焦点集中，便于形成融洽的关系；后一种方式有助于从各个角度比较全面地研究问题，避免片面性。

此外，会议主席还应随时把握讨论的方向，使之不偏离主题。在讨论中，切忌发言者之间毫无联系或交流，各唱各的调，问题分散甚至形成小群体。在讨论时，会议主席可以通过一些必要的插话、简短的小结使讨论问题集中在某一点上。

7. 提问

主持会议的一项重要技巧是善于提出问题，提问可以吸引全体与会者的注意力，也有助于人们深入思考。提问时，要注意把握时机，提出的问题要明确具体，切忌使用含糊、模棱两可的语言。当讨论已涉及某个问题但焦点又不十分明确时，及时地提出问题，常能使讨论形成高潮。

提出的问题类型有不同的划分方法，比如，开放型问题与封闭型问题。前者指没有任何固定答案，由被问者自由回答的问题；后者指提问者已设计了两个或两个以上答案，让被问者讨论这几种答案的利弊。还有全体问题与个人问题。前者指主席对全体与会者提出的问题；后者指对某一与会者提出的问题。会议主席应根据会议进行的状况，适时地选择提问的时机与提问的方式。

8. 处理不同意见

由于与会者的素质、阅历、观点、思维方式等各不相同，他们对问题的解释也就各不相同，因此会议进行中常会出现多种不同的意见，甚至有可能引发争执。这也是会议不可避免的问题。主席在处理不同意见时，可采取如下措施：①对争论双方或各方的观点加以澄清；②分析造成分歧的因素；③研究争论双方或各方的观点，了解协调的可能性；④将争论的问题作为会议的主题之一，展开全面的讨论，以便把会议引向深入；⑤若分歧难以弥合，那就暂时放下，按会议议程进入下一项。

9. 总结

会议主席的另一个重要职责就是及时地对会议做出总结。不善于总结的人往往会将会议的宝贵成果丢掉或错过宝贵时机。总结实际上是对会议成果的概括。随着会议的进行，会议主席及时总结会议取得的成果、成功的经验和失败的教训，能使与会者明确会议的进程，让讨论更具有方向性。如果会议的目标已经达到，会议主席就应尽快总结并结束会议。

(二)与会者的技巧

会议的成功不单单取决于会议主席的控制技巧,还取决于与会者的积极配合,如果与会者不予以配合,那么,再高明的主席也无法开好会。

1.会前做好准备工作

为了自己在会议中取得最大的成就,与会者在会前就应该做好周全的准备。必须对以下几个问题的答案了解清楚。

(1)谁召开这次会议?

(2)为何目的召开这次会议?

(3)会议主题的背景是什么?

(4)自身的立场如何?

(5)自己的观点是否能被接受?

(6)这次会议是否涉及既得利益问题?

(7)自己期望从这次会议得到什么结果?

明确了这些问题后,才能在会议中做到有的放矢。

2.慎选座位

自然位置对于群体间的沟通具有不可忽视的影响。它可以拉近彼此的距离,也可以疏远彼此的关系。因此,除非位置早已被安排,否则与会者应当慎重选择位置。

(1)不要迟到。如果想选择对自己有利的位置,则一定不能迟到。迟到只会丧失选择的权利。

(2)不要选择会令人忽视你的存在的位置。假如会议桌是长方形的,尽量坐在面对会议主席的正前方,或者邻近会议主席的两旁;假如会议桌是带有双翼的长方形桌子,而会议主席坐在长方形一边的中央,则尽量选择双翼末端的位置;假如桌子是方形或圆形,则你应坐在面对会议主席的位置。选择适当的位置,可以增加与会议主席沟通的机会,也能引起其他与会者的注意,发表意见时,大家更能关注你的发言,从而更好地发挥你的影响力。

(3)平时多观察会议主席在会议中的举动。假如会议主席有咨询邻座意见的习惯,则以后开会时,应尽量争取这个"顾问"的位置,以增加对会议主席的影响力。

(4)与上司互相配合。假如开会时,上司也是与会者之一,这时应尽量不要让上司的位置横断在你与会议主席之间,最好选择坐在上司对面的位置。一来会议主席发问时,你的发言机会不至于被上司所垄断;二来当上司发言后,你可以为他作补充,与你的上司相互配合,以此来增加对其他与会者的影响力。

(5)不要坐在放置会议器材的位置处,以免视线被器材挡住,这样既无法与他做眼神的交流,也无法使别人注意到你。

3.会议参与技巧

(1)保持积极的态度。保持积极的态能使你对会议具有更高的参与热情。要知道,积极的言词和积极的态度,不仅能让自己思绪集中、富有灵感,还能让别人感受到你的活力,给会议创造良好的气氛。

(2)严格遵守会议规则。一个群体要达到目标,当然离不开秩序和规则,行事杂乱无章,只会一事无成。会议作为一个群体性的活动,其中当然也有许多基本的规则必须遵守,如遵守会议时间;听从会议主席的指示,互相配合;虚心听取别人意见,控制情绪,避免冲突;尊重会议的结果等。

(3)树立良好形象。首先应注意仪表,着装要整齐、干净、得体,不要穿会影响注意力的衣服;发型不要凌乱和夸张,应符合会议的场合。在言行举止方面,要学会耐心倾听别人的发言,不要打断别人的讲话,要知道,打断别人的讲话是很不礼貌的行为;当自己发言时,不要夸夸其谈、滔滔不绝,要注意发言的时间,给别人留下发言的机会,口若悬河的人是不受欢迎的;当别人的意见与自己不合时,要客观、冷静,不要情绪激动,引发冲突。要知道由于每个人的经历、观念、个性等都不一样,意见的不合有时在所难免的。

4.发言的技巧

(1)严格控制发言的时间,尽量在最短的时间内充分表达自己的观点。

(2)突出要点,先说结论,再做解释,然后再重复一遍结论。

(3)注意听众的反应,自信地表达自己的意见,有条不紊地回答听众的问题。

(4)保持礼貌。

(5)适当使用幽默感。

(6)注意语言因素,如语调、语速、措辞等。

(7)灵活运用客观事实,如数据、案例等,适当引用名言,增加发言论点的可信度。

5.答辩的技巧

面对质疑和提问,自信、平静地表达自己的想法,会给其他与会者留下良好的印象。

(1)耐心听完别人的问题后再予以回答。

(2)答辩时不要有遗漏。

(3)不要回答不清楚的提问,等明确问题后回答。

(4)就事论事，不要做人身攻击。

(5)不能贬低提问者。

(6)有礼貌、有分寸或者有幽默感地避开一些难回答的敏感问题。

(7)与其狡辩，不如认错。

(8)避免二手资料支配。

(三)会议记录的技巧

会议记录的总负责人是会议主席，但一般来说，实际的会议记录工作由专人负责，也就是会议秘书。一般在会议结束 10 分钟之前，由会议主席负责对会议纪录的内容进行仔细审阅并予以认可。会议记录是一项关键的工作程序，良好的会议记录反映会议的精华。

1. 会议记录的内容

对于一些正规的会议，详细、准确地记录会上的发言以及讲话者是谁是非常重要的，这类会议如法庭审讯、国家有关行政部门召开的办公会议、股东大会或董事大会等，为了将来发生争端或是有请求参照时使用。这些会议的程序都应该进行记录、录音、出版或收藏。一般而言，经理会议极少要求那么正式水平的录音记录，仅限于书面记录，内容包括参加会议的人员，包括缺席人数；会议的时间和地点；会议的议程；与会者的意见；最终的决议。

在做会议记录时，上述内容应按段落章节编目，以便将来查看；使用有限的文字，以短句记录讲话的核心内容，如谁讲的话，做出了什么决定等。

2. 会议记录的分发

会议记录只有在特殊情况下对某一目的有用时才分发。如果是会议的目的只是单纯地发布管理部门的信息，则只要列出与会者的名单、会上陈述内容摘要就足够了。如果是有关经营问题的会议，或相互配合的小组会议，一般要求记录得较为详尽，以保证达到会议的最终目的。在会议记录分发前，应对记录仔细审阅，加以校对，以免出现失误。记录分发的时间越早越好，特别是在会议上已对某些人分配了任务，就更应该尽快把会议记录送到他们手中。出于礼貌，也可以把会议记录副本分发给所有与会者，必要时，发送新闻宣传机构。

四、小　结

　　会议是群体或组织中相互交流意见的一种形式,它是一种围绕特定目标开展的、组织有序的、以口头交流为主要方式的群体型活动。会议具有普遍性、目的性、组织性、集体性的特点。

　　群体沟通可以产生更多的承诺,产生更好的决策,但可能会花费更长的时间,降低行动的效率。群体压力以及专家或领导的压力可能导致不好的决策。

　　影响群体沟通的因素包括群体规模、成员因素、任务因素、领导者风格、群体的相互影响和角色、环境因素。

　　高效的会议流程离不开会前准备与会议组织。

【复习思考题】

　　1.群体沟通具有哪些优点? 又有哪些缺点?

　　2.影响群体沟通的因素有哪些?

　　3.如何做好会议的准备工作?

　　4.案例分析。

理查德·希尔顿的烦恼

　　理查德·希尔顿是一位部门领导,他所领导的部门中有14位聪明能干的员工。希尔顿只是名义上的领导,因为这十几位员工都非常负责。在大多数情况下,部门成员之间都非常配合,大家相互协作与支持。然而唯一让希尔顿头痛的问题就是开会。在希尔顿领导的部门里没有固定的时间开会。只是有人感觉到需要对某个问题进行讨论时,会议才召开。会议的主持者并不总是希尔顿,而是那个需要开会的人。在至少7人到场后主持人才开始会议。因为总是有人迟到,会议总是在预定时间的5～10分钟后才开始。开始后的前10分钟总是讨论一些与会议无关的话题。当会议正式开始后,主持人口头说明一下开会的原因。这些说明就成为会议的议程,然后组织对议题展开无目的的讨论。发言很零散,也很容易偏离主题。对议题不感兴趣的人往往会进行脱离主题的发言,还有人会大声打断别人的谈话,观点不同的人会争论不休,受到攻击的人往往不愿意再表露自己的观点。

在会议结束的时候,经常陷入以下的局面:除了再开会讨论外,会议没有达成任何共识;发现了额外的任务,并分配成员,继续解决;任务确定下来了,但是没有人去具体负责解决;会议达成了一定的共识,但是却不能清楚表达共识是什么。

以上局面带来的后果是:再开一次会议意味着浪费大家的时间;额外任务通常不会被重视,往往会被更重要的事情挤掉;由于无人负责,结果任务无法完成;共识由于没有被成员理解而变得不合理。

问题:

(1)你对希尔顿有什么建议?

(2)你认为希尔顿应该怎样把你的建议传达给下属?是通过会议还是备忘录?

(3)如果你是希尔顿,你会限制开会的人数吗?

(4)电子会议对于解决这个问题有效吗?

(5)如何避免这个组织开会时遇到的问题?

第十一章

销售沟通 $\gg\gg\gg\ \gg$

🔖 本章学习重点

    本章重点阐述销售沟通的主要特点和要求,包括销售沟通的职能、类型与障碍、销售沟通的原则与方法等内容。

    通过本章学习,应了解销售沟通的主要特点和特殊障碍,掌握进行销售沟通的原则、方法和技巧,提高销售活动的效率。

一、销售沟通的职能、类型与障碍

(一)销售沟通的职能

    销售是最重要的商务活动之一。企业是营利性组织,一切活动都是以取得利润为目标。取得利润的前提是销售收入能够弥补成本。

    在不同时代,销售在企业经营中的重要性是不同的。人们对销售的地位及其重要性的认识,也经历了一个不断演变的过程。在进入大工业生产时代之前,整个市场的基本格局是供不应求,销售成为产品生产出来之后一个自然而然的环节,销售在经营中只处于附属的地位。而进入大工业生产时代之后,特别是第二次世界大战以后,随着需求不足、竞争激烈、销售下降、成本提高等情况的出现,销售在经营中的地位不断提高,有些企业甚至将销售作为经营的核心环节,如实行以销定产、订货生产等。今天,大部分的经营者都认为销售是联结市场需求与经营的纽带。要想有效地满足顾客需要,占领市场的制高点,就必须将销售置于企业的核心地位。可以说,从直接的角度看,销售是企业生存和发展的生命线。

固然,从经营的角度看,影响产品销售的因素有很多,如市场需求、产品性能、品牌形象、渠道能力等。但不容否认的是,在其他条件相同的情况下,销售人员与目标客户的沟通能力也对销售业绩有重大影响。即使销售同样的产品,善于沟通的销售人员会比不善于沟通的销售人员的销售成果大得多。销售人员的工作热情、工作态度、工作技巧对销售业绩有着十分重要的作用。

销售沟通在经营中的职能是多方面的,其中突出的有以下4个方面。

(1)销售沟通有助于全面、准确、及时地将产品信息传递给目标客户。在现代社会化大生产的条件之下,生产是高度集中在一个或几个区域内的,而目标顾客则分散在世界各地,获取产品信息是顾客购买产品的必要前提。这个需求在很大程度上是通过销售沟通实现的。有些时候,顾客本身也不十分了解自己的需求以及相对应的解决方案,此时,销售沟通的重要性尤其显著,它同时起到了激发需求和实现销售两个方面的功能。

(2)销售沟通有助于树立企业的良好形象。在很多时候,顾客是无法了解企业生产、经营的全过程的。不仅个体消费者如此,一些企业客户和经销商也是如此。对于这些客户而言,对企业的了解除了大众媒体之外,最直接的就是与销售人员的沟通。如果说客户对大众媒体的宣传还心存怀疑,那么通过与销售人员的沟通所获得的关于企业的印象就真实、直观得多了。

(3)销售沟通有助于达成直接的销售。销售沟通是一种多功能的行为,通过销售沟通不仅可以向顾客介绍产品信息、宣传企业形象,还可以达成交易、完成售后的一些服务。

(4)销售沟通有助于了解顾客的需求。取得商务成功的一个重要前提条件就是了解顾客的需求。在顾客需求越来越差异化、个性化的今天,销售人员与顾客直接的沟通将为企业带来大量珍贵的第一手需求信息。

(二)销售沟通的类型

按照销售对象、销售阶段和销售形式的不同,销售沟通可以分为不同的类型。

1.渠道沟通和用户沟通

按照销售对象的不同,销售沟通可以分为渠道沟通与用户沟通。

渠道沟通是指销售人员与经销商或代理企业之间的沟通,如制造商与超市之间的沟通。在现代市场竞争中,由于最终顾客分布在不同的地域、行业,即使一些世界知名的大企业也无法直接与最终顾客建立起直接的联系,在零售终端尤其如此。在这种情况下,企业一般通过经销商、代理商与最终顾客建立起联系。此时,企业与销售渠道成员的沟通就变得十分重要,因为渠道成员在企业和最终消费者之间起着上传下达的作用。或者换句话说,企业与最终顾客之间的沟通是依赖渠道成员实现的。

用户沟通是指企业销售人员与产品最终购买者和用户之间的沟通,由于受到企业资源和顾客分散性的影响,通常大部分企业不采取这种销售和沟通方式,只有某些特定行业或者某一部分企业采取这种形式。

2.售前沟通、售中沟通和售后沟通

按照销售阶段的不同,销售沟通可以分成售前沟通、售中沟通和售后沟通。

售前沟通指企业或销售人员在与顾客直接见面推销或销售前进行的沟通,可以分为传媒沟通和人际沟通两种形式。售前沟通中的传媒沟通是指企业或销售人员通过电视、报纸、广播、网络等大众媒体向目标顾客发送的单向信息,它对销售人员的销售活动往往会起到非常好的支持作用。售前沟通中的人际沟通是指在销售活动进行前通过派发宣传材料、样品、礼品、口头介绍等方式向顾客介绍企业和产品的情况。售前沟通主要对引起顾客的购买兴趣具有比较大的影响。

售中沟通是指在销售过程中向顾客介绍企业和产品信息。售中沟通是销售沟通中最重要的一个阶段。在这一阶段,销售人员既要帮助顾客了解产品性能,又要促使消费者打消顾虑和产生购买冲动。售中沟通是对达成交易影响最大的一个阶段。

售后沟通是销售完成后销售或服务人员与顾客之间的沟通。售后沟通可以分为三种情况,即售后告知、售后回访和售后服务。售后告知是指在消费者刚刚购买完产品的时候,销售人员要及时地就产品使用中的注意事项、可能出现的不良后果进行解释说明,这样做一方面是为了客户更好地使用产品,另一方面也可以在一定程度上为将来可能出现的纠纷或问题免除法律或道义上的责任。这样一些内容之所以选择在购买刚刚结束的时候说明,是为了避免加重顾客的犹豫,在不影响销售的情况下履行全面的告知义务。通常,在这个时候顾客是有机会选择退货的,不过绝大部分顾客不会退货。售后回访是顾客购买产品一段时间后,通过上门访问、电话访问等形式了解顾客对产品和服务情况的意见、建议。售后服务是指在顾客购买产品后提供的其他服务,如送货、安装、维修、升级等。售后沟通往往对于树立企业良好形象、刺激重复购买具有很大作用。

3.媒体沟通、人际沟通

按照销售形式的不同,销售沟通可以分为媒体沟通、人际沟通等。

前面我们已经介绍过,媒体沟通是售前沟通中最重要的沟通形式。通过媒体沟通,企业可以向消费者传递企业和产品信息,树立企业品牌形象,激发消费者的购买欲望,消除购买的阻力。

人际沟通是指销售人员通过面对面或电话等媒介直接与顾客进行的沟通。人际沟通是销售沟通中最主要的形式。

(三)销售沟通中的特殊障碍

销售沟通属于典型的外部沟通,而且在销售过程中顾客要为存在不确定性的商品或服务付出经济代价,因此,销售沟通中存在很多特殊的障碍,几乎是最困难的商务沟通形式。关于人际沟通中的一般障碍我们在第一章中已经作过介绍,这里不再赘述。下面我们就销售沟通中的特殊障碍作一些介绍。销售沟通中的特殊障碍主要表现在沟通对象的不信任心理、沟通对象的复杂性和沟通双方利益的直接冲突。

1.沟通对象的不信任心理

为了将自己的产品或服务顺利地销售出去,企业和销售人员总会尽力将自己的产品或服务描绘得完美无缺,正如俗语所说"王婆卖瓜,自卖自夸"。这必然会造成沟通对象的怀疑心理。如何获得销售对象的信任,是销售沟通成功的首要问题。

2.沟通对象的复杂性

对于销售人员来说,所要沟通的目标顾客来自四面八方甚至世界各地,公司背景和个人背景相去甚远,性格各异,目标也不尽相同。学会与不同背景的顾客打交道,是对销售沟通的基本要求。因此,要求销售人员在销售沟通过程中,首先一定要清楚沟通的对象是谁。

3.沟通双方利益的直接冲突

尽管正常的销售活动是买卖双方之间商品和货币的自愿让渡,但交易条件的不同直接导致双方不同的利益分配。因此,沟通双方利益的直接冲突是销售沟通中一个不可回避的问题。从销售人员方面看,必须采取适当的策略和方法、提供适当的佐证材料,才能使买方如实介绍自己的观点和交易条件。

二、销售沟通的原则与方法

(一)销售沟通的原则

要顺利实现销售沟通的目标,销售人员在销售沟通中要遵循一些基本原则。这些基本原则主要包括以下几个方面。

1.顾客为本原则

所谓顾客为本就是在沟通过程中处处考虑顾客的利益和感受,以此作为沟通的核心内容。在销售沟通过程中,顾客为本原则可以用"顾客是上帝"这样一句话来概括。"顾客是上帝"是很多销售人员经常提到的一个基本原则。从销售沟通的角度看,"顾客是上帝"具有以下几重含义:①顾客是企业和员工的衣食父母,销售人员必须竭尽全力为顾客服务;②作为上帝的顾客是永远没有错误的,不能以挑剔、指责的态度对待客人;③顾客是有权提出各种要求的,尽管这些要求销售人员不一定都要满足。

2.利益诱导原则

与管理沟通不同的是,在销售沟通中,沟通双方处于完全平等的地位,不存在地位和权力的高低之分。销售人员要达到沟通的目的,只能对顾客采取诱导的方法,而不能采取逼迫的方法。尽管有些时候由于供不应求等原因使得销售者处于有利地位,可以在一定程度上采取逼迫的策略,但从长期看,这样必然会损害企业与顾客之间的关系,正如孙子兵法所云"合于力而动,不合于力而止"。

销售人员在销售沟通中,首先必须清楚地向顾客传递清晰的诱导信息,如自己的产品或服务能给消费者或客户带来什么利益,有什么好处,与竞争对手的同类产品相比,或与替代产品相比,有什么优点等。其次,需要注意的是利益的表现形式是多样化的,可以是物质利益,也可以是精神利益,无论何种形式,只要是顾客需要的就可以。同时,"利"的主体也是多样的,可以是他本人,也可以是他的家人。

3.情感原则

销售沟通的对象是人,而无论他是何人,无论他是什么地位,也无论他代表什么样的机构、具有什么样的社会属性,都无法改变他是一个人的基本属性。每一个人都是具有感情的社会一分子。因此,在销售沟通中尽量不要仅仅以金钱作为诱导手段,而应采取富有人情味的表达方式。例如,销售人员可以建立客户档案,记录每个客户的特点、爱好、父母亲的生日、结婚纪念日、孩子的生日等,在适当的时候给予客户不同的关怀、照顾和祝福,这是建立感情的重要资源,而且可以收到投入小、见效大的效果。

4.法制原则

从法律角度讲,销售人员与顾客之间达成的各种协议,特别是书面协议都是具有法律效力的,受到法律的保护,双方都必须遵守。此外,除了合约中的约定之外,各国还存在大量强制性的法律法规。在销售沟通中销售人员应该树立法治意识,既要严格遵守法律法规的强制规定,也要从法律角度考察沟通的内容和形式是否合法。

5.诚信原则

任何法律上的合约都不可能把销售中可能发生的所有事情都考虑周到,即使合约规定得比较缜密,也还存在是否执行的问题。要保持长期的互惠互利关系,沟通双方必须在沟通过程中和其后的执行过程中坚持诚信原则,不可以言而无信。

(二)销售沟通的方法

销售沟通的方法很多,下面我们根据进行销售沟通的思路的不同,将销售沟通的方法主要分为开门见山、步步为营、示弱求助、拖延重复、虚实结合、迂回诱导等。

1.开门见山

所谓开门见山,是指销售人员在销售过程中直接向有关客户介绍本企业、本企业产品和销售方面的信息。开门见山方法的特点是直接、明确。一般适合于客户对企业或产品已有比较多的了解,对于有长期往来的老客户这种方法比较适合。此外,这种方法也适用于与潜在客户的初次一般沟通。

2.步步为营

所谓步步为营,是指在销售过程中明确表明己方的态度、观点和条件,立场强硬,迫使对方做出让步。

这种方法主要适合于产品供不应求或购买方由于品牌、质量、功能方面的原因对本方所销售的产品有比较强的购买意向的情况。

采用这种方法通常要具备两个条件:一是要注意确保本企业的产品在品牌、质量、功能方面的确处于明显的领先地位;二是通过市场调研确认对方对本方所销售的产品具有比较强的购买意向。运用这种方法时要注意,起初的销售条件要高,让步要慢,同时要趁机试探对方的条件底线。在沟通过程中即使做出让步,幅度也要很小,随着沟通的展开,让步越来越小,即使面临陷入僵局的危险也不改变本方的强硬立场。

采用这种战术,事先要做好充分的准备工作,开始就向对方提出一系列使对方难以回答或保证的问题和要求。同时,针对对方的论点和论据,不遗余力地逐一加以批驳。这样做的目的是打击对方的自信心,使他们对自身看法产生动摇。但是,要注意采取比较温和的方式,如措辞尽量委婉、提供新的证据、给予对方足够长的时间等。

当对方提出要求而我方不愿意满足时,为了避免让步,可以借口某种客观因素或条件的制约而拒绝对方的要求。经常使用的限制性因素包括授权限制、资料限制以及其他的限制。为了达成交易,当双方沟通处于僵持阶段时,可以突然宣布某个新条件或某个期限,并向对方说明这是由于目前的一些特殊原因而提出的优惠条件,过时不候,逼迫对方做出最终答复。

3. 示弱求助

所谓示弱求助,是指利用对方心理或感情上的弱点,使对方在心理上对我方产生好感或同情,使自己得到较为有利的交易条件。

大多数人都有同情弱者的心理,在商务活动中也不例外。采用这种方法要把握几个要点:一是对对方要尊重礼让,即通过良好的表现,使对方获得尊重的需要,获得心理上的满足;二是在沟通过程中故意暴露出处境艰难、令人怜悯的迹象,借以赢得对方的恻隐之心,降低交易条件;三是要注重与沟通对象的非正式沟通,利用各种非正式场合尽可能加强与对方的沟通,取得谅解和共识,例如,在欢迎酒宴或观光旅游过程中巧妙地提出自己的要求等。礼貌、周到、耐心是这种方法的核心。

4. 拖延重复

所谓拖延重复,是指人为地延长沟通的时间或增加沟通的次数,以期对方失去耐心或出现失误,为了快速结束沟通而答应我方的销售条件。常用的拖延重复战术包括以下几种。

(1)疲劳轰炸,即有意将沟通过程安排得非常紧,使得对方不得不在经过白天长时间的沟通后继续在晚上还做沟通准备,从而导致对方疲劳过度,出现失误,达成有利己方的协议。

(2)重复立场,指在沟通中反复强调己方立场,对于对方的立场或建议,或直接加以否定,或寻找借口推脱,或干脆置之不理,迫使对方在无可奈何的情况下做出让步。

（3）不明确表态，即在沟通过程中态度不明朗，利用含糊其辞的立场使对方琢磨不透，拖延时间，诱使对方出现失误或降低交易条件。

5.虚实结合

所谓虚实结合，是指在沟通中采取虚实结合的方法向对方传递信息、提出建议，利用对方的判断失误获得对己方有利的交易条件。经常采用的虚实结合的方法包括以下几种。

（1）传递虚假信息，即在沟通过程中，为了迫使对方降低交易条件，有意向对方传递虚假的信息。例如，暗示对方我方会调整销售人员、结束谈判或者暗示对方与其他客户接触的信息等。采用这种战术最重要的是计划安排要严谨，使对方不产生任何怀疑。

（2）声东击西，即转移对方注意力，在无关紧要的问题上纠缠不休或者在己方不成问题的问题上做文章，以达到分散对方能够对自己真正要解决问题的注意力，在对方没有警觉的情况下实现自己的销售目标。

（3）先硬后软，即安排两组或两个人与对方沟通。一般是第一组或第一个人先与对方沟通，提出较为苛刻的交易条件。在多次沟通未果的情况下再由第二个人或第二组与对方沟通，并提出一个较为优惠的交易条件，诱使对方接受。其实，第二个人或第二组提出的交易条件就是己方真正的交易条件。

6.迂回诱导

⇨【案例】

威伯先生的推销艺术

华尔菲亚电器公司是自动化养鸡设备的生产企业，经理威伯先生发现宾夕法尼亚州的销售情况不妙。当他到达该地区时，推销员代表皱着眉头向他诉苦，咒骂当地富裕的农民："他们一毛不拔，你无法卖给他们任何东西。"

"是吗？"威伯先生微笑着，盯住推销员的眼睛。

"真的，"推销员说道，"他们对公司意见很大，一点希望也没有！"

"也许是真的，"威伯先生说，"让我们一起去看看吧。"

推销员笑了。他心里想：你们这些当官的，高高在上，平常满口理论，这下可得让你尝尝厉害，他特地选了一家最难对付的农户。

"笃笃笃"，威伯先生轻轻地敲那家农舍的门。

门打开一条小缝，屈根保老太太探出头来。当她看见站在威伯先生后面的推销员时，"砰"的一声，关上了大门。

　　威伯先生继续敲门,屈根保老太太又打开门,满脸怒色,恶狠狠地说:"我不买你的电器,什么电器公司,一群骗子!"

　　"对不起,屈根保太太,打扰您了。"威伯先生笑着说,"我不是来推销电器的,我是想买一篓鸡蛋。"

　　屈根保老太太把门开大了一点,用怀疑的眼光上下打量着威伯先生。

　　"我知道您养了许多美尼克鸡,我想买一篓新鲜鸡蛋。"

　　门又打开了一点,屈根保老太太好奇地问:"你怎么知道我的鸡是良种鸡?"

　　"是这样的,"威伯先生说,"我也养了一些鸡,可是,我的鸡没有您的鸡好。"

　　适当的称赞,抹掉了屈根保老太太脸上的怒色,但她还有些怀疑:"那你为什么不吃自己的鸡蛋呢?"

　　"我养的来杭鸡下白蛋,您的美尼克鸡下棕蛋,棕蛋比白蛋营养价值高。"

　　到这时,屈根保老太太疑虑全消,放胆走出来。大门打开时,威伯先生眼睛一扫,发现一个精致的牛栏。

　　"我想,"威伯先生继续说,"您养鸡赚的钱一定比您先生养牛赚的钱要多。"

　　"是嘛!"屈根保老太太眉开眼笑地说,"明明我赚的钱比他多,我家那老顽固,就是不承认。"

　　深谙"人际关系技巧"的威伯先生一语中的。顽固的屈根保老太太竟骂她丈夫是"老顽固"。

　　这时,威伯先生成了屈根保老太太受欢迎的客人,她邀请威伯先生参观她的鸡舍,推销员跟着威伯先生走进了屈根保老太太的家。

　　在参观的时候,威伯先生注意到,屈根保老太太在鸡舍里安装了各式各样的小型机械,这些小型机械能帮助她省力省时。威伯先生是"诚于嘉许,宽于称道"的老手,适时地给予赞扬。

　　一边参观,一边谈,威伯先生"漫不经心"地介绍了几种新饲料,某个关于养鸡的新方法,又"郑重"地向屈根保老太太"请教"了几个问题。"内行话"缩短了他们之间的距离。顷刻间,屈根保老太太就高兴地和威伯先生交流起养鸡的经验来了。

　　没过多久,屈根保老太太主动提起她的一些邻居在鸡舍里安装了自动化电器,"据说效果很好",她诚恳地征求威伯先生"诚实的"意见,问威伯先生这样做是否"值得"。

两个星期之后，屈根保老太太的那些美尼克良种鸡就在电灯的照耀下，满意地咕咕叫唤起来。威伯先生推销了电器，屈根保老太太得到了更多的鸡蛋，双方皆大欢喜。

思考题：

(1)在这个案例中推销人员与当地农户之间沟通的最主要障碍是什么？

(2)威伯先生采取了什么样的沟通方法？他是如何做到的？

如果你仔细思考了以上问题，请参考如下建议。

(1)在这个案例中，推销人员与当地农户之间沟通的最主要障碍是农户对推销人员以及产品的不信任。销售活动中最重要的是买卖双方之间的沟通，如果没有交流和沟通，销售是无法完成的。如果顾客连门都不让你进，推销商品自然是无法实现的。

(2)威伯先生采取了迂回诱导的方法。如果威伯先生一开始就说推销产品，屈根保老太太是不可能让他进门的。于是他采取了"欲取先予"的策略，声称要购买屈根保老太太的鸡蛋，这样就轻而易举地解决了进门这第一道难题。进门之后，威伯先生不失时机地引出了养鸡这样一个话题，并巧妙地赞扬了屈根保老太太，特别是威伯先生谦虚地向屈根保老太太求教了一些问题，这自然会引起后者的沟通兴趣。解除对方的心理防备之后，就可以推销产品了。

迂回诱导是指在对方对己方的销售人员不信任或对产品不感兴趣的情况下，销售人员暂时不谈及直接的销售目标，而是先努力与对方加强感情沟通，获得对方的信任，然后再借机推销产品的方法。

迂回诱导是销售沟通中常用的一种方法。在销售过程中，客户的不信任心理是十分常见的现象，在这种情况下，如果一味采取直接介绍和说服的方法，不仅不能够为对方所接受，反而会招致对方的反感。这个时候就需要另辟蹊径，想办法赢得对方的好感，之后才能够进一步推销自己的产品。

三、销售沟通实务

(一)销售沟通计划的制订和执行

成功的销售沟通需要事先制订周密的计划，计划制订之后还要切实地执行。

我们可以把复杂的销售沟通过程归纳为四个步骤,即制订沟通计划、建立良好关系、实现销售和保持长期关系。

1. 制订沟通计划

在沟通计划中首先要明确销售沟通的目标、对象、主题、时间、地点、方式等沟通的基本内容。特别要注意的是,不仅要分析自己的目标,还要设法理解和弄清楚对方的心理和要求,然后将两者进行比较,找出双方利益一致和不一致的地方。对于双方利益一致的地方,可以在沟通前首先提出来,确立双方沟通的基础。

买卖活动发生的客观基础是双方之间的利益双赢,即买卖双方之间存在可以谈判和协商的利益。双方沟通的过程既是发现利益的过程,也是对利益进行分割的过程。在销售沟通过程中要注意共同利益区的存在,也就是双方可以接受的利益区间,即最低利益与最高利益。如果卖方要价过高,使对方无法得到最低利益,就会导致沟通破裂;反之,如果卖方要价过低,也会使本方利益受到损失。销售沟通的目标可以分为三个层次:第一个层次是最低目标,也可以称为销售底线;第二个层次是可接受的目标,这是销售中可接受的交易条件范围;第三个层次是最高目标,即认为可以取得的最好的交易条件。

沟通计划的制订是否成功,在很大程度上取决于信息收集和分析的质量。信息可以区分为不同的类型,如市场信息、技术信息、政策信息、竞争对手状况的信息等。信息内容不是一成不变的,还有很多信息事前很难获得,例如,沟通对象的背景、性格、能力等;有些信息还要在沟通过程中加以核实和调整。

2. 建立良好关系

在一般情况下,人们在对对方不了解、不信任的情况下总是存在一定的戒备心理,层层设防。很多人不愿意与陌生的销售人员进行沟通,更不愿购买其产品。在这种情况下,销售成功的可能性是很低的。只有在双方有了一定的了解和相互信任的情况下,销售才能顺利展开。可以说,买卖双方之间良好的信任关系是销售成功的基础。

3. 实现销售

在建立良好关系的基础上,销售人员就可以向潜在的客户介绍企业和产品的情况了,通过介绍情况和分析客户可获得的利益,销售人员可以说服潜在客户购买自己的产品或服务,从而实现销售。

4. 保持长期关系

仅仅实现一次销售并不是销售人员的目标,销售人员的目标是向同一顾客或不同顾客不断销售自己的产品或服务。要做过这一点,就必须对现有客户和潜在客户群信守协议、积极履行合同与他们建立良好的关系。

(二)销售沟通中的注意事项

下面我们简要介绍一下销售沟通中要注意的一些事项。

1. 销售礼仪

销售礼仪是展现销售人员良好修养和精神面貌的外在线索。商务人员在商务交往中通常注重仪表、礼仪,希望通过外在的现象展示企业和个人的良好形象。

销售礼仪包括服饰礼仪和行为礼仪两个方面。

销售人员的服饰礼仪主要包括服装和外形修饰两个方面。尽管销售人员的服装并不存在一个统一的标准或规范,但通常销售人员的服饰选择应遵循典雅、庄重、保守、规范的基本原则,例如西装、衬衣、领带、皮鞋就是高级销售人员比较常见的着装组合。在外形修饰方面,对销售人员的一般要求是整洁、端庄,尽量避免过于新奇时髦的发型、化妆。

销售人员的行为礼仪方面的要求包括精神饱满,面带温和、亲切的微笑,眼睛正视顾客;主动与顾客打招呼,称谓恰当;走路时挺直腰杆,身体略向前倾,迈步有节奏;讲话要用明快、清晰的语调;主动为客户开门;递、接名片用双手,并要道谢;除非得到同意,否则不要吸烟;避免不良的动作和姿态,如玩弄手中的小东西,不时地理头发、搅舌头、清牙齿、掏耳朵、盯视指甲、天花板或对方身后的字画等;不要随意做手势,特别是夸张的手势。

2. 介绍和自我介绍

买卖双方结识是展开销售沟通的前提。销售人员可以通过他人介绍与顾客结识,也可以通过自我介绍与顾客结识。对销售人员来,掌握介绍和自我介绍的技巧和礼节是十分重要的。

介绍分为正式的介绍和非正式的介绍。在较为正式、庄重的场合,有两条通行的介绍规则:其一是把年轻的人介绍给年长的人;其二是把男性介绍给女性。在介绍过程中,先提某人的名字是对此人的一种敬意。比如,要把一位章先生介绍给一位李小姐,就可以这样介绍:"章先生,让我把李小姐介绍给你好吗?"然后给双方作介绍:"这位是章先生,这位是李小姐。"再如,把一位年纪较轻的女性介绍给一位德高望重的长辈,则不论性别,均应先提这位长辈,可以这样说:"章先生,我能把李小姐介绍给您吗?"在介绍时,最好是姓名并提,还可附加简短的说明,比如,职能、职务、学位、爱好和特长等。这种介绍方式等于给双方提示了开始交谈的话题。如果介绍人能找出被介绍的双方某些共同点就更好了。

如果是在一般的、非正式的场合,则不必过于拘泥礼节,假若大家又都是年轻人,就更应以自然、轻松、愉快为宗旨。介绍人说一句:"我来介绍一下",然后即作简单的介绍,也不必过于讲究先介绍谁、后介绍谁的规则。最简单的方式恐怕莫过于直接报出被介绍者各自的姓名,也不妨加上"这位是"、"这就是"之类的话加强语气,使被介绍人感到亲切和自然。在把一个朋友向众人作介绍时,说句"诸位,这位是李小姐"也就可以了。

除非特殊情况,人们一般都不习惯毛遂自荐,主动地自报姓名。如果你想知道某人的名字,最好是先找个第三者问一问:"那位穿西装的是谁呀?"其后在你和这位穿西装的章先生见面时就可以说:"你好,章先生。"无论如何不要莽撞地问人家:"你叫什么名字?"这显得唐突。如果万不得已也应说得婉转一点:"对不起,不知该怎么称呼您?"

有时销售人员为了某事需要结识某人,在没有人介绍的情况下也可以直截了当地自我介绍:"我叫章杰,北京公司的销售经理。"或者是:"你是李小姐吧,我是章杰,北京公司的销售经理。"如果能找出你和对方的某种联系作为自我介绍的内容,那就再好不过了,但即使是素昧平生也没什么关系,只要你能彬彬有礼,对方自然也会以礼相待。

3.谈话的主要内容和注意事项

开始谈话最困难的,就是应讲什么话题。在销售沟通中与不熟悉的客户开始第一句交谈是最不容易的。因为你不熟悉对方,不知道对方的性格、嗜好和品行,又受时间的限制,不允许你作过多了解或考虑,又不宜冒昧地提出特殊话题。这时,直截了当地进行自我介绍和产品介绍是一种比较保险的方法。如果对沟通对象有一定把握,也可以现场发挥,按照当时的环境寻找话题。

一般来说,关于公司、产品、业务的一些知识是销售沟通的基本内容。通过对公司、产品、业务的详尽介绍,可以向客户展示你对本公司产品和服务的良好理解,并指出产品和服务能为客户带来的好处。在这方面,销售人员不要仅仅局限于公司事先准备好的宣传材料,千篇一律的介绍会导致客户的厌烦和不信任。销售人员可以适当介绍一下别人的经验和自己的体会,即使不够准确也没关系。在与客户的交往中,个人体验得来的经验具有很强的说服力,积累得越多,就越有说服力。

在销售沟通中要尽量避免一些容易引起争议、歧义的话题,例如,有关政治、宗教方面的话题容易引起观念冲突;不要说竞争对手的坏话,这有失风度;不要说公司、同事、上司的丑闻和坏话;不要泄露其他客户的秘密,否则会让顾客觉得你不能保守秘密,不值得信任;除非赞扬,尽量避免谈及女客户的身体或容貌方面的问题;不要谈论商业上的不景气,这容易影响顾客的购买欲;尽量不要谈论对方可能不知道的东西,这显得不重视顾客,难以激发顾客的兴趣。一般不要涉及疾病、死亡等事情,不谈一些荒诞离奇、耸人听闻、黄色淫秽的事情。一般不询问妇女的年龄、婚否,不询问对方履历、工资收入、家庭财产、衣饰价格等私人生活方面的问题。与妇女谈话不要说对方长得胖、身体壮之类的话。对方不愿回答的问题不要追问,谈及对方反感的问题应表示歉意,或立即转移话题。一般谈话不批评长辈、身份高的人员,不议论东道国的内政。不讥笑、讽刺他人,也不要随便议论宗教问题。

在交谈过程中表情要自然,语言和气亲切,表达得体。说话时可适当做些手势,但动作不要过大,更不要手舞足蹈。谈话时切忌唾沫四溅。

参加别人谈话要先打招呼,如果别人在个别谈话,不要凑前旁听。若有事需与某人说话,应待别人说完。当有第三者参与谈话时,应以握手、点头或微笑表示欢迎。谈话中遇有急事需要处理或离开,应向谈话对方打招呼,表示歉意。

谈话中要使用礼貌语言,如"您好"、"请"、"谢谢"、"对不起"、"打搅了"、"再见"等,一般见面时可以说"早安"、"晚安"、"你好"等。

四、小 结

销售是商务活动中最为常见也是最为重要的一种活动,企业除了生产之外,所有的商业利益都要依靠销售来实现。销售沟通不仅有利于了解客户,树立良好的客户形象,更有利于促成交易的达成,因此,销售过程中的各类沟通都极为重要。在销售过程中,要以顾客为本、顾客就是上帝的原则来与顾客进行沟通,同时在利益诱导的基础上,结合拉近距离的情感策略来达成交易。除了上面这几个具体原则之外,在具体的销售沟通过程中同样要采用开门见山、步步为营、拖延重复等一系列的策略来实现和达成交易。在销售的实务中,不仅要灵活运用以上这些原则和策略,同时要注意销售过程中的谈话技巧、销售礼仪等问题,这样才能真正通过销售沟通实现成功的交易和良好的人际关系。

☞【复习思考题】

1. 售前沟通、售中沟通和售后沟通有何区别？

2. 销售过程中应如何说话？

3. 销售中如何利用媒体进行沟通？

4. 如何在销售过程中保持长期的合作与联系？

第十二章

书面沟通

>>>> >

⤵ **本章学习重点**

　　本章重点阐述如何撰写一份有效的正式报告,并且学习熟悉商务信函的格式以及各种形式的商务信函的写作要求,以及掌握设计有效的调查问卷、撰写电子邮件和备忘录的方法。

　　通过本章学习,应该掌握报告、商务信函、调查问卷、电子邮件和备忘录等各类文书的撰写方法。

　　沟通作为一种传统的沟通方式,一直是作为最可靠的沟通方式被大家采用,每一个管理者在工作中都不可避免地要运用文字来沟通信息。但在平时生活中,一方面由于通信技术的不断发展,生活节奏的不断加快,对于笔头沟通这个基本技能越来越"荒疏"了,很多人对写正式报告,有时甚至是非正式报告,感到头疼。另一方面,可能是因为报告是一种不太常用的交流方式。写信、开会、在各种非正式场合与人交谈,对于大多数人来说都是比较常见的活动,因此不那么可怕。但由于我们平时不经常写报告,于是当必须拿起笔完成一份报告时,由于没有经验,不知从何入手。

　　其实,这些都是普遍现象,即使是最能干的作者也可能对写报告感到头疼。现在要做的是,先面对这种现实,然后,从现在开始积极地训练你的笔头沟通技能。

一、报告的写作

(一)报告的概念及其形式

报告是在商务工作中普遍使用的一种文书。在有些公司或组织中,报告是指长篇的文件或是包含了大量信息数据的文件;而在有些公司或组织中,一两页的备忘录也被称为报告,一篇呈递给客户的报告可能采用书信的格式。正式的报告包含诸多内容,例如主题页、过渡页、内容目录以及插图列表。非正式报告可以是一封信函、备忘录甚至是生产、销售数据的打印件。

报告可以只提供信息,也可以既提供信息同时又给出分析说明,还可以建议性地提供解决方案和分析证明。因此,按照报告内容形式的不同,可以将其分成三种类型,见表 12.1。

表 12.1 报告的三种形式

仅仅提供信息的报告
  ·销售报告(每周或每月销售数据等)
  ·季度报告(显示工厂每季度的生产率和利润数据)
信息加分析的报告
  ·年度报告(过去一年中企业的财务数据以及成果展示等)
  ·审计报告(对审计中发现的问题进行解释)
  ·收益或回报率报告(新的投资项目回报率的计算过程)
信息加分析加建议的报告
  ·可行性报告(对 1~2 种可能性进行评估,并向公司推荐一种可行的选择)
  ·申诉报告(说明购买、投资、人员需求和生产工艺的理由)
  ·"问题—解决"式报告(找出公司存在的问题的原因以及解决问题的方法)

(二)成功报告的必备条件

(1)报告内容应该统一,只涉及一个主题,不应包括读者不需要的内容、与主题无关的内容。

(2)报告内容应该完整,应包括读者需要的所有内容。

(3)所有的信息应该准确,根据事实做出的推理应该正确。

(4)应按照一定的逻辑顺序、有层次地描述主题内容。

(5)内容表述方式应计划清楚,以使读者很清楚有关内容在哪儿以及在哪儿的原因。

(6)应以简单、精炼的方式进行写作。要便于阅读,不会令人误解。

(7)报告对于所有可能的读者来说都应是易于了解的。尽管他们可能不知道有关的技术或其他细节。

(三)报告的基本结构

1.报告的必备要素

(1)内容简介。内容简介是将读者引入报告的正文部分。一般按照一个标准的计划来写,这一计划已经经过实践证明,可以很好地避免开头时没有条理、比重失调、重点不对等问题。这部分的写作内容以及要求是:①清楚、不含糊地说明真正的主题;②指出报告的目的,并介绍有助于理解这一目的的必要的背景信息;③介绍信息使用的方法;④以最简单的形式总结结论、事实和建议等;⑤说明具体安排正文的计划。

按照这个结构,内容简介部分应该符合以下要求:①越简单越好,但要清晰;②正确地把读者的注意力吸引到真正的主题和目的上;③与后面的内容相协调,例如,不能与后面部分出现任何的不一致。

(2)报告的正文部分。报告的正文部分是在内容简介和最后部分之间的内容,其中列出所有的事实(如调查的性质、有关采用的方法的详细解释、整个程序、得到的结果),并分析这些事实,引导读者合乎逻辑地得出最后部分的结论和建议。

(3)最后部分。最后部分的作用在于简要、清楚、终局性地提出结论、建议。一个成功的最后部分的特征是:①不引入任何新的观点;②与内容简介和正文部分相协调;③给读者留下你想留下的印象。

2.长篇正式报告的结构

(1)扉页。扉页是读者阅读报告时首先接触到的内容,因此值得花工夫设计它的布局。当有人在一大堆报告中寻找某一份特定的报告时,扉页可以帮助他们寻找。因此,扉页应该传递的信息包括报告的主题、报告的写作人、要求提交报告的人或团体、写作人所代表的机构及其通信地址、报告完成的日期。

图 12.1 是关于扉页的示例。

博达公司

关于在冷港工业园设立新厂址的报告

提交给:刘总经理　　　　　　　　　　　　撰写人:李明发展部经理

地址

联系方式

2009 年 12 月 25 日

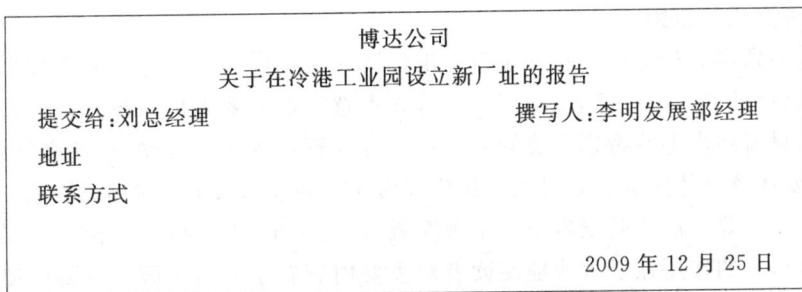

图 12.1　报告的扉页示例

（2）授权调查范围。授权调查范围一般应说明报告的范围、报告目的等内容,在商业报告中授权调查范围通常以摘要的形式出现。

图 12.2 是一个授权调查范围的示例。

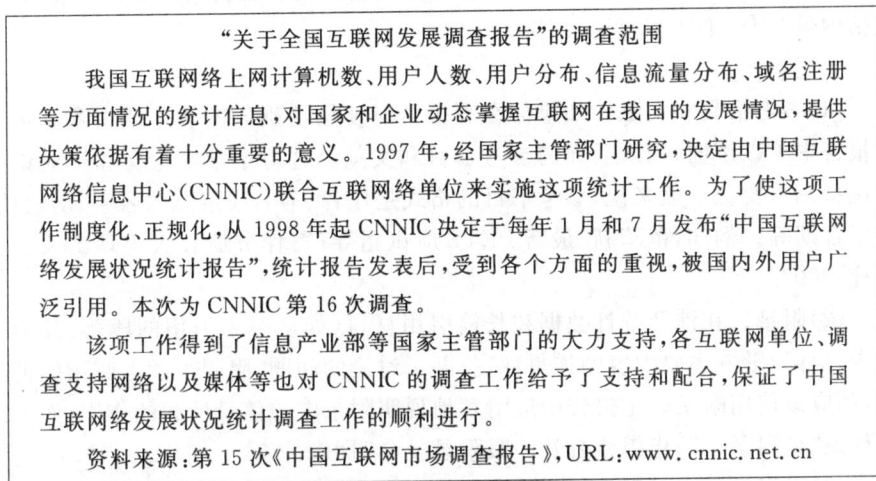

"关于全国互联网发展调查报告"的调查范围

我国互联网络上网计算机数、用户人数、用户分布、信息流量分布、域名注册等方面情况的统计信息,对国家和企业动态掌握互联网在我国的发展情况,提供决策依据有着十分重要的意义。1997 年,经国家主管部门研究,决定由中国互联网络信息中心(CNNIC)联合互联网络单位来实施这项统计工作。为了使这项工作制度化、正规化,从 1998 年起 CNNIC 决定于每年 1 月和 7 月发布"中国互联网络发展状况统计报告",统计报告发表后,受到各个方面的重视,被国内外用户广泛引用。本次为 CNNIC 第 16 次调查。

该项工作得到了信息产业部等国家主管部门的大力支持,各互联网单位、调查支持网络以及媒体等也对 CNNIC 的调查工作给予了支持和配合,保证了中国互联网络发展状况统计调查工作的顺利进行。

资料来源:第 15 次《中国互联网市场调查报告》,URL:www.cnnic.net.cn

图 12.2　授权调查范围的示例

（3）目录。在目录中列出的小标题要与正文中的小标题内容完全相符,如果报告少于 25 页,需列出所有小标题,特别长的报告只列出一级、二级标题即可。

（4）附表与附图一览表。这部分并非必需的,但是当报告中图、表比较多时,这一列表不仅有助于读者进行阅读,而且还可以用以在装订前进行核对,避免错误的搭配。

（5）前言或引言。有时在大型的综合报告中会使用前言或引言,因为这类报告可能面对的是整个行业或者公众,而不是某一特殊的团体。它的主要目的是介绍一下写作人或机构进行这一调查、写作这一报告的动机,并解释报告采用目前这种方式的原因。

(6)致谢。按惯例在报告中应列出你所在机构内外对于你的调查和报告编写提供帮助的人的名字,以示感谢。这并不意味着需要列出与报告有关的每一个人,只需列出那些特别重要的人。如果外部资金提供了帮助,在此必须提及,但不要涉及具体的资金数目。你还应该对秘书和技术人员的帮助表示感谢。

(7)摘要。摘要是报告的一个微缩版,概括了报告的目的、结论和建议的一般性质,它的作用在于很快地使读者对主要内容有个大概了解。摘要的使用是比较普遍的,十分简短的报告除外。在没有摘要时,通常把结论和建议放在前面,而不像平时一样放在后面,来代替摘要的作用。这两种方式都会有助于读者在阅读报告前先对报告有一个总体印象。

3.主报告

主报告是报告的正文部分,关于该部分必备的内容在前面已经分析过,具体包括内容简介、事实和讨论、结论。

4.附页

(1)参考书目和文献。如果你在写报告时使用了别人的著作或文章。你应在报告中予以声明,列入后面的参考书目和文献。这对于学术论文和毕业论文来说特别重要。一般来说,参考书目的格式是作者、书名或杂志的名字、出版社、出版日期等。例如,范革新.最新 PETS 应试指导(写作分册).大连理工大学出版社,2002.

(2)附录。在涉及统计数据和长篇引用材料(如从书中引用的段落、其他的报告、信函)影响主要内容的连贯性、打断了讨论的问题、阻碍了读者阅读的情况下,都应该使用附录。主报告中应清楚地说明附录中的信息所起的作用,而不能仅仅说"见附录一",指望读者看一眼附录就会明白。

(3)索引。只有对于很长的而又非常详细的报告来说索引才有必要。索引是把主题词按一定方式排序,以便于繁忙的读者可以很快地查出某一特定内容的位置。

(四)报告的格式

1.信函式

短小报告最简单的格式就是以信函的形式出现。这种形式具有报告的基本构成部分,尽管并不一定设立小标题,如图 12.3 所示。

```
┌─────────────────────────────────────────────────────────┐
│ 带有公司名称地址的信头                                       │
│ 尊敬的刘总经理:                                             │
│     根据您的指示,我前往冷港工业园调查我公司是否可以在该区择址建一个工 │
│ 厂,现在我非常高兴地提交我的初步报告。                         │
│     该工业园区是专门用于建立企业的,位于……                    │
│     ……                                                   │
│     尽管存在这些问题,冷港工业园区的厂址在其他方面都非常符合公司的要  │
│ 求。我觉得公司应该接受这一地点,并马上开始动工。                 │
│     此致!                                                 │
│                                        发展部经理          │
│                                   2009 年 12 月 25 日      │
└─────────────────────────────────────────────────────────┘
```

图 12.3　信函式报告

2.纲要式

纲要式报告使用标题,并被划成不同的部分,这种格式有助于读者一眼发现所需要的信息,如图 12.4 所示。

```
┌─────────────────────────────────────────────────────────┐
│ 带有公司名称地址的信头                                       │
│                    关于新厂址的建议报告                       │
│     1.授权调查范围                                          │
│     按照刘总的指示,调查在冷港工业园区择址建一个新工厂的可能性,并提出  │
│ 合适的建议。                                               │
│     2.过程                                                │
│     报告在参观冷港工业园区,分别与……                          │
│     3.冷港工业园区                                          │
│     3.1 地点和设施                                          │
│     ……                                                   │
│     4.结论                                                │
│     ……                                                   │
│     5.建议                                                │
│                                        签字:发展部经理      │
│                                   2009 年 12 月 25 日      │
└─────────────────────────────────────────────────────────┘
```

图 12.4　纲要式报告

3.混合式

介于上述两种格式之间的即为混合式,也就是说,整体上是一封信,但是可能在正文部分有一些简单的标题,如"工业园区"、"建议的地点"、"工人"等。这种格式也很常见,因为它适用于各种长度的信,只要再加上小标题即可。

(五)写作报告的过程

1.写作报告前需分析的问题

以下的 6 个问题有助于你分析你的听众、目的和组织背景。

(1)读者是谁？读者的哪些特点与该信函有关？如果读者为两人以上的群体,成员间有哪些差异？

读者对你谈论的话题了解多少？他们会如何反应？读者的特点与该报告关系有多大？关注那些相关的特点。只要是与群体沟通(比如面向全体员工的报告),设法确定群体中人与人之间在经济、文化或沟通情景等方面的差异,这会影响他们对你所传递信息的反应。

(2)写作的目的是什么？怎样传递信息才能有助于解决组织的问题？怎样才能同时满足你自己的需求？你希望读者做什么？是理解还是感受？把你的大小目的全部列出,明确你想让读者了解的是什么,明确你想树立的组织和你自己的形象。

即使是一封很简单的报告也会包含多个相关目的:宣布一项新的政策,介绍该政策的规定和要求,让读者认识到它是一项好政策;组织关心其员工的利益;等等。

(3)报告中必须包含哪些信息？罗列出需要包含的信息,并审核草稿是否全面。如果不能确定是否应该将某个事实写进去,可以请教你的上级或老师。

不太重要的内容写在段落中间,语言越简洁越好。

(4)如何才能获得读者的同意和支持？哪些理由或益处能使读者信服？

用头脑风暴的办法给出你决策的理由、逻辑和采纳你的建议后读者可能收益的地方。简化读者的工作或使其工作更愉快,可以是很好的读者受益点。在你的报告中,尽量列举那些容易最易见效的理由和读者受益点。

(5)预测一下读者会有哪些反对意见？在报告中你必须淡化或回避哪些负面因素？

有些负面因素只能淡化,有些则可以回避。换个角度思考一下,负面因素会不会隐含着(虽然不会导致)某些有利因素？能否反复推敲或界定那些负面因素,以改变读者敌对的态度？

(6)整个沟通情景中有哪些因素会影响读者的反应？

2.报告的写作过程

(1)明确问题

应该选择那些真切、具体、重要的问题。

一篇优秀报告中的问题应该是来自于现实的问题,如现实与计划相脱节的问题或是某些亟待决断的问题。如果写报告是你工作的一部分,你的公司或组织可能会为你确定主题。你要善于展开主题,如你可以展开针对班级报告的主题,目前你的学校所面临的问题,校内住宿问题,校内的或你所在城市的社会、宗教、专业团体组织的问题,地方经济问题,省、市政府及其他公司或组织的问题等。要多看报纸,多听新闻。

判断报告所考察问题优劣的标准包括以下几条。

①问题应该是:真切的;重要而值得解决的;具体的且富有挑战性的。

②报告的读者应该是:真切的;能够将建议付诸行动的。

③数据、材料以及事实应该是:足以说明问题的严重性;足以证明建议的解决方案的可行性;你能获得的;你能理解的。

(2)研究和收集材料

因为涉及收集资料这一步,所以撰写研究报告经常会成为很费时的一项工作。充分收集数据会花费数小时或数日的时间。托马斯·爱迪生曾经就工作的起点这一话题提出过这样的建议:"第一件事是找到所有人都知道的事情,然后是在别人停下来的地方开始工作。"

数据可以来自个人发现、实验、书籍、问卷调查、采访、财务记录以及其他各种资源。

对于经常写报告的人而言,材料的准备工作已经成为了一项基本功。材料准备主要包括两个方面:一是平时要建立自己的信息库。管理者要写出内容充实,论点、论据、论证合理的报告,在平时就要养成良好的收集信息的习惯,要有专门的数据库,把平时积累的信息放在数据库里,这样,当需要的时候就可以比较方便地查找,为你所用。二是在写作报告之初,先听取领导的意图,再针对性地去收集、补充信息。材料准备的技能可以用"平时积累、资料收集、建立数据库、归类整理"来概括。

(3)组织材料

报告大致有信息类报告、可行性类报告以及论证类报告几种形式,因为报告的形式不同,组织材料的要求是有所区别的。

①信息类报告。信息类报告主要用以概括已完成的工作或未形成行动的研究。

信息类报告的要素包括介绍——概括问题、计划的成功点;历史陈述——问题如何被发现、采取了哪些行动以及结果如何;结论——为后续行动提供意见。这一类报告,建议建立在事实根据的基础上。

②可行性类报告。可行性类报告主要用以对两种或更多种方案进行评估并推荐其中的一种。

可行性类报告通常在开头部分就解释将要做出的决策,列举所有可能的方案,并说明选择的标准。在报告主体部分,将会利用对比/比较方法,根据所列标准的每一项对可行性方案进行评估。当其中某一项可能性明显优于其他各项时,或当标准存在交互作用时,或每种可能性之间密不可分时,最好分开讨论每种可能。如果最终选择依赖于对每个标准的侧重程度,应按照不同的标准进行分类讨论。

至于建议部分,可以放在报告的开头或结尾,这完全取决于读者的要求或组织的文化特征。大多数读者希望开门见山,但是如果读者在接受建议上有一定困难,应把建议延后,放至报告结尾,在陈述所有证据后再行说明。

③论证类报告。论证类报告主要用以推荐并论证某一购买、投资、聘用或政策调整行为的合理性。如果报告的标题可以自行选择,那么,可采用以下格式:说明所需要的是什么以及为什么需要它,因为读者没有要求这份报告,所以必须将总体论述与公司的总体目标相结合;简单陈述问题或需要的背景;解释每种可能的方案,列出每个方案的花费、优势及劣势;总结实施建议所要采取的行动;如果涉及的人数众多,应说明每个人的分工以及每个步骤所需的时间;恳请对方采取你所希望的行动。

如果读者在同意建议方面十分勉强,可换用"问题—解决"格式:描述组织存在的问题(你的要求就是解决这个问题)。使用具体的例子证明问题的严重程度;说明为什么相对简单、便宜的解决方法无法解决上述问题;将建议以非个人化的形式展示出来;证明建议的优势远远大于其劣势;总结实施建议所要采取的行动;如果涉及的人数众多,应说明每个人的分工以及每个步骤所需的时间;恳请对方采取你所希望的行动。

论证类报告中论述的详细程度取决于读者对建议和公司文化的了解程度和态度。有的公司要求论证类报告简明扼要,如1~2页即可。其他的问题可能需要长篇报告,详细说明预算情况、彻底讨论问题和各种解决方案等。

(4)写作报告初稿

报告的初稿包括以下几方面的内容。

①内容简介。说明主题,强调它的重要性或者引起读者兴趣的其他重要特征。指出报告的目的,必要的话,解释背景情况。简要总结结果或事实、结论和建议。描述你的调查来源和方法。说明报告的计划(对于短报告没有必要)。

②报告的正文。解释你所遵从的程序。分析、阐释结果,指出从中做出的判断。

③写作最后部分。对论述进行总结,引出报告的主要观点,并做出慎重的判断。以你的论述和结论为基础提出一些建议。不要再引入新的材料或新的观

点。结尾时重点放在你希望留给读者的印象上。

④写作摘要。把整个报告浓缩在若干个内容充实的段落中。和报告目的进行核对,看是否与你最初的想法和目的严格一致。和你的简介部分进行核对。完稿后把报告放上一两天,然后再进行无情而客观的修改。

⑤修改报告。修改报告的步骤包括从整体上看一看你的初稿;考虑标题、目录、简介和结论,以及它们之间的关系;检查正文;大声朗读,最好找别人作为听众;检查你的视觉辅助材料等内容。最后,如果可能的话,找一个经验丰富的人给你的报告提一些建设性的批评和建议。

⑥制作报告。你应该记得在完成终稿到提交报告之间留出足够的时间,进行打印、校对、修改、复制和装订。从管理人员写作报告的经验来看,留给打印、编辑和校对的时间是永远不够的。此外,在你对报告进行最后加工时,要特别注意整体视觉和页面的布局。要记住的是,密排的版面容易使眼睛疲劳。

二、商务信函

除了使用商务机构的产品和服务、阅读其广告之外,许多人和一家公司的直接的、单独的联系就是商务信函。作为一个商务信函的写作者,你有大量的机会来帮助你所在的机构实现自己的目标,同时也有助于与顾客或客户建立良好的关系,树立组织的良好形象。鉴于越来越多的组织对外交流逐渐频繁,而这些组织的管理人员对英文商务信函的写作要求不是很熟悉,因此本节主要介绍英文商务信函的写作格式和要求等内容。

(一)英文商务信函的格式

图 12.5 是英文商务信函的一个示例,下面通过示例介绍英文商务信函的格式要求。

1.信头

信头是指公司名称、标识、地址电话号码等这些在信笺上印好的部分。如果信件有两页或更多的页数,只在第一页用印有信头的信笺,其他页使用重量、质地、颜色与印有信头的信笺相同的普通信纸即可。

2.日期

不同国家对日期的写法是不一样的。英国等欧洲国家的写法一般是日、月、

1.信头	格斯莫产品公司 大山街320号 希尔托普市，亚利桑那州5678 电话: (444) 555-6789 传真: (444) 555-2456 电子邮箱: gizmoproducts@wildfire.net www.gizmoproducts.com
2.日期	2003年6月30日
3.收信人的姓名和地址	理查德·威尔逊先生 欧文街2号 芝加哥，伊利诺伊州 60411
4.名头	亲爱的威尔逊先生：
5.正文	感谢您订购了我们的5号鲈鱼钓具，很遗憾，由于订购量太大，5号鲈鱼钓具现在缺货。不过，到这个月底就不会再出现缺货现象了，到时我们会将您订购的货品用两天内送达的特快专递发给您，这不需要您另外付费。 如果您觉得满意的话，就不必再给我们回信了；如果你想要取消自己的订货，请致电(800)555-BASS，格斯莫产品公司会给您全额退款的。不管怎样，我都会从《钓鱼月刊》上将5号产品的介绍复印下来寄给您，这会帮助您更有效地使用该产品，祝您钓鱼愉快！
6.结尾	致敬！
7.签名	丽莎·古德里奇 客户关怀部经理

图 12.5 英文商务信函

年，而美国的写法是月、日、年。这些国家的写法都与我国的写法不同，我们在书写英文书信时，应该注意尊重对方的习惯。

3. 收信人的姓名和地址

按照欧美的习惯,是从小到大来排列这些信息的,即如示例中那样,信息的排列顺序是收信人的姓名、所在公司、公司所在街道、街道所在城市等。

4. 名头

名头是你个人对读者的致意。如果你同读者有可直呼其名的关系,可以使用亲近的名头,例如"亲爱的理查德",如果不这样做就显得同收信人陌生。在其他情况下,正式的名头是强制性的,如"亲爱的威尔逊先生"。

对于女性读者可根据其婚姻状况称呼其为"女士"或者"小姐",如果不知道她们的婚姻状况,可以直接用 Ms。如果收信人有很有名的称号或头衔,例如"博士"或"上尉",那么这个头衔比"先生"、"女士"都要优先考虑。

通常,发信人并不知道谁是确切的收信人,例如,你向一个公司写一封投诉信,或者针对一则招聘广告发去自己的简历。在这种情况下,你可以使用这类名头:"亲爱的客户服务部主管"、"亲爱的人力资源部主管"、"亲爱的先生或女士"。

可供选择的另一种做法是,你可以将名头全部去掉,而紧接着收信人地址加上一行"注意"(Attention)字样,如"格斯莫产品公司"、"大山街 320 号"、"希尔托普市,亚利桑那州"等。

5. 正文

信的正文部分所采用的英语应该清楚简明,段落清晰,标点正确。和所有优秀的写作一样,这个主体部分应当按一定的方式搭建结构,使得信息能被阅读并产生期望的影响。在大多数情况下,这意味着用一个单句或简短的一段话开场,说明你的目的或对你要传达的信息做出相关介绍。例如,"感谢您订购了我们的5 号鲈鱼钓具"、"感谢您应聘最近在《先驱报》上公布的××分析师一职"、"我要指出从你那里购买的一件衬衫的缺陷"。

一旦说明了写作原因或相关的上下文,你就可以开始表达信息的实质内容。报告的主体结构要合乎逻辑、清晰、简短。最后,要进行检查以确保你已经把全部信息都包括在内了。

在传达完信息之后,写一段结束的文字,要么就此结束,要么指出你期望收信人做出的回应。例如,"如果您能寄送更新的部件,我将非常感谢"、"如果我能进一步帮助您的话,请直接与我联系"、"祝您求职顺利"、"我们期待着您的决定"。

此外,在信函的正文之前可以根据需要设置主题行。

6. 结尾

"谨上"和"诚挚地"都是标准信尾结束用语。当你写信给某些特殊群体,或收信人既是生意上的熟人又是你的朋友时,你可能想采用不太正经的结束语。根据情况,可以采用非正式的结束语,如"祝一切顺利",甚至可以是"再见"。

7.签名

在签名下面一般会接着写出写信人的职务。

(二)商务信函的版式

无论是英文商务信函还是中文商务信函,我们通常可以看到以下三种排版格式,见图12.6、图12.7和图12.8。

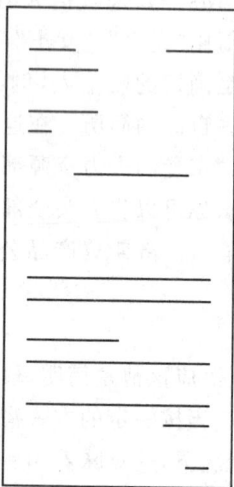

| 图 12.6 齐头式 | 图 12.7 半齐头式 | 图 12.8 半缩头式 |

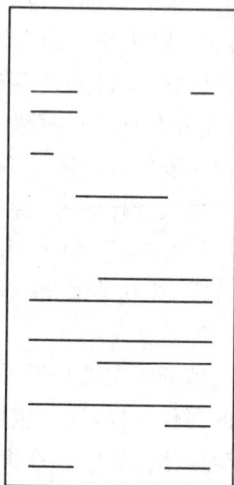

1.齐头式

齐头式信函的特点是所有内容都是从最左边开始,排成一条竖线。齐头式信函的优点是高效、非常现代,是英文信函用得比较多的形式。但这种格式也有一个问题,即看起来不对称,特别是在使用没有信头的信纸时,寄信人的地址要写在或打在信纸的左上角,显得更加向一边倾斜。

2.半齐头式

半齐头式信函的特点是日期和署名靠右放置,主题行居中,其他内容都从左边开始,段落也都采用齐头式。这种版式的优点是整个页面看起来比较平衡。

3.半缩头式

半缩头式和半齐头式很类似,但是每个段落都是首行缩进。与齐头式相比,这种版式的优点是不显得那么零乱,是中文信函比较常用的一种版式。

究竟选择哪一种版式,这取决于你所在机构的印刷风格和你的个人偏好。但是无论采取哪一种版式,都应该保持一致性。例如,不能在某些段落采用齐头式,而在其他段落中又采用其他格式。

(三)商务信函的类型及内容组织

1.告知性信函和积极信函

告知性信函和积极信函的写作要点包括以下几个方面。

(1)陈述好消息并概括要点。立即传达好消息的内容,包括规定开始的日期、折扣的比例等细节。如果读者已经提过这件事,要清晰地表明你正在答复。

(2)陈述细节、解释、背景。不要重复第一段的信息,要回答读者可能会问到的全部问题,并提供达到写作目的所需的所有信息,按重要程度排序把细节提供给读者。

(3)应尽可能积极地表述负面因素。大多数商务信函需要包括读者利益,表明这一规定或手续对读者和公司都有益,并要提供充足的细节,把利益的内容表达得清晰、令人信服。在信件中,还要列举与公司合作的好处,以及这一新产品或政策所带来的利益。

在传达好消息的信件中,也可以将简短的优惠内容与表示良好祝愿的结尾放在最后一段。

(4)使用表达良好意愿的结尾。使用正面的、个性化的、着眼于未来的结尾,将写作重点由信件转移到具体的读者身上,表明为读者服务才是写作者真正关心的。

🔁【案例】

对投诉的协调与答复

旅行者保险公司资助的一份研究表明,当人们不满却不投诉时,只有9％的人会再次购买该公司的产品;但当人们进行了投诉,而且问题得到了快速解决时,82％的人会再次购买该公司的产品。

如果为解决投诉,你同意了客户提出的请求,如调整价格、给予回扣、退换产品或满足客户其他利益时,应在第一句话中明确表明,如:

您每晚的住宿费用,现已调到了 63 美元,下个月您的 VISA 卡账单上会存入 37 美元,以补偿多收取的费用。

不要谈论自己作此决定的过程,不要说一些抱怨性的话。只有当错误影响了公司的信用时,才需要解释产生错误的原因(大多数情况下,不会有这种事情发生,因此应省去不写)。

2.消极信函

向顾客和公司以外的其他人传达坏消息时要注意以下几个方面。

(1)先阐明拒绝的理由。当有一个能被读者理解并接受的理由时,就在阐明拒绝之前先说明你的理由。一个合适的理由能使读者对拒绝有思想准备。

(2)清晰地表达消极的信息。消极的信息需要一次讲明,而且要表达清晰。如果表达不明确可能会被忽略,那就不得不再拒绝一次。

(3)尽量提出折中的办法。如果可能的话,提出其他的可行选择或折中办法。这样不仅可以给读者提供达到目的的另一种途径,而且表明你关心他们并想帮助他们解决问题。

(4)结尾要积极肯定,着眼于未来。

⇨【资料】

如何向公司内部的成员报告坏消息

向上司报告坏消息时

你的上司希望你能自己解决一些比较小的问题,但有时候解决一个问题需要比现在更多的授权或者资源。当把该消息传达给上司时,可同时提出一种解决办法,把消极信函转变成说服性信函。

(1)描述问题。清楚、冷静地说明出现的问题。

(2)说明为何出现这种情况。提供事情的来龙去脉,哪些潜在的因素导致了这个具体问题。

(3)阐明解决问题的几种可行办法。如果一种办法明显是最好的,就只需讨论这种办法,但如果对方会想到其他办法,或者不同的人判断事情的办法不同,就应该指出每种方法的优点和缺点。

(4)建议解决的办法。请求上司批准并采取措施,以便进行必要的调整从而解决问题。

向同级或下属传达坏消息时

当必须向同级或下属传达一个严重的坏消息时,信件模式与向上司传达的模式有一些差别。

(1)描述问题。清楚、冷静地阐明出现的问题。

(2)如果可能,提供其他的可选办法或折中办法。这样不仅使对方有另一种途径达到自己的目的,而且表明你关心他们并愿意帮助他们达到目的。

（3）如果可能，要征求他们的意见或请求他们采取措施协助解决。作为旁观者，他们也许能提出更好的解决办法，并且如果他们参与决定，就更易于接受这个决定所产生的结果。

【案例】

缓冲语句在拒绝中的应用

在拒绝公司以外的人的要求时，尽量使用缓冲语句，如果可能，要提供变通的办法。例如，拒绝客户赊账时，可以以为顾客暂时保管其所购物品的形式。

措辞礼貌和加长篇幅有助于写好消极信函。西南地区某大学一个即将毕业的学生曾表示更易于接受这样的拒绝信：信中称呼他们为先生或女士，而不是称呼名字；提及他们的具体优点，间接阐明拒绝；信的篇幅较长。一个以"拒绝附加保险"为名的实验表明，调查对象更喜欢长篇幅、措辞委婉、更能体现私人关系的拒绝信。容易被接受的信件以缓冲语句开头，阐明拒绝的充分理由，并在最后一段进行推销。这一结论基本上适合于来自不同文化的人群。

3. 劝导性信函

这类信函的写作要点包括以下几个方面。

（1）描述读者都了解的问题。以客观的态度提出问题，不要归咎于某人或搞个人攻击。

（2）介绍问题的细节。具体说明在资金、时间和声誉形象等方面付出的代价。必须说明有些事情要做，然后才能证明你的解决方案是最可取的。

（3）对于问题的解决方法，先讨论他人的方法，证明为什么这种方法不可行，然后提出你的解决方法。

（4）说明解决问题的益处要大于所有不利因素。一般是从费用、时间等方面做出说明。

（5）总结这个解决方法的其他益处。

（6）请求采取措施。说明应立即实施行动的原因，或提出新的对读者有益的理由。

4. 从商誉的角度选择信函的措辞

每一封信函都提供了一个为你的组织创造好声誉的机会，即使你必须向收信人报告坏消息。考虑以下的例子：

我们不能同意贷款给您。

您的发货时间拖延了。

您订购的书已经不出版了。

其他人已经得到了这份工作。

您的小孩儿对进入精英预备学校还没有做好准备。

报告坏消息可能使发信人同收信人的重要关系受到危害。例如,一个人多年来一直坚持在一家银行开设结算和存款账户,在他可能得不到一项业务的启动贷款的情况下,银行方面对留住这个顾客会非常重视,尽管依照借贷政策它要使顾客失望了。通过采取一定的方法,银行方面可以在传递坏消息的同时维护好自己的声誉。

第一种做法是你要用真诚的态度表达你的歉意。例如:

错误的做法:我们不同意贷款给您。

正确的做法:作为××××银行的代表,我很抱歉地通知您,这一次我们不能满足您进行商业贷款的要求。

第二种做法是为坏消息找一个缘由,合情合理的解释通常能够抵消掉消极的感觉,而指出收信人积极的一面也有相同的作用。例如:

同其他信贷机构一样,如果月度债务偿还总额超过月度毛收入一定百分比的话,我们不能进行这项贷款业务,即使是对像您一样有着优良信用记录的人。

第三种做法是你应当保留些余地,有些时候,坏消息不一定就是最后的定局。例如:

当然,如果您的财务状况有所变动的话,如月收入增加、短期债务减少、规模小一些的贷款要求或者其他因素的变动,我们的贷款委员将会很愿意重新考虑您的贷款要求。

三、调查问卷的设计

调查的对象被称为调查主体。向调查主体提出大量问题的最简单方法就是建立问卷。问卷是指一份以书面形式要求他人填写回答的问题总和。问卷调查是获得第一手资料的正式途径之一,它通常被用来做科学研究,但是近来备受指责,主要原因是调查问卷占用别人太多时间,而且还问一些很难回答的问题。问卷调查经常受指责还有其他原因,例如,问一些晦涩难懂的问题,或使被调查者在某些他们感到绝不可能或者其他他们不具有相当素质的论题上作承诺,或者要求他们在纸上写下永久性的承诺。当然,作为获取信息的一种方法,问卷有许多值得称道的地方,只要问题设计合理,调查问卷能够发挥很好的作用。

(一)设计问卷的要点

(1)确信问卷调查是获得你所需信息的最好的方式。

(2)以中立的风格确定问题框架,以便你自己不影响问卷的答案。查看问题,确定它们是否既清楚又无偏向色彩。设计问题还应注意答案不要带有倾向性。避免设计的问题是建立在对调查主体做出一定假设基础之上的。

(3)直接提问,避免出现模棱两可的问题。像"经常"和"重要"这样的词对于不同的人来说内涵是不一样的。只要可能,就尽量使用客观的方式。

含糊不清的例子:你经常利用网络吗?

更好的表达方式:你每个星期上网多久?

(4)在调查问卷中多采用限定性问题,但在设计限定性问题之前先通过非限定性问题预测范围。限定性问题是指备选答案有限定的题目,而非限定性问题是指问题答案不固定的题目。限定性问题方便读者迅速作答及研究人员计分,然而由于所有的答案都必须在限定的范围之中,这种方法无法对更为复杂的问题进行调查。因此,可以先采用非限定性问题的形式进行预测,找出对被调查者会产生影响的大致内容,这样做可以提高调查的效果。

(5)当备选答案为多项时,每一个答案都应该是唯一的。如在下面的例子中,由于题目的内容被重复描述,即当日的员工人数为 25 时,答题者既可选 A又可以选 B。这样,调查出来的结果的参考价值就会降低。

例:请选择在 5 月 16 日当天,公司的员工总人数:

A. 0~25　　　B. 25~100　　　C. 100~500　　　D. 500 以上

例(修改后):请选择在 5 月 16 日当天,公司的员工总人数:

A. 0~25　　　B. 26~100　　　C. 101~500　　　D. 501 及以上

可以通过调查主体对问题不同答案的选择,将不同类型的调查主体分流,回答问卷的不同部分。

例:今年你与你的辅导员进行过谈话吗?

是(　　)　否(　　)(如果答案是"否",请直接回答问题 14)

⤷【案例】

通过非限定性问题设计限定性问题

在一个针对市民的、关于城市公交车服务情况调查的调查问卷的设计工作中,我们一般先设计非限定性问题,然后在做完小规模测试以后,可以根据被调查者的反馈将这些问题改编成为限定性问题。如:

非限定性问题	限定性问题
1.你对城市公共汽车服务的看法如何?	1.请根据城市公共汽车服务良好程度在下面进行选择 非常好　5　4　3　2　1　糟糕
2.对于城市公共汽车服务,你喜欢哪些方面,不喜欢哪些方面?	2.请表明你是否同意下列对于公共汽车服务的说法 同意　不同意　时间安排对于我非常重要 同意　不同意　路线安排对于我非常重要 同意　不同意　司机很和气 同意　不同意　公共汽车很干净
3.如何提高城市公共汽车服务?	3.根据对你的重要性,将下列改进措施排序 (1＝最重要,5＝最不重要) 购买新的公共汽车 增加工作日非高峰时间的公共汽车车次 延长工作日早晚班公共汽车的运行时间 购买更多的方便轮椅上车的公共汽车 提供自由的、不受限制的换乘车服务

(6)如果是非常敏感的问题,最好采用面对面的调查形式,这样可以先建立信任,说出自己在这方面的情况,以此来鼓励被调查人。总体上来讲,简单的问题多放在前面,回答起来比较困难、被调查者可能会不太愿意回答的问题尽量放在后面(比如年龄、薪水等)。这样做,即使被调查者不愿意回答这类问题,也不会对整体调查造成影响。

(7)如果问卷是由被调查者自行填写的,那么应该多注意问卷设计的格式。准确而有效地使用首行缩排、空白格等格式,使问卷无论是被测试者做标记、作答还是调查者计分都简单方便。如果调查者无法与被调查者进行面对面的接触、进行必要解释的话,问卷上还应该有一个对于调查目的等需要说明的问题的简短描述。

⤷**【小练习】**

　　1.评测以下关于日常百货的调查问卷中的问题是否可以使用？如果不可以,应如何修改？

　　(1)你是否经常去一家店购物？

　　A.是　　　　　　　　B.否

　　(2)日常购买百货的平均消费是多少？

　　A.25元以下　　　　B.25～50元　　　　C.50～100元

　　D.100～150元　　　E.150元以上

　　2.针对某网站的浏览者的调查:

　　你认为这个网站是否易于浏览且具有吸引力？

　　3.对于某个小企业,所发放的问卷中有一个问题是:

　　你有多少雇员？

(二)确定被调查的对象

　　被调查的对象一般是若干个群体。群体是指你想进行陈述说明的人群。研究目的不同,群体也有所不同,它们可以是《财富》排名前1000名的公司,也可以是某商学院的全体学生或某商品的所有消费者。

　　群体的定义准确与否,对于是否能获得有价值的信息十分关键。例如,Microscan公司曾经让它的销售人员对"背叛的消费者"进行调查。销售人员最初将"背叛的消费者"定义为那些曾经购买过公司的产品但现在不再购买任何公司的同类产品的消费者。按照这种定义方法,他们没能得到符合标准的人。后来,他们将定义修改为曾经购买过公司的产品但现在转向购买其他公司的同类产品的人。这样,他们才获得了有价值的数据。了解消费者曾经购买他们的某些产品,而后又转向购买其他同类产品,对Microscan来说,意味着这些客户在未来依然可以被争取到。

　　由于对每个人进行调查是不现实的,所以就需要选择一定的样本。只有在选择样本时遵循随机的规则,通过调查所获得的结论才能推广到所有的同类群体中。随机样本,意味着每一个人都有被选到的可能,是毫无故意偏向的选择。但是,大量故意的、无意识的偏向确实在一定程度上存在。例如,在图书馆门前发放传单,人们更愿意发给那些看起来很友好的人,而不愿意发给那些令人感到恐怖的或是匆匆忙忙的人,同时对于太老或太年轻、抑或是来自不同名族、阶层、性别的人也会存在偏向。

四、其他商务文书的写作

(一)电子邮件的写作

电子邮件是通过计算机网络传递文件和信息的一种联络方式。当连接到因特网上之后,员工们就可以在一眨眼的工夫穿越街道乃至整个世界和他人进行沟通。电子邮件是一种非常方便的工具,运用它我们可以向他人发送通知和信函,也可以接受他人发送给我们的电子信息。由于电子邮件可以发送附件,写作人可以用微软文字处理程序或其他的文字处理程序先将长文章编辑好再发送,可以节约大量的时间和邮件容量。

发送邮件太简单了,有时,这都算不上是写作。但是电子邮件是商务合作的一种方式,所以我们要对电子邮件给予足够的重视。

电子邮件具有便利、迅速、便宜的特点,它已经成为大多数公司中主要的沟通方式。但电子邮件的速度和便利也为许多商务人员和他们的公司制造了一些麻烦,如员工们有时会发送和收到一些既不重要又浪费时间的信息;许多电子邮件行文草率,人们只是简单地写下自己的想法,然后在没有对内容和文章结构进行再次审视之前就按下了"发送"键;写作人有时会在自己恢复平静之前,就把带有个人情绪、未经认真考虑的邮件发送出去;信息偶尔也会发错对象,或是发送到写作人事先并不知晓的收信人那里,有时甚至是发到了对手那里。这些问题的存在都提醒我们要掌握有效使用电子邮件的一系列要点。

1.有效使用电子邮件的要点

(1)电子邮件的主题应该能够引起读者的兴趣并显示文章内容。要做到这一点,电子邮件的主题就必须达到下列至少一个目标。

①包含关键信息,例如:"销售会议改期:星期五下午两点"。

②包含你所期望的行为或反应,例如:"今天下午四点之前必须提交要求你完成的内容"。

③要突出重点,但不要过分冗长,例如:"今天的午餐如何"。

④方便读者对信息进行反馈和归档,例如:"王明的报告"。

相反,一个质量差的主题往往说明不了什么问题,或者说得太多,以至于一行都写不下。如果主题过于笼统、含糊或者干脆空缺,那读者就很可能会将整个电子邮件都剔除。要记住,业务繁忙的人每天可能都会收到 50～100 封电子邮件,要想确保自己的邮件被打开并被阅读,就要显得卓尔不凡。

(2)每封邮件只包含一条信息。你要将每一封邮件都看作是一个内容一致的信息包,用以提出问题、表达观点、报告新闻等。如果每封邮件都只包含一条信息,那你就能保持邮件信息的一致性了。如果你有好几件事情要告诉收件人,那就为每条信息发一封单独的邮件,而且给每封邮件起一个响亮而有吸引力的主题。

只包含一条信息的邮件有两大优点:第一,由于只有一条信息,所以收件人能够更容易地提炼信息并做出回应;第二,如果一位收件人可能会把你的电子邮件转发给他人,其他的信息(那些和它完全无关的信息)也不会和它混为一谈。而下面所列出的含有多种信息的电子邮件就不一样了:

主题:销售会议改期:星期三下午两点

李乐:

因为李昌出城旅游,我们已经不得不改期了,请把这条信息发给你们部门计划参加的人。

还有一件事,我接受了你的建议,将李雯的工作职责转移一部分给张西亚,她的分析能力跟不上项目的速度。谢谢你的建议。

你能想象这封包含多条信息的电子邮件在公司的若干人之前传阅的情况吗?可以肯定的是,写作人不会愿意将他对李雯在团队中表现出的能力的个人观点与人分享。当人们让一封电子邮件承载过多的信息时,点击"发送"键就会很容易泄露信息,就像上面的例子一样。

(3)当信息很长时运用附件。电子邮件的一个重要优点是可以在其后添加其他文件。过去,经过处理的文字文件、数据图表、各种计划文件以及其他类型的电子文件都必须打印出来后再邮寄或者传真出去。今天,我们可以通过附件,在一瞬间发送这些文件,以节约时间和金钱。最棒的是,收件人可以对这些文件进行修改后,以同样快捷的速度将它们传递回来。

除了上面这些文件以外,当你发送长篇信息和报告时,附件也特别有用。长篇信息会让收件人不断滚动浏览页,这可是件令人厌倦的事。还有,我们在长篇文件中所用的许多特殊的文件格式(比如粗体的标题、着重符号、注脚等)在电子邮件系统中不能顺利发挥作用。因此,当你要发送一封长篇邮件时,可以将它以附件的形式发送出去,然后用电子邮件的形式向收信人发送信息,告诉他们附件中的内容和读者应该注意的问题。例如:

发件人:张力

收件人:刘文

主题:我们的客户调查报告

附件:调查报告

刘文:

附件里是我写的关于客户调查报告的第一稿,阅读后告诉我你的意见。

多谢!

张力

2.利用电子邮件沟通信息的技巧

电子邮件是一种特殊的沟通媒介,在运用时要注意一些特殊的防范规则。

(1)在主题中点明关键信息,这样可以降低读者忽略或删除重要信息的风险。

(2)表达信息言简意赅,要试着把所有相关信息都放在屏幕的第一页上。

(3)每封电子邮件中只有一个主题。

(4)除非你不在乎邮件看起来让人不舒服,否则就要在发送前仔细检查拼写与语法。

(5)千万不要在你发脾气的时候发送电子邮件。这很容易办到,发信前请扪心自问:"我是否可以当着这个人的面说出这样的话?"如果答案是否定的,那就不要发出这封信。

(二)创建备忘录

1.备忘录与信函的区别

信函用于组织外部的交流,备忘录用于组织内部成员之间的沟通。在大型组织中,每个分支机构往往是高度独立的,所以不同部门之间应该是用信函还是备忘录通信,取决于该组织的文化。例如,有的大学不同院系的教师之间喜欢用信函而不是备忘录相互联络。

备忘录与信函的格式不同。备忘录没有称谓、结束语或签名,段落也不缩进。但备忘录必须有主题行,标题可随意。如果有标题,每个标题必须涵盖其下所有的内容,并且第一段不单独加标题。

与信件相比,在起草备忘录时应将重点放在直接性和清晰性上,同时在备忘录中,目的通常出现得较早。换句话说,备忘录或者以直接的方式传递信息,或者放弃简洁的方式,采取条件信息的写作方法。

此外,信函和备忘录适合的受众不同。如果受众是你的老朋友,这两种通信

都可以是非正式的;如果写给初次联系的人,或者受众为多人,或者文章可能被

存档时,写作风格就应该比较正式,采用信函可能更为合适。

写作备忘录时还需要注意特别的视觉处理:各段内容不能过长,应该像报纸中的每条信息那样简洁;可以考虑在并列的各项内容前加项目符号。

2.备忘录的写作风格

不同的备忘录在风格上显然有很大的差别。高级行政人员对所有员工的命令可以很容易地表达出来,而匆忙潦草地写给一位同事的备忘录就可以用聊天般的语言,甚至用笑话、俚语完成。给公司中级别高的人写备忘录时,在风格上要谨慎得多。

因此,你要根据你与对方关系的亲疏以及地位方面的对比来确定备忘录的写作风格。也许一个高级上司会给你一份聊天般的、不拘礼节的备忘录,但如果你效仿他,也同样无拘无束地给他回函,他会很反感。

思考:比较一下下面两个备忘录的写作风格(见图12.9、图12.10)。

送达:刘宾

　　　人事部经理

发送人:李明

　　　培训部经理

主题:就职培训计划　　　　　　　　时间:12月21日9点

　　应你的要求,我附寄了一份草拟计划课程单。

　　M女士将于周三下午到你处,因为我必须在周五之前安排好整个事情。周三正好适合你和她核对此事,而且请让我在周三前知道你对此事的个人意见。

图12.9　给一位较熟悉的同事的备忘录

送达:常务董事

发送人:李明

　　　培训部经理

主题:就职培训计划　　　　　　　　时间:12月21日9点

　　遵照您的秘书的电话,现今函寄我们计划从1月3日到20日进行的就职培训计划的草案。

　　您将看到按照您所同意的,我们暂时安排您对新员工的讲话在1月9日下午两点钟进行。

　　我将很快地定案。因此如果可能的话,希望让我能在周五前拿到您对该计划的意见,谢谢!

图12.10　给一位较生疏的同事的备忘录

⇨【案例】

洲际诚信保险公司

1.提出问题

洲际诚信保险公司使用计算机处理来往的账单,收到客户付款和输入公司计算机入账之间总有一段时间差。有时,一方面是客户付款的单据正等着输入电脑;另一方面是公司的计算机自动发出额外的通知,如逾期付款通知单、催款信以及起诉对方的威胁信等。有的客户收到威胁信,很气愤,致信要求解释。大多数情况下,只要客户稍稍耐心一点,问题自然会得到解决。可是投保人大多害怕假如保险公司认为他们没有按时缴纳月金,他们的保险金会被取消。

洲际诚信保险公司没有时间逐一核对客户的付款单是否已经寄到了公司,或是否正等待计算机处理等具体情况。因此,公司希望你起草一封信函,说服客户要耐心。公司想让客户了解到,如果出现问题或公司根本没有收到付款,洲际诚信保险公司会在最后一张保险金账单发出日期(通知上会列明具体日期的)后30天开始停止客户享受的保险项目,并通过法律传票的方式通知客户。通常客户只有在收到账单、逾期付款通知书后才会收到上面提到的通知。

2.分析问题

(1)受众是谁?这封具体的信函有哪些特点?如果受众不止一人,他们之间有什么差异?

汽车保险的投保客户,声称已经缴纳了月金但仍然收到了逾期付款的通知书。他们很担心享受的保险金因此被取消。由于你所起草的是一封标准格式信函,不同的收件人情况肯定会各不相同的:有的付款的确是在汇款的某个环节被耽搁了,有的付款是公司处理时疏忽了,还有的付款根本就还没完成(寄给公司的付款支票丢失了、支票忘记签名了或被退回了等)。

(2)信函的目的是什么?

向客户承诺:他们的保险待遇至少还会保留30天,只要没有收到第二封通知书,他们大可放心,今后可以不再就该问题反复联络公司了。设法为洲际诚信保险公司树立良好的信誉:①洲际诚信保险公司并非错误百出的机构,我们雇用的员工也不是无能之辈。②我们希望客户仍在我们的公司投保。③若客户要购买新的保险项目,我们衷心地希望他们能选择洲际诚信保险公司。

(3)信函中必须包含哪些信息？

客户仍享受保险，我们不能确认他们寄来的支票是否正在等待公司计算机的处理（因为公司不可能逐一检查每个人的账户）。在收到第二张通知单（法律传票）后，仍未付款，他们的保险将会被取消。

(4)怎样论证自己的观点？以什么理由或客户收益说服客户？

电脑帮助我们向投保客户提供个人服务。我们的保险项目种类齐全。上述项目在讨论时需要具体展开，使之生动有趣，且具说服力。

(5)读者会持什么样的反对意见？信函中应淡化或取消的负面信息是什么？

计算机有时会出错。我们还不能确认读者寄来的支票是否正在被处理之中。如果付款支票不能按期寄抵公司，享受的保险就会被取消。

(6)哪些因素会影响客户的反应？读者与撰写者的关系或任何特殊情形？

保险生意竞争十分激烈，许多其他公司提供与我们相同的服务。客户可以很容易花同样的钱，从其他公司得到同样的保险服务。大多数人感到手头很紧，所以希望少花钱。但是，价格平稳或上涨的事实意味着客户拥有的资产在升值——他们比任何时候都需要保险。

许多保险公司拒绝为客户续约（汽车险、信誉担保险或海事险等）。这些举措被大肆宣传，人们听到了很多公司或个人在未缴纳某项很小数额的险金的情况下，保险被中止，之后遇到不测的悲惨故事。客户们往往因此对保险公司没什么好感。

人们需要汽车保险。因为一旦发生交通意外而事主没有购买保险，本人除承担事故损失外，还要向州政府缴纳近5万美元（视各州法律而定）的预付保证金，用以支付今后可能发生的类似事故的损失。所以客户不仅在经济上，而且在法律上也有顾虑。

思考题：

草拟一封标准格式信函，发送给那些抱怨已支付了汽车保险，但又收到公司发给他们的逾期付款通知书的投保客户。信中既要给客户一定的承诺，也要设法为洲际诚信保险公司树立良好的信誉。

五、小　结

　　报告是指长篇的文件或是包含了大量信息数据的文件。报告有三种类型：信息类报告、可行性类报告和论证类报告。报告的写作过程包括明确问题、研究和收集资料、组织材料、写作报告初稿、修改报告。报告的基本结构至少包含内容简介、报告正文和结论。

　　商务信函是以公司的名义撰写的，针对的是典型的外部沟通对象，例如，顾客、供应商、分销商或政府代理人。商务信函的写作不仅要注意格式，同时也应考虑到商誉因素。商务信函类型包括告知性信函和积极信函、消极信函、劝导性信函。

　　问卷调查是获得第一手资料的正式途径之一，它通常被用来做科学研究，是收集一手资料的主要渠道。如果问题设计合理，问卷调查能够发挥很好的作用。以中立的风格确定问题框架，以便你自己不影响问卷的答案；直接提问，避免出现模棱两可的问题。这些方面都是设计问卷时的注意事项。样本的获取可以通过抽样来实现。

　　电子邮件已经成为大多数公司的主要沟通方式。有效使用电子邮件的要点包括电子邮件的主题应该能够引起读者的兴趣并显示文章内容、每封邮件只包含一条信息、当信息很长时运用附件等。

　　信函用于组织外部的交流，备忘录用于组织内部成员之间的沟通。受众和格式上的差异是信函和备忘录的主要区别。备忘录没有称谓、结束语或签名，段落也不缩进，但备忘录必须有主题行，主题行必须涵盖其下所有的内容。如果受众是你的老朋友时，这两种通信方式都可以是非正式的。写作备忘录时，应根据与对方关系的亲疏与级别来确定措辞的风格。

⇨【复习思考题】

　　1.试分析说明报告的必备因素。

　　2.比较信函和备忘录的区别。

　　3.分析说明英文商务信函的写作格式。

　　4.根据下列情况，试比较下面的几封信。在回复投诉的几种选择中，每封信在满足读者、撰写者和组织的要求等方面做得怎样？信件是否清晰、完整和准确？能否节省读者的时间？有助于树立良好信誉吗？

5.案例分析一：

背景资料

你的苗圃不仅在店里销售植物，也提供邮购业务。今天收到王玉的一封投诉信，声称邮购的鲜花运抵时令人很不满意（价值500元）。信中写道："全都枯萎了。有一株在我从盒子里拿出来时，竟然断了。请立即重新发货。"

（1）第一种回复

亲爱的顾客：

我核查了运输鲜花受损的原因，排除了运输中的失误，发现您订购的鲜花是由一位新工人包装的，该工人不懂得鲜花起运之前要彻底浇透水。我们已经开除了该工人，所以您可以放心，这种事下次不会发生了。

虽然我公司会为此多花费几百元，但我们仍然会重新给您寄上一份鲜花作为补偿。

新花抵达后，请通知我方运抵时的状况。我们相信您不会再投诉了。

（2）第二种回复

亲爱的王玉：

我们搞错了您的订单。全国范围内发送花卉这种货物的风险性是很大的。有的植物无法承受路途的辗转（有时连我自己都受不了这份辛苦）。下周我们会另外发送给您一份新的鲜花，但是会在您的账上记500元。

（3）第三种回复

亲爱的王先生：

您不满意收到的鲜花，我感到很遗憾，但的确不是我们的错。包装盒上明确写着：打开后，及时浇水。如果您照办了，鲜花一定不会有事的。另外，所有买花的人都应该知道鲜花需要呵护。您抓着叶子往外拿，根当然会被拔出来的。由于您不会照顾花卉，特为您寄上一本小册子——《怎样养殖花卉》。请认真阅读，以免将来发生类似的不快。

盼望您再来订购。

（4）第四种回复

亲爱的王先生：

您5日的来信已经引起我们的注意。

信中称，第47420号订货收到时情况很糟糕。在此要指明的是，我方政策规定：对货物的任何调整必须按照订货单背面的条件和说明处理。请仔细阅读，上面规定:客户若欲就该订单投诉,应提交书面投诉信和货物发票给承运商,并在收货后30天内向本公司详细汇报损坏情况。

您5日的信中没有涉及损坏的具体情景。另外,送货单上没有任何特别注明。如果您有索赔的打算,请参照我公司相关的条例。请将相关必要文件于本月20日下班前送达公司办公室。

(5)第五种回复

亲爱的王玉:

您将于下周收到索赔的常青植物。

这次,花卉起运前彻底浇透了水,而且采用了特殊包装箱。但是如果天气过热或货车晚点,小的根球也会干涸,可能上次的花卉就是这样受损的。但是小根球植物很容易移植,所以到你家的花卉应该没有任何问题。

你订购的仙人掌等属四季常青植物,它们会四季常青,会越来越漂亮。

请分析哪种回复最合适,为什么?

6.案例分析二:

小李所在的A商场通过市场调查发现,最近其市场份额正在向B商场转移。分析后认为,原因在于:

B商场运用了彩色的广告方式。

B商场重新布置了商场以吸引新的顾客。

B商场的媒体曝光度提高了20%。

A商场在库存、采购和促销方面的能力较差。

A商场降低了广告预算。

A商场在维持商场整洁和有序方面有不良的记录。

小李是该商场的市场部主任,针对上述现实问题和所导致的结果,商场总经理要求小李完成一份书面报告,提出解决上述问题的对策。

第十三章

商务谈判 >>>> >

☞ **本章学习重点**

　　本章重点阐述商务谈判的过程、原则和策略,并且着重学习商务谈判过程中各阶段的策略,以及掌握商务谈判中的各种语言技巧和行为策略。

　　通过本章学习,能够学会针对不同的对手设计谈判方案,选择谈判策略,并且能够打破谈判的僵局,实现成功的双赢谈判。

一、商务谈判概述

　　商务谈判是一项集政策性、技术性、艺术性于一体的社会经济活动,它除了包含一系列经济活动的特点以外,同样具有一般谈判的特征。因此在讨论商务谈判特点以前,有必要了解一下商务谈判的共性。

　　什么是商务谈判? 按照一般的认识,谈判是为了协调彼此的关系,满足各自的需要,通过协商而争取达到意见一致的行为和过程。

(一)什么是商务谈判

　　1.商务谈判的定义

　　商务谈判,是指一切有形或无形产品的交换中的协商洽谈行为,也指买方与卖方之间为了促进买卖成交而进行的,或是为了解决买卖双方之间争议或争端,并取得各自的经济利益而进行的一种人际协商行为。

2. 商务环境中的谈判者

商务环境中的谈判者有以下几种类型。

(1)商品的供应者。如经销商、批发商,自己不生产商品,但为消费者或组织市场提供商品供应。

(2)制造商。一般是机械设备、零部件和原材料的生产者,通常不通过中间商而直接销售给客户。

(3)进出口公司。在我国,主要是从事国际贸易的专门机构,打交道的主要是外商。

(4)经纪人。旧称"掮客",主要是联系买卖,沟通买卖双方,促成交易的达成,从而获取佣金。

(5)代理人。根据制造商授权,以制造商的名义开展营销活动,从而获得佣金,同代理人谈判,相当于同其所代表的公司谈判。

供应商主要着眼于和需求方建立长期的合作伙伴关系,因此争取双赢是其谈判的基本原则。也就是说,谈判的关键是要认识到谈判各方面所做的让步都是有代价的,以此获得对自己有价值的东西。只有这样,谈判者才感到他们是成功的。要达到这样的效果,就必须明白什么是己方认为有价值而对方认为无价值的东西。胜利是人人都想得到的,而且谈判可以以双方都胜利而结束,即我们常说的"双赢"。当工会与资方谈判时,工人们会获得更多的报酬,同时资方可获得提高生产率的保证。

3. 商务谈判过程

商务谈判一般有以下 4 个过程。

(1)准备阶段。这个阶段主要是收集谈判信息、制订计划(方案)、准备谈判人员、设计或协商谈判程序和选择谈判时间与地点。

(2)开局阶段。谈判开局对整个谈判过程起着至关重要的作用,它往往关系到双方谈判的诚意和积极性,关系到谈判的格调和发展趋势,一个良好的开端将为谈判成功奠定良好的基础。因此,这个阶段主要是建立谈判气氛、设计策略和激发对方的交易欲望。

(3)中局阶段。这个阶段是商务谈判的实质阶段,其主要内容包括处理需求、排除障碍、应变、施加压力、接触压力、让步及妥协、取得进展。

(4)收尾阶段。这个时候双方基本上进入签约阶段了。所以主要工作为达成协议、解决遗留问题、完善细节、条款确认、草签协议。

(二)商务谈判的原则

商务谈判中,既要保证自己的合理利益,又要达到预定目标,并不是一件轻松的工作,但是它又是有规律可循的,如果按照一定的原则,就一定能够达到更好的结果。

1.兼顾双方利益原则

兼顾双方利益就是要达到双赢。商务谈判并不是在商务冲突出现时才进行。商务谈判是谈判各方当事人在追求共同商业目标,实现双方商业利益整个过程中一个不断地化解冲突、实现谈判者最大利益的手段。实践证明,在竞争越来越激烈的市场上,谁能够有效地掌握这一手段,谁就会在商务活动中顺利地实现自己的商业目标,取得自己期待的主要商业利益。谈判结果并不一定是"你赢我输"或"我赢你输"。谈判双方首先要树立"双赢"的概念。一场谈判的结局应该使双方都要有"赢"的感觉。所谓双赢就是你的利益必须以对方利益的存在为前提。国际商务活动中,谈判的双方或多方都有着一定的共同利益,但他们之间也存在商业利益冲突。应该承认,在商务活动中无时无刻不充满矛盾和冲突,而关键是我们如何运用有效的手段来化解这些矛盾和冲突。具体可以通过以下方法达到。

(1)尽量扩大总体利益。这也就是我们俗称的"把蛋糕做大"。有些人在谈判的一开始就急于拿刀去切蛋糕,以为蛋糕就这么大,先下手为强,可以多切一些。其实,这种做法并不明智。谈判中如果通过双方的努力降低成本,减少风险,使双方的共同利益得到增长,这将使双方都有利可图。

▷【案例】

有两个人都想要一个橘子,但是让他们头疼的是只有一个橘子,于是他们商量了一会儿,决定最好的方式是从中间分开,各要一半。为了保证公平,他们决定一个人切,一个人选。然后当谈论各自用途时,他们发现一个需要榨汁,另一个需要橘皮做蛋糕。他们奇迹般地发现他们都能赢,没有人输。

(2)分散目标,避开利益冲突。只有利益分散,各得其所,才不至于产生矛盾。在项目谈判中,要善于营造一个公开、公平、公正的竞争局面,以利于扩大自己的选择余地,从而在技术方案制订、资金运作、合作伙伴选择等方面获得有利地位,也有利于打破垄断,避免因不了解情况而陷入被动局面。

(3)不要在立场上讨价还价。在立场上争执不休,肯定会导致:降低谈判的效率,可能会使谈判陷入僵局,甚至使谈判破裂;使谈判变成一种意志的较量,从而严重损害双方关系。

(4)消除对立。在谈判中,双方经常由于对同一问题期望的差异而导致谈判进程受阻。

事实上,很多情况,双方只要认准最终目标,在具体问题上可以采取灵活的态度,问题就能迎刃而解。

为对方着想,从对方角度设计一个能让其满意的方案,达到己方的目的,这是上上策。

因此,妥协有时是种让步,在某些时候则仅仅是为了寻求折中的替代方案。退一步的目的永远是进两步。能够创造性地提出妥协方案,是一个谈判者成熟的标志。当然,也不是任何事情都可以妥协,在原则问题上是不允许退让半步的。但是,在非原则问题上,如果你能找到可以退让的地方,并在适当的时候运用,打破僵局,就能抓住谈判中的主动权。

2.公平原则

同谈判对手进行的竞争应该是一种"公平竞争",同潜在的合作外商的谈判应建立在平等互利的基础上,因为正如博弈中所表明的,一个商人在不公平的竞争中失败了,在今后的合作中一定会采取消极的态度。

但是,世上有没有绝对的公平。就如将一笔财富在穷人之间分配,无论是将财富平均分配还是进行不平均的分配,都各有道理。过程的公平比结果更重要。机会的平等是今天能做到的最大公平。因此,在一个公平的机制下进行的谈判,才能使双方信服和共同遵守。

3.时间原则

时间的价值体现在质与量两方面。所谓质是指要抓住时机,该出手时就出手。所谓量是指谈判中快者败,慢者胜。谈判中切忌焦躁,要懂得慢工出细活。在谈判中装聋作哑,最后使对方问我们"你觉得该怎么办",从而达到自己目的的例子很多。同时要注意时间的结构,凡是己方想要的,己方能给的,就先谈、多谈;凡是对方想要的,己方不能放的,就后谈少谈。在会谈前先谈摸清对方的行程时间安排,在看似不经意间安排与会谈无关的内容,最后使对方不得不草草签订有利于己方的协定,这样的例子在商务谈判案例中不胜枚举。

⑤ 【案例】

1995年4月20日,德国某大公司的总裁带领包括技术、财务等部门的副总裁及其夫人组成了一个高级商务代表团去日本进行一次为期8天的谈判,刚下飞机便受到了日方公司的热情接待。在盛情款待中,总裁夫人告诉了日方接待职员回程机票的日期。日本人便安排了大量的时间让德国人到处参观、游览,让其领略东方文化并回赠了大量礼品,直到最后两天,方把一大堆问题摆在谈判桌上去讨论。由于时间仓促,德国人不自觉地做出了许多不必要的让步。

4.信息原则

永远不要嫌了解对手太多。对对方了解越多,就越能抓住对方的弱点,从而进行有力的回击。

⏎【案例】

意大利著名女记者奥琳埃娜·法拉奇正是通过这种方法而获得许多重大内幕资料的。有一次,法拉奇采访亨利·基辛格博士说:"你简直变得比总统的名气还大,你有什么窍门?"基辛格不想回答,反问法拉奇:"你的意思呢?"法拉奇说:"我可不清楚,我正想通过这次采访找到其中的奥妙——我的意思是说,就像一名高明的棋手,你走了几手绝招(这里指基辛格的中国行)。"这样一说,基辛格顿时神采飞扬,滔滔不绝地叙述了一些中美外交史中的秘密。见报后,基辛格自己也不明白自己怎么会泄露这么多的内幕。虽然记者采访时的提问与我们谈判中的提问有很大不同,但对我们在谈判中如何提问,怎样提问更有力、更有艺术性,是很有借鉴意义的。

运用信息原则需要注意以下几点。

(1)收集信息,正确反应。获取信息的途径有很多,无论是公开的,还是隐秘的。但是事实证明,90%的信息可以通过合法的渠道获得,另外10%的信息可以通过对90%的信息分析获得。这也就是说,一个具有很强观察力的人,可以对公开的信息进行分析,从而看到隐藏在表象下的内容,从而找到自己想要的答案。

(2)隐瞒信息,制造假信息。在懂得如何获得有用信息时,还要会制造"烟幕弹",制造假信息来迷惑对方,或者在似有似无中给对方传递一些使其恐慌的内容,给对方造成压力,从而很好地达到自己的目的。

⏎【案例】

1984年,山东某塑料编织袋厂厂长获悉日本某株式会社准备向我国出售先进的塑料编织袋生产线,立即出马与日商谈判。谈判桌上,日方代表开始开价 240 万美元,中方厂长立即答复:"根据我们掌握的情报,贵国某株式会社所提供的产品与你们完全一样,开价只有贵方的一半,我建议你们重新报价。"一夜之间,日本人列出详细价目清单,第二天报出总价 180 万美元。随后在持续 9 天的谈判中,日方在 130 万美元的价格上再不妥协。中方厂长有意同另一家西方公司进行了洽谈,日方得悉,立即将总价降至 120 万美元。中方厂长仍不签字,日方大为震怒,中方厂长拍案而起:"先生,中国不再是几十年前任人摆布的中国了,你们的价格,你们的态度都是我们不能接受的!"说罢把提包甩在桌上,里面那些关于西方某公司设备的照片散了满地。日方代表大吃一惊,忙说:"先生,我们的权限到此为止,请允许我同厂方联系请示后再商量。"第二天,日方宣布降价为 110 万美元。中方厂长在拍板成交的同时,提出安装所需费用一概由日方承担,又迫使日方让步。

(3)注重无声的细节。如眼、手等肢体语言,这些无声的信息都向我们传递着谈判对手的内心世界。

5.谈判心理活动原则

谈判中既要具体问题具体分析,满足对方心理需求,又要善于利用时机乘胜追击、扩大战果,因此,谈判人员要善于揣测对方的想法。具体表现在慎用负面言语、语言要具有引导性、能用反问绝不用陈述等方面。

6.谈判地位原则

所谓谈判地位是指你在谈判对手心目中的地位。谈判中如果双方处于不平等地位,那么谈判将无法进行。想要提高谈判地位,可以通过暴露专业身份、制造竞争、坚持到底的耐心和放松的心情来达到。

谈判不仅是一门很重要的学问,谈判更是一门艺术。每一次谈判既是一次新的挑战,也是一次新的机会。唯有高度的技巧、快速的反应以及无数次实战的经验,才能化险为夷,创造双赢的结果。在商务谈判中,只有遵守以上原则,才能更好地争取合作条件,达到双方满意的目的。

二、商务谈判策略

(一)计划与准备策略

　　商务活动中,谈判的计划与准备阶段是最关键的,一个谈判结果如何,有

50％在和客户见面之前就已经决定了。

计划与准备阶段如此重要,而许多商务人员进行谈判时仍是仓促上阵,未能做充分的准备,使得谈判结果不能尽如人意。因此,在每一次销售谈判之前做好充分的计划与准备,是我们取得良好谈判结果的基石。谈判的计划与准备阶段涉及以下几项内容。

1.确定谈判目标

谈判以前明确以下几点内容。

(1)知道自己需要什么。

(2)知道自己为什么需要它。

(3)如果没有实现自己的目标,将会发生什么事情。

(4)知道自己首先要考虑的事情:哪一部分先考虑,哪一部分次考虑,哪一部分最后才考虑。

(5)自己不能接受的是什么。

(6)知道自己的谈判界线:哪些能谈,哪些不能谈。

(7)为自己设定谈判的顶线目标、现实目标、底线目标。

(8)自己能做出什么让步以及有什么拿去作为交换条件而准备让步。

2.认真考虑对方需要

谈判的准备工作不能仅仅考虑自己的要求和需要,同时也要考虑谈判的对方可能需要什么。成功的谈判不应该产生失败者与成功者,应力图让双方都取得满意的结果。谈判应以双赢为结局。

为了使谈判双方都有所收获,谈判者必须作换位思考,站在对方位置上来考虑问题:在谈判中对方需要什么,为什么需要它;对方需要得到这个结果背后的原因可能是什么;什么问题对对方来说最重要;对方首先要考虑的是什么;什么问题是对方不能做出丝毫让步的;对对方来说最糟糕的结果可能是什么;对方的顶线、现实、底线目标可能是什么;对方准备拿来交换的是什么;对方可能会失去什么;对方为了支持自己的立场可能会提出哪些问题;对方是否有足够的事实数据或信息来支持其立场与观点。

虽然不能准确地回答上述问题,但经过仔细思考和推测这些问题,就能更好地把握谈判的进程和方向。

3.评估相对实力和弱点

己方可能做出的让步和能够交换的项目取决于在谈判中的实力和弱点。实力是指可以对对方的行动施加的支配力或影响力。己方实力的表现形式主要包括以下方面。

(1)决策权威,是否拥有做出正式决策的权利。

(2)专家权,对讨论的问题是否具有丰富的知识。

(3)对讨论的问题是否有充裕的时间。

(4)决心与毅力。

(5)是否做了充足准备。

(6)是否具有丰富的谈判经验。

(7)是否拥有内部消息。

(8)是否认识某个能影响谈判结果的人。

(9)是否拥有使用某些制裁或施压的权利。

4.制定谈判策略

制定全部战略是谈判准备工作的重要组成部分,其重点如下。

(1)第一次会面时,应当提哪些问题。

(2)对方可能会提哪些问题,己方应如何回答。

(3)己方是否有足够的事实数据和信息来支持自己的立场。如果没有,应增加哪些信息。

(4)己方应当采取什么样的谈判风格。

(5)如何选择谈判地点、时间。

(6)如何开局。

(7)以前的谈判可能对这次的谈判产生怎样的影响。

(8)谈判所在地的习惯、风俗以及可能怎样影响谈判双方。

团体间的谈判还应做如下准备。

(1)确定主谈人。

(2)确定提问人。

(3)确定回答对方问题的人。

(4)明确反驳对方观点和缓和紧张气氛分的人(即明确唱"白脸"和"红脸"的人)。

(二)谈判进程策略

商务谈判中,谈判的双方毕竟并非敌对的关系,但也并不是不存在利益冲突和矛盾。在没有任何技巧和原则的谈判中,谈判者往往会陷入难以自拔的境地,要么谈判陷入僵局,要么双方在达成协议后总觉得双方的目标都没达到,或者谈判的一方总有似乎失掉了一场谈判的感觉。全美首席销售谈判大师罗杰道森在他的《销售人员谈判训练》一书中谈到这个问题时说:谈判双方"要的不一定是同样的东西。糟糕的谈判对手试图强迫对方改变立场,而高明的谈判对手知道即使立场差别很大,双方的利益也是可以共同的,所以他们通过行动让对方改变立场,关注双方共同的利益"。

在谈判双方彼此存在长期合作诚意的前提条件下,可以遵循以下步骤和原则促使谈判获得成功。

1. 申明价值

申明价值即在谈判开局阶段,谈判双方彼此应充分沟通各自的利益需要,申明能够满足对方需要的方法与优势所在。此阶段的关键步骤是弄清对方的真正需求,因此其主要的技巧就是多向对方提出问题,探询对方的实际需要;与此同时,也要根据情况申明我方的利益所在。因为越了解对方的实际需求,越能够知道如何才能满足对方的要求;同时对方知道了我方利益所在,才能满足你的要求。前面两个人都想要一个橘子的例子就说明了这个道理。

因此,需要指出的是,用所谓"商务谈判技巧"在谈判过程中迷惑对手,让对方不知道我方的底细,不知道我方真正需要和利益所在,甚至想方设法误导对方,生怕对方知道了我方底细会漫天要价,这并不符合产业市场建立合作伙伴关系的谈判原则。如果总是误导对方,那么可能最终吃亏的是误导者自己。

⮞【案例】

1980 年年初,北京某手表厂由于受国际市场的冲击,实际生产不能满足生产能力的要求,厂房闲置,人员富余。这时正好有一瑞士"ETA"公司来京寻找合作伙伴。经双方谈判,该厂利用自己的厂房和部分工人进行来料加工。每装配一个手表的机芯可得加工费 1.2 美元。这样不但解决了部分人员的工作问题,而且也取得了外汇收入,更主要的是提高了职工的技术水平。

来料加工刚进行了一年,老厂长离任。新厂长上任,想一下子扭转工厂局面,但不从本厂生产抓起,而是想提高来料加工费。这时和外商的合作合同也快到期,新厂长想在续约时提高加工费标准,由 1.2 美元提高到 1.7 美元。当时手表行业正处于低潮期,许多厂都处于半停产状态。

到期谈判时,新厂长没有直接把提高加工费意见拿出来谈判,而是用"该厂厂房要另作他用"为由,想让外方主动提出提高加工费标准。结果,外方很干脆地决定终止谈判,停止合同,马上把这项业务交给南方某市一家小厂去做。北京这家手表厂失去了此项业务,损失惨重。

后来得知,外方对北京这家手表厂的工人的技术很满意,本来有意签第二期合同,同时可以增加10％的加工费。由于新厂长没有运用正确的谈判方法,而是采用了不合适的方法,致使外方感觉新来的厂长不友好、不诚实、无法合作。如果当时坦率交换有关信息,进行沟通,直接谈价格问题,协议很快就会达成。新厂长提出一个不相干的理由,恰好又另有工厂在与外商接触,致使北京这家手表厂谈判失败。

2.创造价值

在谈判的中局阶段,双方彼此沟通,往往申明了各自的利益所在,了解了对方的实际需求。但是以此达成的协议并不一定对双方都能利益最大化。也就是说,利益在此时往往不能有效地达到平衡。即使达到了平衡,此协议也可能并不是最佳方案。因此谈判中双方需要想方设法去寻求更佳答案,为谈判双方找到最大的利益,这一步骤就是创造价值。

创造价值的阶段,往往是商务谈判最容易忽略的阶段。一般的商务谈判很少有谈判者能从全局的角度出发去充分创造、比较与衡量最佳的解决方案。因此,也就使得谈判者往往总觉得谈判结果不尽如人意,没能够达到"赢"的感觉,或者总有一点遗憾。由此看来,采取什么样的方法使谈判双方达到利益最大化,寻求最佳方案就显得非常重要。

3.克服障碍

克服障碍阶段一般是谈判的攻坚阶段。谈判的障碍一般来自于两个方面:一个是谈判双方彼此的利益存在冲突;另一个是谈判者自身在决策程序上存在障碍。前一种障碍是需要谈判双方按照公平合理的客观原则来协调利益;后者就需要谈判无障碍的一方主动去帮助另一方顺利决策。

⟳【案例】

第二次世界大战期间,一些美国科学家试图说服罗斯福总统重视原子弹的研究,以遏制法西斯德国的全球扩张战略。他们委托总统的私人顾问、经济学家萨克斯出面说服总统。但是,不论是科学家爱因斯坦的长信,还是萨克斯的陈述,总统一概不感兴趣。为了表示歉意,总统邀请萨克斯次日共进早餐。

第二天早上,一见面,罗斯福就以攻为守地说:"今天不许再谈爱因斯坦的信,一句也不谈,明白吗?"萨克斯说:"英法战争期间,在欧洲大陆上不可一世的拿破仑在海上屡战屡败。这时,一位年轻的美国发明家富尔顿来到了这位法国皇帝的面前,建议把法国战船的桅杆砍掉,撤去风帆,装上蒸汽机,把木板换成钢板,拿破仑却想:船没有帆不能行走,木板换成钢板就会沉没。于是,他二话没说,就把富尔顿轰了出去。历史学家在评论这段历史时认为,如果拿破仑采纳了富尔顿的建议,19世纪欧洲史就得重写。"萨克斯说完,目光深沉地望着总统。罗斯福总统默默沉思了几分钟,然后取出一瓶拿破仑时期的法国白兰地,斟满了一杯,递给萨克斯,轻缓地说:"你胜利了。"萨克斯顿时热泪盈眶,他终于成功地运用实例说服总统作出美国历史上最重要的决策。

(三)价格谈判策略

在谈判中,双方事先都给自己定下心中的保留价格,即卖方心中的最低售价和买方心中的最高购价。谈判中双方彼此都难以知道对方心目中的保留价格,只能概略地估计。经过双方第一回合的一方报价和另一方的还价交锋后,双方的临界价格即卖方报出的最高价、买方递出的最低价,就圈定了讨价还价的价格范围。这个价格范围,很显然包括了策略性虚报部分,这就是通俗所说的水分、虚头。讨价还价就是买方极力降低卖方对于获得高价的期望和估计,卖方则尽量降低买方对于低价的期望和估计,通过争论和策略的运用,以求达到双方共同期望目标的价格。

1.谈判中的价格表现

(1)积极价格和消极价格。一方的产品价格如果使对方的敏感程度大,则是消极价格;反之,则是积极价格。

同一产品同一价格,不同的买主的敏感程度不同。因此,主要根据其需求程度而定。

(2)实际价格与相对价格。单纯的产品标价即为实际价格,而与产品的有用性(使用价值)相对应的价格则为相对价格。后者使价格与对方即将得到的好处密切联系在一起。

谈判者应努力做到不让对方的精力集中在产品的实际价格上,而是将其注意力吸引到相对价格上来。具体地说,可以从以下12个方面将对方的注意力吸引到相对价格上来。

①用分期付款、延期付款等方式让对方接受相对价格。

②在一些细节和小事上慷慨一些,让对方接受相对价格。

③用热情、友好的态度,将对方吸引到相对价格上来。

④对经销商而言,使对方意识到购销差价带来的盈利水平,从而淡化其对实际购买价格的注意力。

⑤强调产品的高科技含量,使购买者觉得货有所值。

⑥满足对方对产品需求的紧迫性并予以强调,购买方往往会接受此种情况下的价格。

⑦强调实际价格(卖方强调低价格、买方强调高价格)给己方带来的损失,从而令对方觉得已经很合算。

⑧强调己方产品的良好声誉,使对方意识到相对价格。

⑨强调己方价格的安全性和可靠性,使对方接受相对价格。

⑩作为购买方,可以强调大宗货—揽子交易(大批量购买),使卖方认可相对价格。

⑪采用心理价格策略,例如强调对方的声望或地位,使对方注意到相对价格。

⑫突出介绍产品的功能和优点,以产品的有用性让对方注意到相对价格。

(3)如何识别和应对对方所说的"太贵",可以从以下 10 个方面来考虑。

①对方说因为"总经济状况不好"。但很多时候这可能只是一种还价的方法。

②对方说因为"暂时的经济困难"。你可以提出分期付款,如果对方不响应,则其所说"太贵"只是一种托词。

③对方说因为"资金周转困难"。赊账就可以解决此问题。

④对方声明价格超出了他自己的计划。说明你没有激发对方获得该产品的欲望。

⑤对方对价格有他自己的计算方法。你应该比对方拥有更多的该产品信息,所以应该分拆价格内容,让对方自己再次计算。

⑥对方将你的产品与同类产品和替代品比较。你要做的是强调本产品的优点和功能。

⑦对方以竞争者的价格为参照。你应该解释比竞争对手高的原因,强调产品的差异性。

⑧从前的价格。你需要解释涨价的原因。

⑨习惯性压价。你可以置之不理,或者视为一种玩笑。

⑩试探是否有讨价还价的余地。你需要以礼相待、不为所动。

(4)报价。报价要高过所预期的底牌,为谈判留有周旋的余地。谈判过程中,你可以降低价格,但绝不可能抬高价格。因此,你所要的报价对你有利,同时买方仍能看到交易对自己有益。

你对对方了解越少,开价就应该越高,理由有两个。第一个理由,你对对方的假设可能会有差错。如果你对买方或其需求了解不深,或许他愿意出的价格比你想得要高。第二个理由,如果你们是第一次做买卖,若你能做出很大让步,就显得更有合作诚意。你对买方及其需求了解越多,越能调整你的报价。当然,这种做法的不利之处是,如果对方不了解你,你最初的报价就可能令对方望而生畏。

如果你的报价超过最佳报价价位,就暗示一下你的价格尚有灵活性。如果买方觉得你的报价过高,而你的态度是"买就买不买拉倒",那么谈判还未开始结局就已注定。你可以通过如下方式避免开出令对方望而生畏的高价:"一旦我们对你们的需求有了更准确的了解,也可以调整这一报价。但就你们目前的定货量、包装质量和适时库存的要求来看,我们最低只能出每件 2.25 美元。"这样,买方可能会想:"要价太高了,但看起来还可以谈一谈。我要下点工夫,看看能压到多少。"

在提出高于预期的要价后,接下来就应考虑:应该要多少? 答案是:以目标价格为支点。对方的报价比你的目标价格低多少,你的最初报价就应比你的目标价格高多少。

例如,买方愿出价 1.60 美元买你的产品,而你能承受的价格是 1.70 美元,支点价格原理告诉你开始应报价 1.80 美元。如果谈判的最终结果是折中价格,你就达到了目标。当然,并不是你每次都能谈到折中价,但如果你没有其他办法,这也不失为上策。

概括起来说,报价应当注意几点:

①周密、审慎地确定报价水平。

②报价时应坚定果断,不可有半点犹豫。

③报价要明白、准确。

先报价的好处是实际上为谈判规定了一个框架,在整个谈判中起协调作用;但坏处是对方听后可从容调整自己的想法,获得本来得不到的好处,而且还可能集中力量对报价发起攻击,迫使先报价方一步步降价,而他们究竟打算出多高的价还是未知数。

(5)还价。还价在价格谈判中是必然环节,通常要遵循以下原则:

①事先对对方的报价表仔细分析、运筹。

②如果发现对方所开条件和要求差距大,可以要求对方重新报价。

③要求开价方提出其所能提供的最高和最低标价。

④探测临界价格(即双方都愿意接受的价格)。

具体来讲,还价时有以下策略可以运用。

①假设策略。假装要购买额外的东西,试探对方的价格是否可以变动。

②大宗订单策略。若标价 12 元/米,建议以 5 元的价格全部买下来,从而找

到买主的成本或底价。

③交易告吹策略。对买主过低的价格表示不能成交,询问买主究竟能出多高的价以便作为参考(当时并不答复,而是借口要请示等),待以后再提出对自己有利的价格。

④设托策略。让另一个人出低价来试探卖主的反应,让后你再出面和卖主议价。

⑤同时让步策略。"我这样做,你那样做",以让步来交换让步。

⑥诱使撤防策略。先表示浓厚的购买兴趣,然后表示没有能力购买,只是想知道这类产品究竟值多少钱。

⑦升高策略。先和买主谈交易内容,再根据情况提高价格。

⑧仲裁策略。快速与对方商谈价格,尽可能使对方做最大让步,即使破裂也无妨,然后再请第三者来仲裁,并且使对方做更大的让步。

⑨合计策略。例如两幅画共值 300 元,有一幅要价 200 元,则买主就以 100元的基价去商谈另一幅画。

(6)让步。在商务谈判中,为了达成协议,让步是必需的。但是,让步不是轻率的行为,必须慎重处理。成功的让步策略可以起到以局部小利益的牺牲来换取整体利益的作用,甚至在有些时候可以达到"四两拨千斤"的效果。让步的一般原则包括以下方面。

①不做无端让步。

②让步要恰到好处。

③在次要问题上让步,诱使对方在重大问题上让步。

④不承诺同等幅度的让步。

⑤一次的让步幅度不要过大,节奏也不要太快。

2. 价格谈判应对策略

(1)反向提问策略及其应对。谈判进行到一定阶段,对方不是马上杀价,而是向你方提出一连串问题,以便寻找更多可能出现的还价机会,以便讨价还价。这就是反问提问策略。

应对方法如下。

①不对对方的设问立刻做出评估。

②分析对方设问的真正原因,不被其大批量或小批量的声称所迷惑。

③以对方先确定订货量为条件再行报价。

④回避问题,拖延时间,为报价做好准备。

⑤将"球"踢回去,提出种种附加条件请对方考虑。

(2)低价策略及其应对。为防止大力杀价,卖方力图使买方相信其所出的价格低廉合理,这就是低价策略。常用方法包括以下几个方面。

①以最小或较小计价单位报价。

②用较高的产品价格与所谈的产品价格比较。

③和劣质产品放在一起示范。

④列出优点抵消"价格太高"的异议。

⑤从另一角度讨论价格,如把价格分摊到每一月甚至每一天,从而使数目变得很小。

买方应对策略包括以下几个方面。

①始终牢记成本是基础。

②对方进行价格比较,你可以衡量性价比。

③不顺着对方的角度单一考虑问题,应放开视野,多角度考虑问题。

(3)抬价策略及其应对。谈判过程中,卖方有意抬高此前的报价,并使买主相信你的报价是合理的,以此来抵制对方进一步提出的要求。这是抬价策略。

应对策略包括以下几个方面。

①识破对方的伎俩,直接指出,提议双方开诚布公地谈。

②让对方在合同上署名的人越多越好,以避免一些不讲信用的人推翻协议。

③反抬价,也推翻你和他达成的协议。

④在合同签好以前,要求对方做出某种承诺,以防止其反悔。

⑤表明考虑退出谈判。

三、商务谈判各阶段的沟通

▷【案例】

C公司向D公司进口定做木质宾馆家具700套,合同规定买方发现单货不符时索赔期限为货到目的港的30天内,付款期为90天内。

由于C公司的客户E宾馆尚未建好,家具无法安装,两个月后,待宾馆完工,家具就位,发现某些家具起壳,就向D公司提出拒付,但D公司依据合同规定的单货不符时索赔期限为货到目的港的30天内,如今D公司发现单货不符(家具起壳)提出拒付的时间已经是货到目的港的两个月(即60

天),这早已经超过了合同规定的单货不符的索赔期限。最终 D 公司理由充足地拒绝了索赔。

这是一个谈判中沟通不足造成无法索赔的例子。商务人员作为谈判的主体,在形成良好融洽的气氛中应发挥自己主观能动性,有意识地营造一个和谐、舒适、坦诚、亲切的谈判氛围,为双方制造一个良好的幽雅环境,推动谈判气氛向着融洽、友好、富有建议性和创造性的方面发展,为顺利地完成谈判和执行合同创造有利条件。

(一)开局阶段的沟通

进行谈判要有一定基础,在正式谈判之前,大家有一个互通信息、互相摸底的阶段,即开局阶段。这个阶段对以后谈判的发展有着非常重要的意义。在谈判开局阶段,我们应做好以下几方面的沟通工作。

1. 创造和谐的谈判气氛

要想获得谈判的成功,必须创造出一种有利于谈判的和谐气氛。任何一方谈判都是在一定的气氛下进行的,谈判气氛的形成与变化,将直接关系到成败得失,影响到整个谈判的根本利益和前途,成功的谈判者无一不重视在谈判开局阶段创造良好的谈判气氛。

谈判者的言行,谈判的空间、时间和地点等都是形成谈判气氛的因素。谈判者应把一些消极因素转化为积极因素,使谈判气氛向友好、和谐、富有创造性方向发展。

想要形成一个和谐的谈判气氛,要把谈判的时间、环境等客观因素与谈判者自身的主观努力相结合,应该做好以下几方面工作。

(1)谈判者要在谈判气氛形成过程中起主导作用。形成谈判气氛的关键因素是谈判者的主观态度,谈判者积极主动地与对方进行情绪、思想上的沟通,而不能消极地取决于对方的态度。例如,当对方还板着脸时,你应率先露出笑容,主动地握手,主动地关切,主动地交谈,都有益于创造良好的气氛。如果谈判者都能充分发挥自己的主观能动性,一定会创造出良好的谈判气氛。

(2)心平气和,坦诚相见。谈判之前,双方无论是否有成见,身份、地位、观点、要求有何不同,一旦坐到谈判桌前,就意味着双方共同选择了以磋商与合作的方式解决问题。因此,谈判之初就应心平气和,坦诚相见,这才能使谈判在良好的气氛中开场。这就要求谈判者抛弃偏见,全心全意地效力于谈判,切勿在谈判之初就以对抗的心理出发,这会不利于谈判工作顺利进行。

(3)不要在一开始就涉及有分歧的议题。谈判刚开始时,良好的气氛尚未形成,最好谈一些友好或中性的话题。如询问对方的问题以示关心;回顾以往可能有过交往的经历,以密切关系;谈谈共同感兴趣的新闻;幽默而得体地开开玩笑;等等。这些都有助于缓解谈判开始的紧张气氛,达到联络感情的目的。

(4)不要一见面就提出要求。如果这样,很容易使对方的态度即刻变得比较强硬,谈判的气氛随之恶化,双方唇枪舌剑、寸步不让,容易使谈判陷入僵局。由此可见,谈判尚未达成必要的气氛之前,不可不讲效果地提出要求,这不仅不利于培养起良好的谈判气氛,还会使得谈判基调骤然降温。

2.正确处理开局阶段的"破冰"期

我们把谈判涉入问题前的准备时间称为"破冰"期。谈判开局的准备时间与谈判前的准备阶段不同,它是谈判已经进入开始阶段的短暂的过渡时间,谈判的各个方面、寒暄、握手、谈笑等都是在此期间进行的。正确把握"破冰"期,有利于谈判期的自然过渡。

"破冰"期应该把握多长时间需要根据谈判的具体情况而定,通常情况下,"破冰"期一般可控制在全部谈判时间的 2%～5% 为宜。长时间或多轮谈判时,"破冰"期可以相对延长,例如谈判双方在异地的大型会谈,可用整天的时间组织观光,沟通感情、增进了解,为正式谈判创造良好的气氛。

"破冰"期是走向正式谈判的桥梁。如何掌握好"破冰"期的"火候",也是谈判者的一种艺术,成功的谈判者无一不正确处理"破冰"期。"破冰"延续得长了,会降低谈判效率,增大成本投入,甚至导致谈判者乏味,产生适得其反的后果;"破冰"期进行得短了,会使谈判者感到生硬、仓促,谈判起来,没有"水到渠成"的感觉,达不到创造良好开端的目的。至于"破冰"期究竟进行到何种状态才算适宜,这不仅要以时间的长度加以考虑,更重要的是靠谈判双方面的经验,以直觉来互相感应。

在"破冰"期间,应注意如下几个问题。

(1)行为、举止和言语不要太生硬,感情应是自然流露。谈判双方的言行、举止,都应是随和而流畅的,切不可言语生硬、举止失度,如说话粗俗、拉拉扯扯等不良行为,都不利于创造"破冰"期的和谐气氛。

(2)不要紧张。许多性格内向或初涉谈判者,由于心情紧张,在面对谈判对手时,手足无措,不知说什么好,结果使对方也很不自然。谈判者必须克服紧张心情,特别在一些涉外谈判中,不可面对高鼻梁、蓝眼睛的外国人自惭形秽,唯唯诺诺,缩手缩脚。

(3)说话不要唠叨。有些谈判者虽然快言快语,但却唠唠叨叨,一句话重复很多遍,在惜时如金的谈判桌前这是最惹人反感的,特别在谈判的一开始,即刻会给人留下不好的印象。谈判者在"破冰"期内的用语必须注意效果,简洁、精练。

(4)不要急于进入正题。在创造气氛中我们已经谈到,谈判者初见面时不宜急于切入正题,而应首先沟通感情、增进了解,否则便犯了"破冰"期的大忌。俗话说"欲速则不达",就是告诉我们办任何事情都要循序渐进,不可心急,谈判亦是如此。

(5)不要与谈判对方较劲。"破冰"期内的交谈,一般都是非正式的,通常采用漫谈的形式。因此,语言并不严谨。谈判者不可对对方的每一句话都仔细琢磨,这会影响感情交流。如对方有哪句出言不周,切不可耿耿于怀,立即回敬,这只能弄巧成拙、招致蔑视。

(6)不要举止轻狂。"破冰"期是展示双方气质、姿态的第一回合。谈判是一种文明竞争的方法。谈判举止的第一印象,是影响对方对你所持态度的关键因素。如果谈判者在谈判的一开局就举止轻狂,甚至锋芒毕露地炫耀自己,这在富有经验的谈判者面前就是一个初涉谈判的小丑形象。

当然,要很好地度过谈判"破冰"期,不要忘了微笑和幽默。

3.在谈判开局阶段,探测对方情况,了解对方虚实

在谈判的开局阶段,不仅要为转入正题创造气氛,做好准备,更重要的是,谈判的双方都会利用这一短暂的时间,进行事前的相互探测,以了解对方的虚实。所以,这段时间也被称为探测期。

在这一期间,主要是借助感觉器官来接受对方,通过行为、语言传递来的信息,并对其进行分析、综合,以判断对方的实力、风格、态度、经验、策略以及各自所处的地位等,为及时调整己方的谈判方案与策略提供依据。当然,这时的感性认识还仅仅是初步的,还需在以后的磋商阶段加深认识。老练的谈判者一般都以静制动,用心观察对手的一举一动,即使发言也是诱导对方先说;而缺乏谈判经验的人,才会抢先发表己见,主张观点。实际上,这正是对方求之不得的。

如果谈判者不想在谈判之初尽多地暴露弱点,就不要急于发表己见。特别是不可过早下断语,因为谈判情势的发展,往往会使你陷于早下结论的被动境地。

正确的策略是在谈判之初最好启示对方先说,然后再察言观色,把握动向,对尚不能确定或需进一步了解的情况进行探测。具体方法如下。

(1)采取策略,灵活、得当地使对方说出自己的想法。

征询对方意见,这是谈判之初最常见的一种启示对方发表观点的方法。如"贵方对此次合作的前景有何评价"、"贵方认为这批冰箱的质量如何"、"贵方是

否有新的方案"等。

诱导对方发言,这是一种开渠引水,启示对方发言的方法。如"贵方不是在传真中提到过新的构想吗"、"贵方对市场进行过调查,是吗"、"贵方价格变动的理由是什么"等。

使用激将的方法。激将是诱导对方发言的一种特殊方法,因为运用不好会影响谈判气氛,应慎重使用。如"贵方的销售情况不太好吧"、"贵方是不是对我们的资金信誉有怀疑"、"贵方总没有建设性意见提出来"等。

在启示对方发言时,应避免使用能使对方借机发挥其优势的话题,否则会使己方处于被动。

(2)当对方在谈判开局发言时,应对对方进行仔细观察。

因为注意对方每一句话的意思和表情,研究对方的心理、风格和意图,可为己方所作的第一次正式发言提供尽可能多的信息依据。

在谈判桌上,不仅要注意观察对方发言的语义、声调、轻重缓急,还要注意对方行为语言,如眼神、手势、脸部表情,这些都是传递某种信息的符号。优秀的谈判者都会从谈判对手的一举一动中,体察对方的虚实。

(3)要对具体的问题进行具体的探测。

在有些情况下,察言观色并不能解决问题,这就要进行一些行之有效的探测了。例如,要探测对方主体资格和阵容是否发生变化,可以问:××怎么没来;要探测对方出价的水分,可以问:这个价格变化了吧;要探测对方的资金情况,可以问:如果 C 方要我们付现金呢;要探测对方的谈判诚意,可以问:据说贵方有意寻找第三者;要探测对方有否决策权,可以问:贵方认为这项改变可否确定;等等。

此外,谈判者还可以通过出示某些资料,或要求对方出示某些资料等方法来达到探测的目的。

为了处理好谈判的开局,还要注意防止两种倾向。

①切忌保守。因为,人们在陌生的环境中与他人发生联系时,处事往往是较为谨慎小心的。所以,谈判的开局阶段,谈判者通常是竞争不足、合作有余,更易保守,唯恐失去一个合作的伙伴或一个谈判的机会。如果因此一味迁就对方,不敢大胆坚持己方的主张,结果必然会被对方牵着鼻子走。开局阶段的保守,将会导致两种局面:一是一拍即合,轻易落入对对方大有伸缩的利益范围,失去己方原来应该得到的利益;二是谈判一方开局就忍让,迁就对方,使对方以为你的利益要求仍有水分,而把你的低水平且保守的谈判价值作为讨价还价的基础,迫使你做出更多的让步。

所以,在谈判的开局阶段要敢于正视对方,放松紧张心理,力戒保守。

为了防止谈判开局中的保守所导致的上述两个局面,就必须坚持谈判的高目标。谈判目标定的高低,将直接影响谈判的成果,没有远大的目标,就没有伟大的创举。只有将谈判的目标定在一个努力弹跳能摸到的位置,才是恰当的。

在谈判开局中,坚持在一个高目标的基础上进行,就会避免出现不利情况,使谈判者在以后的谈判中获得适合的利益。

②切忌激进。我们强调谈判的开局要有一个高目标,但高目标不是无限度的,更不能把己方的高目标建立在损害对方利益的基础之上。

如果谈判一方单纯考虑自己的利益,而忘记了谈判是双方或多方的合作。由于自己的要求过高而损害别人的利益,则会出现两种不利的局面:一是对方会认为你没有诚意以致破坏了谈判的必要性。因此,谈判者在开局阶段,不仅要力戒保守,而且也要防止因提出过分的要求而破坏谈判的气氛。二是对方为了抵制过高的要求,也会漫天要价,使谈判在脱离现实的空中楼阁中进行,只能导致徒劳无功、浪费时间。这就是所谓的“以其人之道,还治其人之身”,使谈判陷于僵局。

在谈判的开局阶段,谈判者既要有一个高目标,又要防止不切实际地漫天要价。在处理谈判开局阶段中的竞争与合作、索取与退让的关系以及把要求的目标限定在一个科学、适度的范围内的过程中,我们应科学地分析和预测彼此价值要求的起点、界点、争取点,从而找到谈判的协作区,以决定全局中的利益要求的限度。

⇨【案例】

卡耐基与饭店老板

戴尔·卡耐基曾亲身经历过这样一件事。他曾向纽约某家饭店租用大舞厅,每一季用 20 个晚上,举办一系列的讲课。

在某一季开始的时候,他突然接到通知,说他必须付出几乎比以前高出 3 倍的租金。卡耐基得到这个通知时,入场券已经印好并发出去了,而且所有的通告都已经公布了。

当然,卡耐基不想付这笔增加的租金,可是跟饭店的人谈论不应该加租金,是没有什么用的,他们只对他们所要的感兴趣。因此,几天之后,他去见了饭店经理。

“收到你的信,我有点吃惊,”卡耐基说,“但是我根本不怪你。如果我是你,我也可能发出一封类似的信。你身为饭店的经理,有责任尽可能地使收入增加。如果你不这样做,你将会丢掉现在的职位。现在,我们拿出一张纸来,把你可能得到的利弊列出来,如果你坚持要增加租金的话。"

然后,卡耐基取出一张信纸,在中间画一条线,一边写着"利",另一边写着"弊"。

他在"利"的下面写下这些字:"舞厅空下来"。接着说:"你把舞厅租给别人开舞会或开大会的收益,这是一个很大的好处,因为像这类活动,比租给人家当讲课场能增加不少收入。如果我把你的舞厅占用 20 个晚上来讲课,对你当然是一笔不小的损失。

"现在,我们来考虑坏处方面。第一个坏处,你不但不能从我这儿增加收入,反而会减少你的收入。事实上你将一点收入也没有,因为我无法支付你要求的租金,我只好被逼到别的地方去开这些课。

"你还有一个坏处。这些课程吸引了不少受过教育、修养高的群众到你的饭店来。这对你是一个很好的宣传,不是吗?

"事实上,如果你花费 5000 美元在报上登广告的话,也无法像我的这些课程能吸引这么多的人来看看你的饭店。这对一家饭店来讲,不是价值很大吗?"

卡耐基一面说,一面把两项坏处写在"弊"的下面,然后把纸递给饭店的经理,说:"我希望你好好考虑你可能得到的利弊,然后告诉我你的最后决定。"

第二天卡耐基收到一封信通知他租金只涨 50%,而不是 300%。

分析与讨论:在这件事情上,戴尔·卡耐基是如何成功与对方沟通的?

(二)中局阶段的沟通

开局过后,即转入正面交锋,也就是进入了中局阶段。在此阶段,谈判的双方唇枪舌剑,左冲右突,从自己的利益出发,抓住一切有利于自己的因素,竭力说服对方,使谈判朝着有利于自己的方向发展,这是整个谈判的决定性阶段和实质阶段。这个阶段的沟通技巧尤其不能忽视。

(1)探测对方的需求。对方的需求究竟在哪里,这是商务人员始终关心的问题。谈判中,应通过提问了解、聆听了解、对方的体态语言了解等沟通方式进行探测。

(2)提出本方需求。提出本方需求一般包括根据本方的实力和地位提出需求;通过提出极端的需求来降低对方的期望两种方法。

(3)满足需求。满足需求一般包括满足对方的基本需求,比如适当满足对方的经济利益需求;满足对方的归属需求,比如按对方的意愿认可对方是一家著名企业;满足对方获得尊重的需求,比如认可对方某主谈人员的名气或在公司里的地位。

(4)激将法。有时可以适当地激怒对方,对方通常会为了赢得你的尊敬而竭尽全力。

(5)调动对方的技巧。具体做法包括采取低姿态,令对方的强势无用武之地;大智若愚,在一些小问题上装糊涂,让对方放松警惕,看准时机发出最后通牒。

(6)排除障碍。可以从避免争论,避开枝节问题,排除障碍但不要伤害感情,多多赞美对方,尽量先发制人排除障碍,不可对对方的心理障碍大做文章等方面进行。

(7)灵活应变。面对不断变化的局面,要运用一定的应变技巧;不理会对方的大声叫嚷;接受对方的正确意见并立即采取行动;反击污蔑不实之词;要善于缓和气氛;该撤退时就撤退;转移话题;主动承担无关紧要的责任。

(8)对待竞争者的策略。对方有时会通过提及竞争者,企图以此获得利益。对此,可以运用赞扬竞争者但尽量回避有关竞争者的话题;用有力的证据批判竞争者的产品;承认竞争者的存在,但不轻易攻击等策略。

(三)结束阶段的沟通

谈判进入结束阶段时,商务人员应注意以下几点。

(1)正确选择结束谈判的时机。原则、目标的临界点即将到达时,可提出结束谈判。

(2)结束时,谈判者应该用巧妙的方法祝贺对方做了一笔好生意,不要令对方有后悔的感觉。

(3)重要的谈判圆满结束后,双方应尽量地一起轻松地交流一下,一是消除一下疲劳,二是为今后的合作(合同的履行)营造更好、更融洽的关系基础。

四、商务谈判的语言和行为沟通艺术

(一)语言沟通艺术

前面的内容已经从不同侧面地涉及了谈判中的语言运用技巧。现将谈判中的语言沟通艺术归纳如下。

1.商务谈判的十大规则

(1)说话过多和要点过多会影响交易的达成。

(2)不要泛泛罗列太多产品的优点。

(3)逐一介绍产品的优点比一句话介绍好几种优点效果要好。

(4)说话时多用主动语态。

(5)不要表现出过分热情。

(6)谈话中穿插提到双方有关人员的名字,既可以帮助彼此记忆,也可以增添谈话的情切感。

(7)你的谈话要点被对方接受才有助于谈判的进行。

(8)对方的认真倾听不代表他真的同意你的大部分观点。

(9)正确使用停顿。

(10)说话不应该是经过准备的讲演或个人独白,谈判不是表演。

2.谈判中应当避免的词句

(1)尽量避免以"我"为中心的词句,如"我认为……"、"我的看法是……"、"如果我是你的话……"、"我要你说的是……"、"我可不这么而看……"、"考虑一下我所说过的话……"等。

很多情况下,把"我"改成"您"。

(2)避免言之无物的词句,如"我想顺便指出……"、"正像我早些时候说过的……"、"或者,换句话说……"、"事实上……然而……所以说……"、"在不同程度上……"等。

(3)避免没有影响的"行话"。特别是那些属于自己公司的语言或者属于本行业的语言,不能用。

3.提问技术

(1)提问的种类

①引导性提问。如"违约要受惩罚,你说是不是"。

②间接提问。如"××先生也这样认为吗"。

③直接提问。如"您觉得这个价位合适吗"。

④挑战性提问。如"您不觉得这个价位太离谱了吗"。

⑤突然提问。即在对方陈述过程中,突然提出问题,以打乱对方部署。

⑥澄清式提问。如"您刚刚说上述情况没有变动,这是不是说你们可以如期履约了"。

⑦探索式提问。如"您怎么来证明贵方可以如期履约呢"。

⑧强迫选择提问。如"原定的协议,你们是今天实施还是明天实施"。

(2)提问的原则

①要用审问式提问。

②不要随意或故意提问。

③可以用虚心的态度提问。

④可以向对方的其他人员(部门经理、秘书等)提问,答案可能会更令你满意。

4.回答技巧

回答技巧包括以下几种。

(1)不可随意回答。

(2)不一定要全部回答。

(3)"顾左右而言他"式回答。

(4)寻找某一借口(资料不全等)拖延回答。

总的原则是知道应该说什么,不应该说什么。

5.说服技巧

说服技巧包括以下几种。

(1)充分运用各种工具进行说服,如印刷品、可视媒介物、模型及样品、宣传材料、证明材料等。

(2)先讨论容易解决的问题,再讨论容易引起争议的问题。

(3)强调彼此的一致,比强调彼此的差距更能让对方接受。

(4)先透露一个对方感兴趣的消息,再设法说服他。

(5)再次劝诱不成,可适当采用威胁策略进行说服。

【课堂实训】

1. 你的一位客户不接受你所开出的价格，但他只是抱怨价格太高，而没有提出任何具体的建议。面对这种情况，你怎么办？

2. 你公司有一辆半新不旧的轿车想出售，经研究能卖 5 万元即感满意。就在你准备寻找卖主的当天下午，即有人介绍说，某单位可出 6 万元的价格购买一部同样的车。此时，你认为最明智的选择是什么？从以下方面选择，并说明理由。

(1)毫不犹豫地接受这家公司的报价，向领导光荣交差。

(2)告诉对方 3 天后再答复他。因为你想看看自己再寻找其他买主的效果如何。

(3)跟对方讨价还价。

3. 商务谈判到一定阶段(比如中局阶段或结尾阶段)，对手的话往往或多或少有了一些伸缩性，或者说有了一些弦外音。下面这些话是你们的谈判对手说的，这些话到底暗示着一些什么意思呢？

(1)"你所给的期限太短，我们很难接受。"

(2)"我无权议价。"

(3)"本公司从没以价格作为谈判的标准。"

(4)"根据公司的政策，我们是不打折扣的。就是打折扣，也不会超过 10%。"

(5)"在这样的订货条件下，我们的价格是 300 元。"

(6)"这是很合理的价格。"

(7)"这是我们标准的签约条件。"

(二)行为沟通艺术

1. 从容对付僵局

所有的谈判似乎都会出现僵局，那么怎么办呢？首先，你为谈判做准备时，你应假设这个时刻迟早会到来，不要心慌气馁。设想任何谈判都会出现分歧，出现似乎不能解决的问题。其次，渡过这种情况的关键是感情上的反抗。你必须面对似乎不能解决的僵局，然后退回来休整 5 分钟、1 小时或几天。可以暂停休息一会儿、出去走走或离开产生僵局的话题，或换一个新环境，改变谈判背景。当与对方重新聚集在一起时，双方或许都带着解决问题的新办法回来。

⇨【案例】

　　柯尔比与 S 公司的谈判已接近尾声。然而此时对方的态度却突然强硬起来,对已谈好的协议横加挑剔,提出种种不合理的要求。柯尔比感到非常困惑,因为对方代表并非那种蛮不讲理的人,而协议对双方肯定是都有利的,在这种情况下,S 公司为什么还要阻挠签约呢? 柯尔比理智地建议谈判延期。之后从各方面收集信息,终于知道了关键所在:对方认为 ITT 占的便宜比己方多多了! 价格虽能接受,但心理上不公平的感觉却很难接受,导致了协议的搁浅。结果重开谈判,柯尔比以一番比价算价,对方知道双方利润大致相同,一个小时后就签了合同。

2.学会应付难堪的局面

　　谈判中有时会出现难堪局面。应付难堪的局面需要有理智和控制局面的能力。作为商务人员,由于其工作场所的公开性,因此就更应注意。

　　生活中,面对复杂的社会人际环境,机智幽默是应付难堪局面的最佳方法。国外一位学者讲述过这样两个故事:

⇨【案例】

　　一位作家刚刚写完一本书,聚会时朋友和同行们都赞扬他,气氛很是融洽、愉快。这时,另一位作家站起来说道:"我也很喜欢这本书,是谁替您写的?"这时只见作者从容地、微笑着站起来答道:"我很高兴您喜欢我写的书,那么是谁替您读的呢?"机智和幽默使作家摆脱了难堪,并保持了尊严和优雅的风度。

⇨【案例】

　　著名剧作家萧伯纳的名作《武器与人》首演大获成功。演出结束后,剧场内热情的观众纷纷要求剧作家上台亮相说几句话。当萧伯纳走到舞台中央,正要给观众讲话时,突然观众席上有一个人站起来冲他大叫:"萧伯纳你的剧本糟透了,谁也不想看,赶快收回去吧,停演吧!"面对突如其来的攻击,真让人难堪。然而,萧伯纳一点也不生气,反而极有绅士风度地向那位反对者深深鞠了一躬,彬彬有礼地说:"我的朋友,你说得好,我完全同意你的意见。但是光我们反对这么多观众有什么用呢?"观众仍然报以热烈的掌声。萧伯纳的机智幽默使自己立即摆脱了尴尬和难堪的境地,变被动为主动。

谈判中,假如你遇到难堪的场面,采用以下方法也许能帮助你走出困境:

(1)充满信心,大方从容,用微笑和其他身体语言表明你的态度和风度。

(2)设法转移话题。

(3)采用巧妙的"封堵"方式,让对方把不该说的话留在喉咙里。

(4)巧用"潜台词",让对方心领神会。

(5)学会装糊涂来避其锋芒。

(6)运用自我嘲弄的幽默感。

(7)准备好终止交谈的说辞。

(8)率直地说出自己的感受。

(9)故意曲解对方的意思。

(10)给自己找台阶下。

3.用创新来避免失败

永远不要将一场完全失利的辩论进行到底,当开始面临僵局并已经知道不能赢时,可以抽身而退,争取想出一个新方法来解决问题。

4.将一次谈判看做是整个合作过程的一个部分

合作伙伴关系更多的是战略性的,所以,要照顾全局和整体关系,特别是长远利益。不能因一次不完全满意的谈判结果而失去合作前景。

5.先框架后细节

很多时候,双发为了让协议完成,会提出一些让步。缔结协议的一个方法可以是首先达成一个仍有点粗略的整体框架,然后完成协议的各个细节部分。因为此刻合作关系已取代对抗,双方放下了武装。

6.庆祝协议的达成

一旦协议达成,合同签订,可以举行简单的庆祝活动,双方庆祝一下,一起吃晚饭,一起喝上一杯,互赠礼物,做些什么来纪念一下,使之成为特别时刻,让双方谈判人员获得一定的成就感。这对合同的顺利履行、对双方今后的合作是非常有利的。

五、小　结

商务谈判是指一切在有形或无形产品的交换中的协商洽谈行为,它必须遵循一系列的基本原则来进行。

如何通过谈判尽可能地为本公司争取最大利益而又能让对方乐于接受,这需要正确的沟通策略和丰富的实践技巧,包括谈判的计划与准备、谈判的进程以及谈判的重要内容——价格谈判。这些策略和技巧贯穿于商务谈判的开局、中局和结尾阶段,而各阶段的侧重点不同。

在商务谈判的全部过程中,商务人员必须讲究沟通的艺术性,其主要表现为语言沟通艺术和行为沟通艺术。

▷【复习思考题】

1.什么是商务谈判?

2.商务谈判应遵循哪些基本原则?

3.商务谈判进程中应讲究什么策略?

4.价格谈判时应讲究什么策略?

5.商务谈判的各阶段都有哪些策略?

6.商务谈判的语言沟通艺术有哪些?

7.商务谈判的行为沟通艺术有哪些?

8.案例分析。

利益上的谈判

约翰逊是一个在当今商业界声誉卓著的"投资家",他已经搞到了一批不同类型的企业——旅馆、实验机构、自动洗衣店及电影院等。出于某些适当的理由,他决心要挤入杂志出版界。

一名"牵线人"替约翰逊同罗宾逊的杂志发行人拉上了关系。多年来,罗宾逊一直在发行和编辑一份挺不错的杂志,内容涉及某个日趋发展的专业领域。这份杂志从未"畅销",但由于罗宾逊自己承担了大部分工作,成本低廉,所以他的日子过得还算小康。他在那个出版界里,是一个出色的人物,也许是最优秀的人物。一些大的出版商都主动争取他那份杂志,但由于这个或那个原因,他们都一无所获。

约翰逊决意要获得那份杂志,更确切地说,他要罗宾逊为他做事,并以罗宾逊为核心发展起一套专业丛刊。经过两次午餐聚会,他们认为可以进行认真的谈判。

约翰逊通过调查和自己的观察,了解到有关罗宾逊的一些事情。罗宾逊恃才傲物,这一点无可非议。他一向不喜欢那些大出版社——他管他们叫工厂。此外,罗宾逊已经有了妻室,并开始增丁添口,做一个独立经营者所具有的那种

282

高度冒险的乐趣,对他已渐渐不再产生吸引力。在办公室里开夜车,特别是把时间花在毫无创造性的簿记工作上,已使他感到厌倦。而且,罗宾逊不相信局外人——那些与他的创造性领域不相干的人,尤其不信任那些"生意人",特别是那些毫无创造性的出版商。

谈判一开始,约翰逊就坦率承认,他对杂志出版业务一窍不通。对他来说最大利益之一,就是将有一个指挥全局的行家。接着,约翰逊掏出一张25000美元的支票,他说:"自然,在股票和长期利益方面,我们还会赚到更多的钱。但我觉得,任何一项协议——就像我希望和你达成的这项协议,都应当有直接的、看得见的好处。"

约翰逊向罗宾逊介绍了他的一些同事,特别是他的业务经理,表示这些人将听从罗宾逊的差遣,并将承担罗宾逊希望摆脱的一切琐碎杂务。

罗宾逊坚持要做一笔直接的、"干净的"交易——现款结算,不接受带有附加条件的母公司股票。但约翰强调长期保障,他指出,近年来母公司的股票正在不断增值,而且股票的利息将与他们休戚与共。他进一步强调说,他需要罗宾逊的创造力,不能让别的工作、对退休的考虑或其他任何事情削弱这种创造力。

最后,罗宾逊同意把自己的杂志转让给约翰逊,为期5年,并在此期间为他做事。他得到的现款支付为40000美元,其余部分则为5年内不能转让的股票。

分析与讨论:

(1)约翰逊掌握那么多罗宾逊的个人情况,其目的是什么?

(2)约翰逊是如何满足对方需要又圆满实现自己的扩展目的的?

9.模拟商务谈判。请反复阅读以下给定情景资料,然后组织一次模拟的商务谈判活动。

提示:

(1)阅读时最好记一下笔记,记录一些相关的数据。

(2)凡是情景资料里没有提到的东西,都假设是不存在(或不发生)的,切不可另外增加情况以适应本方的设想。

白石粉供需合作谈判

金星公司是Y省最大的石材加工企业,长期销售白石块和白石粉。金星公司控制Y省30%的白石矿,而Y省的白石矿储量占全国总储量的60%以上。其余的白石矿控制在其他几家企业手中。由于国际市场的白石粉价格飙涨,金星公司看准机会建立了一个大型白石粉加工厂,目前经营状况良好。白石块的利润没有白石粉高,因此金星公司更希望向火星公司供应白石粉而不是白石块。同时希望由火星公司投资,在金星公司建立新的白石粉生产线。

火星公司是全国最大的白石粉使用企业,长期向金星公司(火星公司的采购经理和金星公司的销售经理因此十分熟悉、关系良好)和其他企业购买白石块,但没有购买白石粉,因为火星公司已经有一条自己的生产线,但现在已经不能满足生产需要了。

最近白石粉涨价,火星公司专程赴 Y 省,与多家供应商商谈如何长期合作以降低成本。同时火星公司也在积极从其他省份寻找白石矿,已经找到了一小部分。

白石是一个供需双方的竞争都很激烈的行业,供需双方都很透明,金星、火星公司都不是对方唯一的合作商。金星公司的资金实力不如火星公司,但火星公司的资源实力不如金星雄厚。

金星、火星两家公司在金星公司会面,参观完工厂后在会议室开始谈判。双方面临以下合作方式:

(1)签订长期供货合同,锁定供货价格,可以保证双方的生产稳定。

(2)双方合作投资。金星公司和火星公司合资,在金星公司兴建新的白石粉生产线。但金星、火星两家都想控股。

第十四章

跨文化沟通

>>> >

📖 本章学习重点

本章重点阐释了跨文化沟通的概念、意义以及跨文化沟通的主要影响因素和跨文化沟通的主要障碍。

通过本章学习,能够掌握多元文化团队沟通的技巧和跨国企业中跨文化沟通的方法。

一、跨文化沟通概述

(一)跨文化沟通的概念

跨文化沟通指信息的发送者是一种文化的成员而接收者是另一种文化的成员。在沟通过程中信息的发送者和接收者都受到文化背景的影响和制约,而且不同文化背景下的各方的行为方式、价值观、语言、生活背景存在着差异,给沟通造成了困难。其表现为语言沟通障碍;非语言沟通障碍;跨国企业与当地组织和企业间的沟通障碍。

广义地讲,跨文化沟通不仅指在不同文化环境下的沟通,还包括跨地域沟通、跨时代沟通和不同角色间的沟通。本教材主要介绍第一种沟通,即不同文化环境下的商务人员之间的沟通。

(二)跨文化沟通的意义

经济全球化的发展使得全球内的任何一家公司或者企业集团都有不同文化背景的员工共同工作,或者打破地域限制进行跨国经营,因此商务人员的跨文化交往活动日益频繁,使得经济生活中的跨文化沟通成为必要。对商务人员来说,如果跨文化沟通不当,轻则造成沟通无效,重则造成误解和关系恶化,使企业经营目标无法实现。因此,如何跨文化障碍进行商务活动成为了国际化经营管理中的重要课题。

文化是人类社会实践中创造的物质财富和精神财富,包括语言文字、社会意识形态、价值观念、道德理想、风俗习惯等方面。一个企业要进入一个区域市场,是为了让当地的消费者购买和消费你的产品和服务,而当地的消费者能否接受你的产品和服务,关键在于这些产品和服务是否符合当地消费者的文化传统、消费心理、购买习惯。美国营销学家科特勒教授曾无不惋惜地指出,在国外莽撞犯大错的都是那些在国内获得巨大成功而又忽视文化因素的企业。通用汽车公司一度颇受欢迎的雪佛莱—罗弗汽车在墨西哥销售时遇到了麻烦,因为罗弗(NOVA)这个词在当地使用的西班牙语中听起来是“不能移动”之意。与此类似的是,百事可乐公司曾经走红一时的“与百事共同生存”的主题广告并未像预期的那样在泰国获得成功,原因是这句话用泰语翻译过来就有“与百事一起从坟墓中出来”的意思。所以,在国际市场营销中,文化因素的敏感性更大,对文化环境的漠视便成了一些公司失败的决定性原因。

(三)多元文化团队和跨国企业

所谓多元文化团队是指一个团队内部其构成人员的文化背景至少在两种或两种以上。多元文化团队的沟通障碍,主要发生在团队内部不同文化背景的成员之间。随着各外国企业在中国陆续建立子公司以及中国本土企业的国际化,越来越多的大中型企业公司内出现了多元文化团队的沟通问题。

跨国企业就是在不同国家拥有子公司或其他商业机构的企业集团。跨国企业在做跨国经营时,必须针对与母公司国家文化完全不同的东道国环境,进行不同方式的“跨文化管理”策略。

二、影响跨文化沟通的主要因素

(一)感知

感知是对我们感觉到的事物的理解和再认识,它包括物理的、生理的、神经的、感官的、认知的和感情的成分。感知既受文化影响,又反映文化特点。文化是造成感知差异的一个原因,而选择什么内容感知、如何解释、认识评价等,又都反映着不同文化。

美国的萨姆瓦在其《跨文化传通》一书中,认为存在 5 种主要的社会文化因素对感知的意义起直接而重大的影响,即信仰、价值观、心态系统、世界观和社会组织。

1. 信仰

一般而言,信仰可以看成是"某种客体或事件与其他客体或事件或某种价值观、概念及其属性的联系"。信仰可以分成三种,第一种是经验性的信仰,它很少受文化影响;第二种是信息性的信仰,它是由我们所信赖的某种外部信息源提供的信息而形成的,它深受文化影响;第三种是推理性信仰,大脑的分析判断过程涉及内部逻辑体系的运用。

2. 价值观

价值观是后天获得的,因文化的不同而不同。在跨文化企业中,这种不同是跨文化管理所遇到的最难解决的问题之一,也是造成文化冲突的根源之一。

3. 心态系统

心态是以一贯的方式对特定的取向物做出反应的一种可得的倾向。心态是建立在获得的信仰和价值观基础上的。心态的强烈程度来源于对自己信仰和评价的正确性的信赖程度。心态是在文化环境中可得的,因此不管是什么文化环境都能影响我们心态的形成和对外界做出反应的状态以及最终的行为。

4. 世界观

世界观是指一种文化对于诸如上帝、人、自然、宇宙以及其他与存在概念有关的哲学问题的取向。世界观对文化产生极其深刻的影响,它以各种微妙而常常并不显然的方式在跨文化沟通中发挥强大的影响。

5.社会组织

与跨文化沟通相联系的社会组织形式有两种:其一,地理性文化,由地理界域所限定的国家、部落、种族和宗教派别之类;其二,角色文化,这种文化中各成员的社会地位是区别的,人们在沟通中有特定行为举止的具体规范。

(二)成见

成见涉及我们对不同个人组成的群体的信仰,这些信仰基于先前形成的看法、观念和态度。成见在跨文化沟通的背景中是十分常见的现象。成见作为我们头脑中的图像,常常是僵化的、难以改变的,对于成功地进行跨文化的沟通是无益的。

(三)种族中心主义

种族中心主义是指一种以自身的价值标准来解释和判断其他文化背景中的群体、环境及沟通的一种趋向。由于种族中心主义通常是无益可得的,并且总是在有意识的层面反映出来,它使跨文化沟通的过程遭受到破坏。

(四)共感

共感是指设身处地地体味别人的苦乐和遭遇,从而产生情感上共鸣的能力。沟通过程中缺乏共感的主要原因是人们经常站在自己的立场而不是他人的立场上去理解、认识和评价事物。缺乏共感是由许多原因造成的。首先,在正常情况下,设身处地地站在他人的立场上想象他人的境地是非常困难的。其次,显示优越感的沟通态度也阻碍了共感的产生。再次,缺乏先前对于某个群体、阶层或个人的了解也会阻碍共感的发展。如果没有在国外的企业工作过,也就没有机会了解他人文化,我们就很容易误解他人的行为。最后,我们头脑中所具有的与人种和文化相关的成见也是制约达到共感的潜在因素。

三、跨文化沟通障碍的主要表现

(一)语言文字差异产生沟通障碍

语言反映一个民族的特征,它不仅包括该民族的历史文化背景,而且蕴藏着该民族对人生的看法、生活方式和思维方式。由于文化的差异，编码者和译码者所拥有的沟通行为及其意义在概念和内容上也有差异。例如，中国人在实际生活和语言习惯中往往自觉不自觉地抹杀男女两性区别。过去一个"他"字，在过去既可指男人也可指女人。现代汉语虽然引进了"她"字，但发音仍与"他"一模一样。又如，农民互称老乡，工人互称师傅，党内互称同志，夫妻互称爱人，教育界互称老师。平时同事之间也是"小王"、"老李"地叫，不知底细绝对听不出男女。总而言之，是男是女似乎不很重要。在习惯了这种中性词的文化氛围后，初到西方世界，就会觉得很不习惯，因为这里几乎所有关于人的称谓都男女有别。比如法国，像"我不是法国人"、"她是个学生"这类简单句子，用法语说出来稍不小心就会出错。

有个西方人住在广州市一座大厦内，每天听见一个悲哀的声音，走街串巷地呼喊："Mine——，I am sorry——！"这句英语翻译过来也可以解释为："我的人啊，我是多么伤心难过。"

这位西方人每天被那拖长了音尾的"Mine——"所惊醒，又每天万分感动地聆听着这忧伤难过的懊恼（sorry）声提升八度后戛然而止。终于有一天，这位西方客人忍不住从大楼里走出来，想知道这位失恋的小伙子到底有个什么样的爱情悲剧故事。等他顺着声音找过去，才发现原来是一个小贩在吆喝着"卖咸砂栗"（用咸砂翻炒的板栗）。原来广东话的"卖"字，拖着尾音很像"Mine——（我的人啊）"；而那个"咸"字，广东话读"含姆"，拉长声音后则与"I am"相近；至于"砂栗"，则与"sorry"咬字儿完全相同。这个障碍造成的误会不仅有趣，而且也算是罗曼蒂克透顶了。

在国际市场营销活动中，语言文字的差异对其营销效果的影响是巨大的。如可口可乐（Coca Cola）打入中国市场时，拟用四个谐音的汉字来称呼这种不含酒精的西方饮料，开始选译的是"蝌蚪嚼蜡"，在中国人眼里，又是动物又是蜡烛，无味加不干净的印象，因此无人问津。后转用"可口可乐"这个汉译名称，美味可口，开心快乐，从此销路大增。

在商务组织中，不同文化背景的团队成员由于所习惯使用的母语不同，因此会造成语言沟通的困难。即使团队成员中可以保持使用一种通用的语言，例如英语，然而对于那些并非以该种语言为母语的团队成员来说，他们在团队交流中表情达意常常不能到位，很可能造成与其他团队成员沟通的误会。

（二）体态语言差异产生沟通障碍

在体态语言沟通方式中，不同文化背景的人们对声音的质量（音量、速率和音高）、面部表情、手势、身体的动作等理解不同,由此产生沟通障碍。反之,如果理解其中的差异,则有助于我们更有效地进行跨文化交流。例如,各国欢迎客人的表达方式是不同的。印度人常常双手合拢放在胸前,如同祈祷。但在泰国,这一姿势表示谢谢。而在西班牙、意大利,第一次与异性见面,互相亲吻两侧面颊以示问候是常有的事,并没有特殊含义。英国人只在家庭成员或亲密朋友之间互相亲吻。日本人打招呼时,对长者、同事甚至朋友都习惯于鞠躬行礼。在英国,人们只在第一次见面,或是久别重逢时才握手。而在欧洲南部的国家,人们即使天天见面,也会不厌其烦地握手示意。

在与外商的谈判中,如果看到一些说英语的国家的人拉拉耳垂,这是他们在暗示"这是我们之间的秘密"。同一举止,西班牙、意大利、希腊人却认为是侮辱、蔑视对方。

谈成一项条款,兴奋之余我们也许会伸出右手,把拇指与食指做圈状,表示"很好,同意";日本人则将之理解为"钱",因它看起来像个铜板;可法国人却会认为谈了半天等于"零";荷兰和哥伦比亚的商人也许会误认为你觉得他讨厌可憎;在突尼斯,这个手势是向对方发出警告:小心点,否则我杀了你。

如果想称赞你的荷兰客户聪明、机智,你可伸出食指,指向头的一侧,但千万不要对以英语为母语的人这样表示,他会以为你在指责他脑子出了问题,有些疯狂,或是骂他笨蛋。

轻轻拍拍鼻子,在说英语的各个国家有着各异的解释。例如,这是秘密;别那么好奇,关注你自己的事;这事看来有些可疑。与外商的交往中,我们应注意举止,不要使自己的下意识动作令人误会。

"V"字形手势人人皆知。做这一手势时,千万要手背对着自己。因为在英国,"V"字形手势手背面向对方,意味着粗暴、放肆。

尼克松第一次访问巴西,走出机舱的时候,频频使用着他最习惯、最喜欢的也是他的标志性手势——高举双手做 OK 状。这一手势在美国文化里是代表胜利和友好,然而在巴西就不然了。在巴西文化里这是最下流的手势,等于美国文化里竖起中指的手势。于是第二天,巴西所有的媒体都刊登了这么一幕:尼克松在巴西面对全巴西人民和世界媒体,高举他那双手,打着 OK 手势,还不断前后摇摆,就像他赢得竞选胜利一般。尼克松这一错误所造成的影响,不言而喻。

(三)思维及生活方式差异产生沟通障碍

由于东西方文化背景和生活习惯的差异,不同文化背景的人受其母体文化的影响,具有不同的思想、思维方式和世界观。人们在交往过程中往往存在着沟通的障碍,而人们又通常忽视这种差异的存在,直到真的出现了问题,他们才幡然醒悟,可惜悔之晚矣。新浪网站上有一则报道,说是一美籍华人男子因拍美国男同事的肩膀而惹上"性骚扰"官司,从而身陷困境。由此可见,思维方式和生活习惯的差异造成的误会一类的例子在多元文化的闭队中是经常出现的。

日本人 Masako Seto 与美国人 Bob Jones 从未见过面,对对方国家的文化背景了解甚少。这次两人都是第一次到新加坡参加商务会议,事先约好开会前在大厅先会晤交谈。双方都别着胸牌,他们准时到达。Seto 很快注意到 Jones 比自己年长,而且身穿高质量西装,他准备以日本最礼貌的方式问候 Jones。Seto 在离 Jones 两步之遥时,突然停住,双手扶膝,在 Jones 的正前方鞠躬90°。与此同时,美国人却准备握手,伸出的手一下刺着了他的眼睛。对此,Jones 深感不安,不停地道歉,忙上前扶住了 Seto 的肩膀。这在日本是从未有过的。为了不丢面子,挽回第一次失误,Seto 摆脱了 Jones 的手,又一次站在 Jones 的正前方,更加深深鞠了一躬。见状,Jones 还以为 Seto 因刚才的疼痛要跌倒,这次急忙抓住了 Seto 的双肩,并扶他坐在邻近的椅子上,然后自己也坐下,并又一次伸出了手。这次 Seto 干脆拒绝与 Jones 握手,他感到自己在公众场合丢了脸,受到了侮辱,因为竟然有人抓住他的双肩。Jones 也很沮丧,一是他的手碰到了Seto 的眼睛,二是这位日本人不接受他表示友好的握手。双方的第一次会晤对以后的业务开展产生了极为不利的影响。

(四)信仰及风俗习惯差异产生沟通障碍

多数国家历史上信仰某种宗教,宗教信仰是其文化的重要组成部分。由于传统上的支配地位,宗教信仰对一国的国民性的塑造起了重要作用,国民性表现为一个稳定的价值观体系。基督教倡导节俭和勤奋工作,易导致追求效率的氛围,并易产生实用主义人生哲学。佛教强调精神修养,贬低物欲,易导致对技术的忽视以及对和谐的人际关系的追求。这些价值观渗透到人们的日常生活当中,对消费需求的内容结构以及消费模式产生了或明或暗的影响,而且这种影响是持久而强烈的。

在多元文化团队建设中要注意不同文化背景的团队成员的宗教信仰和生活方式的差异。所以在多元文化团队中一旦由于团队成员彼此的不了解,造成对他人宗教信仰的侵犯,可能会引起冲突,严重影响团队的团结,甚至延误团队工作的顺利进行。

中国一家公司将一批皮鞋出口到埃及,为使皮鞋更加迎合当地的风俗人情,这家公司在鞋底制作了几个阿拉伯文。非常令人遗憾的是,由于设计者不懂阿拉伯语,随手从一本资料上抄过来的字竟是"真主"。因此惹出的麻烦令中国驻埃及大使馆颇费周折。

(五)民族心理差异产生沟通障碍

不同的民族在不同的社会背景下繁衍生息,形成了不同的价值判断和道德规范,这些也在不同程度上影响到跨地域的市场营销。一家瑞典公司的英文产品目录因把朝鲜称为北韩,而不是朝鲜民族主义人民共和国,从而不得不修改其目录。1997 年前,有一家公司在其畅销小册子上声称其在 100 个国家派有代表,这里面竟然把香港列在其中。所以,不了解民族的差异,好心也能办坏事。

1963 年道氏啤酒厂曾在加拿大魁北克省推销一种名为"魁北克"的新啤酒,推销中使用了加拿大国旗以激发当地人的民族自豪感。但是事与愿违,当地一些主要社区反对这种亵渎"神圣"标志的行为,15 天后推销活动被迫停止。同样地,当麦当劳公司 1998 年在盘托上使用墨西哥国旗图案时遭到了地方当局的强烈反对,墨西哥人根本不喜欢让番茄酱在他们的民族标志上滴得到处都是。因此,盘托被没收。虽然这次冒犯是无意的,但麦当劳还是进行了赔礼道歉。

许多商品消费中体现着民族精神文化,其作用不可小视。新中国成立前,著名的东亚毛纺织公司,产品命名为"抵羊"牌,"抵羊"暗含抵制洋货的意思,恰好符合当时举国上下抵制洋货的群众心理,这种体现"国人资本,国人制造"的毛绒一经问世便备受欢迎。

(六)审美心理差异产生沟通障碍

审美心理是指一定人群的审美标准和审美能力,它潜移默化地来源于造型、表演以及文学等艺术形式,对营销活动影响显著。美国人在选择服装时注重张扬个性,追求标新立异;中国人则不同,追求典雅含蓄、合群合体。一些事物在一定文化背景中有着独特的象征意义,而且,在不同国家或地区,其象征意义可能会完全不同。中国人喜爱荷花,因为它出污泥而不染,象征高洁,但不喜欢乌龟,认为其形象粗陋。日本人则不同,他们常把荷花与死亡联系在一起,认为荷花象征不幸,却认为乌龟善于忍耐且象征顽强和长寿。这种在历史上形成并积淀在当代人头脑中的美学追求还很多,如意大利人忌讳送菊花给别人。亚洲人往往把灰色与廉价联系起来,这恰恰与美国人相反,后者认为灰色贵重而且有高品质。亚洲人认为紫色为富贵色,美国人却认为紫色有廉价感。不过,蓝色、红色、黄色与黑色不约而同地分别与高品质、爱、幸福及力量联系在一起。一般地,绿色被认为象征着纯洁与值得信赖,而法国人却不喜欢绿色。中华民族有崇尚黄色的传统,如黄钟、黄花、黄发、黄海(中央之海),甚至黄泉,因为加一个"黄"字,便都成了美称。在国际营销中,企业必须谨慎地评估这些审美心理可能产生的影响,针对不同的美学追求对商品的造型、包装以及广告艺术形式作出适应性调整。

四、多元文化团队的有效沟通方法

(一)加深了解,加强培训

对于多元文化团队,应该让团队各成员相互了解对方的文化背景、宗教信仰、生活习惯等,同时作为团队的领导者也要及时发现团队成员在跨文化交流中所遇到的困难,因人而异地施以疗救之法。不要等到问题越来越大之时,才想起要拿起"灭火器"去"灭火",结果是东边刚扑灭,西边又起火,团队工作由此陷入停滞。

另外,公司还应该聘请有经验且文化背景丰富的专业培训师进行跨文化沟通的内训,以便较好地调整多元文化团队的内部关系。

(二)进行跨文化整合

所谓跨文化整合,就是在两个文化背景完全不同的企业之间找到"公约数",实施统一的人事安排、薪酬设计、行为规范、企业理念及文化建设,如联想对IBM 的文化整合,TCL 对汤姆逊的文化整合,都属于典型的跨文化整合。而且这些文化的跨度还非常大。联想和 TCL 是东方文化的代表,IBM 和汤姆逊是西方文化的代表。东西方文化融合本身就存在着很深的鸿沟,但这些公司却成功地进行了整合,从而保证了公司绩效的提高。

有些管理者片面地以为,把不同文化背景的人放在一起,他们就会自然而然地相互学习,队员就会变得更加多元化,各自文化中的东西也会越来越少。其实这是一个很大的误区。多项研究表明,跨文化团队里,在有压力的情况下,队员会更趋于本国化,如中国人会变成更加中国化,美国人会更加美国化。管理不好,团队的绩效会变得很糟。

企业整合与输血是一个道理,不能说把两套班子合在一起办公就完事了,企业要想健康运行,必须实施内部改造和调整,建立基于一个共识的行为规范。一般来说,同一文化背景下的企业整合要容易一些,因为不存在价值观巨大差异化的问题。跨文化整合则不然,它往往要触动民族文化层面的东西,而民族文化是一个国家、一个民族文化的基础,是价值观形成的根基,也是最难改变的。

在中国,老板让员工加班是经常的事情,员工往往并不觉得有什么。但是,西方企业员工不这么认为,他们认为那是他们休息的时间,休息的时间是不可以用来工作的。这和加班费高低没有关系。对此,TCL集团总裁李东生多有感慨:中方管理人员如果工作没做好他会觉得很惭愧,但是外方员工如果工作没做好他会很坦然,并找到各种理由给自己开脱责任。为什么会出现这种情况呢?原因很简单——价值观不同。你不能说外方员工做得不对,你更不可以粗暴地以中方员工的方式要求外方员工。

文化整合具体可以从以下几个方面进行。

(1)解决语言沟通关。外语水平,对于高科技企业也许这不是一个难题,但是,对于大多数非高科技企业来说,却是一个相当关键的问题。因此,在多元文化团队里,提高员工的外语水平是必修课(包括中方员工的外语水平和外方员工的汉语水平)。

(2)薪酬设计要适当兼顾中外员工利益。目前,中国大多数企业采取的是两个标准的做法,就是两套薪酬体系并行,国内员工较低,国外员工较高。这也是目前的中国国情决定的。

(3)尽可能尊重外方员工价值观。外国员工没有加班的习惯,他们不习惯拿奖金,企业就要充分考虑到这些差异性,不要把我们的习惯做法强加给他们。

(4)领导方法要与国际接轨。中方领导往往是从国内市场打拼出来的英雄,领导国内员工没有问题,但是,当下属有一些是外方员工的时候,领导就要考虑改变自己了。因此,以国际化的管理方式管理国际化的企业,是中方领导必须具备的能力。

(三)注重团队建设,磨合一支高效的多元文化团队

磨合一只高效的多元文化团队具体做法如下。

(1)执行任务前,让团队成员共同参与准备工作。

(2)在项目实施前,在团队内部建立彼此间的信任关系。

(3)设立共同的目标和远景,激发所有成员为实现目标而奋斗。

(4)激发每个队员对任务的参与感及对结果的责任感。

(5)让每个成员都清晰地了解项目的组织结构和个人的角色。

五、跨国企业的跨文化沟通策略

(一)主动熟悉异域文化

主动熟悉异域文化可通过以下几个方面实现。

(1)跨国企业的商务人员可以参加一些相关的、长短不一的跨文化培训。通过培训,有助于熟悉东道国商业公司的经营情况,学习有关东道国文化的一般知识和具体知识,尽快与东道国国家文化、商业文化和社会制度融合。

(2)聘请文化顾问进行指导和训练。通过训练,熟悉当地的文化,学习如何跨越不熟悉的文化领域,缩短适应时间。有许多大的跨国企业运用"文化翻译",帮助新的外派经理及其家人解决刚到不同文化环境中所遇到的问题。"文化翻译"有助于外派经理顺利过渡到东道国社会,并解释出现的误解,更快地协助外派经理融入东道国的文化与生活。

(3)自我训练。公司商务人员到不熟悉的环境之前应做好各方面的准备,了解新地方的风土人情、文化、政治、经济等知识,加强外语学习,与那些在目标国家生活过的人交谈、学习,在思想上和心理上做好应对新环境的准备,并以开放的心态接受新的文化和结交那里的人们。

(二)本土化

本土化策略是 20 世纪 90 年代跨国公司在"无国籍化"经营战略基础上发展出来的。20 世纪 80 年代,伴随着地区经济一体化浪潮,来自不同国家或地区的跨国公司,在它们的海外投资过程中,如果带有更多来自母公司国的政治、经济与文化色彩,更容易受到东道国的排斥、疑忌和限制。当跨国公司在发展中国家投资时,这种现象表现得尤为突出。因此,通常跨国企业在海外进行投资时,就雇用相当一部分的当地职员。这是因为一方面,为了保护当地劳工、增加就业机会,许多国家都在法规上规定了跨国企业必须在当地雇用相当数量的当地雇员。另外更主要的一方面是,由于当地雇员熟悉当地的风俗习惯、市场动态以及政府方面的各项法规,雇用当地雇员无疑方便了跨国企业在当地拓展市场、站稳脚跟。挑选和培训当地管理人员,依靠当地管理人员经营国外子公司,是许多跨国公司人事管理的基本指导思想,"本土化"有利于跨国公司降低海外派遣人员和跨国经营的高昂费用、与当地社会文化融合、减少当地社会对外来资本的危机情绪,有利于东道国经济安全、增加就业机会、管理变革、加速与国际接轨。"本土化"衔接了当事双方的利益,也成为了跨国公司解决异国环境障碍的核心。

(三)文化移植或渗透

文化移植就是指跨国公司在世界各地的子公司的重要职位的管理人员都由母公司国人员担任。由于子公司经理与母公司不存在文化差异,便于子公司与母公司之间在经营活动中信息的沟通。母公司通过向开发国或东道国派出高级主管和管理人员的方式,把母公司国的文化习惯全盘移植到开发国或东道国的子公司中,让子公司里的当地员工逐渐适应并接受这种外来文化,并按这种文化背景下的工作模式来运行公司的日常业务。这种模式适合于无差异策略推广单一产品的特大型跨国公司,即人力资源管理政策统一由母公司制定,在世界范围内的子公司只是严格地执行这些已经标准化的管理政策。运用这种模式的跨国公司其经济实力必须是强劲的,其民族文化属于强势文化,其企业文化已被世界各国广泛认识并且能够被其他民族所接受。典型例子如美国麦当劳公司。

文化渗透就是跨国公司派往东道国工作的管理人员,基于其母公司国文化和东道国文化的巨大不同,并不试图像文化移植那样在短时间内迫使当地员工服从母公司国的人力资源管理模式,而是凭借母公司国的强大的经济实力所形成的强势文化,对子公司的当地员工进行逐步的文化渗透,使母公司国文化在不知不觉中深入人心,东道国员工逐渐适应这种母公司国文化并慢慢地成为该文化的执行者和维持者。

(四)文化嫁接

文化嫁接即以母公司国的文化作为子公司主体文化的基础,把开发或东道国的文化嫁接到母公司国的文化之上。也就是说,人力资源政策以母公司制定的大政策框架为基础,海外子公司根据当地情况,制定具体的政策和措施。在人员配置上就是:母公司的高级管理人员由母公司国人担任,而子公司的高级管理人员大部分由母公司国人担任,少部分由当地人担任。人员选用原则包括尽量选用拥有当地国籍的母公司国人,选用具有母公司国国籍的外国人,选用到母公司国留学、工作的当地外国人,选用到当地留学、工作的母公司国人,等等。

文化嫁接的优势表现在可以兼顾全球统一战略和东道国文化背景的不同而采取灵活策略。其劣势在于这种文化的嫁接能否成功就如两种植物的嫁接能否成功那样有很多方面的具体要求。

(五)文化相容策略

文化相容策略按两种文化相容的程度又可以细分为以下两个不同层次。

(1)文化的平行相容策略,这是文化相容的最高形式,在习惯上我们称之为"文化互补"。就是说,在跨国公司的子公司中并不以母公司国的文化或是开发国的文化作为子公司的主体文化。母公司国文化和东道国文化之间虽然存在着巨大的文化差异,但却并不互相排斥,反而互为补充,同时运行于公司的操作中,充分发挥跨文化优势。如在 2000 年时,中国政府评选该年度中国经营最成功的食品公司时,获得第一名的不是任何一家中国籍企业,而是来自美国的肯德基公司。虽然中美之间在政治制度、文化传统、信仰习俗等方面的文化差距很大,然而跨文化的优势正在于巨大的文化差异使得两种不同的文化之间存在着极强的互补性。一种文化的存在可以充分地弥补另外一种文化的许多不足及其单一性。美国肯德基公司在中国经营的巨大成功可谓是运用跨文化优势,实现跨文化管理成功的典范。

(2)隐去两者的主体文化,和平相容策略。就是说,虽然跨国公司中的母公司国文化和东道国文化之间存在着巨大的"文化差异",且两者文化的巨大不同也很容易在子公司的日常运作中产生"文化摩擦",但是管理者在经营活动中却刻意模糊这种"文化差异",隐去两者文化中最容易导致冲突的主体文化,保存两者文化中比较平淡和微不足道的部分。由于失去了主体文化那种对不同国籍的人所具有的强烈影响力,使得不同文化背景的人可以在同一公司中和平相处,即使发生意见分歧,也很容易通过双方的努力得到妥协和协调。

(六)文化规避

文化规避是指当母公司国的文化与东道国的文化之间存在着巨大的不同,母公司国的文化虽然在整个子公司的运作中占了主体,可又无法忽视或冷落东道国文化存在的时候,由母公司派到子公司的管理人员就必须特别注意在双方文化的重大不同之处进行规避,不要让这些不同之处造成彼此文化的冲突。特别在宗教势力强大的国家,更要特别注意尊重当地人的信仰,即使不小心冒犯了东道国人民的信仰也会造成严重的后果。

(七)借助第三方文化

跨国公司在其他的国家和地区做跨国经营时,由于母公司国文化和东道国文化之间存在着巨大不同,而跨国公司又无法在短时间内完全适应由这种巨大的"文化差异"而形成的完全不同于母公司国的东道国的经营环境。这时跨国公司所采用的人事管理策略通常是借助比较中性的,与母公司国的文化已达成一定程度共识的第三方文化对设在东道国的子公司进行控制管理。用这种策略可以避免母公司国文化与东道国文化发生直接的冲突。如欧洲的跨国公司想要在加拿大等美洲地区设立子公司,就可以先把子公司的海外总部设在思想和管理比较国际化的美国,然后通过在美国的总部对在美洲的所有子公司实行统一的管理。如美国的跨国公司想在南美洲设立子公司,就可以先把子公司的海外总部设在与国际思想和经济模式较为接近的巴西,然后通过巴西的子公司总部对南美洲其他的子公司实行统一的管理。这种借助第三国文化对母公司国管理人员所不了解的东道国子公司进行管理的方式可以避免资金和时间的无谓浪费,使子公司在东道国的经营活动可以迅速有效地取得成果。

六、小 结

处在多变的外部环境下的商务组织,必须加强与外部组织的沟通,为组织营造良好的经营管理环境。本章主要介绍了在不同文化的组织与个体之间如何实现良好的沟通。影响文化之间沟通的因素主要有感知、成见和共感等。而这些差异主要表现在语言、体态、风俗习惯、思考方式等方面。因此,需求通过了解异域文化、本土化、文化嫁接等一系列的跨文化沟通策略才能实现有效的跨文化沟通。

很多时候,商务组织活动必须与政府沟通协调,在中国尤其是如此。商务组织的管理者必须了解我国现阶段的政企关系的表现形态,运用正确的策略与政府进行有效沟通,而不是陷于误区。

经济全球化的发展,使商务人员的跨文化交往活动日益频繁,也使得经济生活中的跨文化沟通成为必要。无论是跨文化团队,还是跨国经营组织,商务人员都必须了解跨文化沟通障碍的主要表现形式并予以克服,在多元文化共存的环境里,以良好的沟通进行合作。

☞【复习思考题】

    1. 什么是跨文化沟通?

    2. 影响跨文化沟通的主要因素是什么?

    3. 多元文化环境下,如何进行跨文化沟通?

    4. 跨国企业中跨文化沟通,如何进行文化嫁接?

主要参考文献

1. 王文潭. 商务沟通. 北京:首都经济贸易大学出版社,2005.
2. 余世维. 有效沟通. 北京:北京大学出版社,2009.
3. 徐宪光. 商务沟通. 北京:外语教学与研究出版社,2009.
4. 张炳达,陈婧,杨慧. 商务与管理沟通. 上海:上海财经大学出版社,2010.
5. 彭于寿. 商务沟通. 北京:北京大学出版社,2006.
6. 黄漫宇. 商务沟通. 北京:机械工业出版社,2010.
7. Nicky Stanton. 商务交流. 北京:高等教育出版社,1999.
8. Kitty O. Locker. 商务与管理沟通. 北京:机械工业出版社,2001.
9. 查尔斯·E. 贝克. 管理沟通. 北京:中国人民大学出版社,2002.
10. 金正昆. 现代商务礼仪教程. 北京:高等教育出版社,1996.
11. 李翔. 经济谈判. 北京:中国经济出版社,1991.
12. 张小乔. 普通心理学应用教程. 北京:中国人民大学出版社,1989.
13. 查尔斯·W. L. 希尔. 国际商务. 北京:中国人民大学出版社,2001.
14. 艾伦·M. 鲁格曼,理查德·M. 霍杰茨. 国际商务. 北京:经济科学出版社,1999.
15. 胡文仲. 跨文化交际面面观. 北京:外语教学与研究出版社,1999.
16. 布莱尔·沃森. 世界500强面试题. 北京:中国青年出版社,2004.